史実 中世仏教

大災害と戦乱の中の僧侶
驚くべき戒律の実相

第3巻

井原 今朝男
Ihara Kesao

興山舎
KOHZANSHA

史実 中世仏教 第3巻

目次

序章　日本を読み解く仏教社会史の道　13
仏教社会史研究の現状と課題　15
第一章　中世戦乱の中の仏教寺院　31
中世寺院は戦争の主体であった　32
寺院が私兵を組織化した背景
平安期に起きていた寺院戦争
個人の生命より重かった神聖な神輿
室町期に強まった寺院の軍事力
大和一国を支配した興福寺の衆徒
信長が延暦寺を焼き討ちした真相
中世宗教戦争の真の原因
鎌倉武士にとって寺院とは何だったのか　45
僧坊が安値で売られた史実
武士はなぜ自らの氏寺を建てたのか
武士の氏寺が公の寺院になった史実
氏寺をもてない武士はどうしたか

武士の殺生罪業観と出家
仏教は武士の殺生の苦悩を救ったか
神道と仏道の矛盾に悩む武士
殺生功徳論の登場とその波及

中世従軍僧がつくった死者追悼心得 —— 62
従軍僧（陣僧）から届いた手紙
陣僧が苦悩の末につくった心得
僧の役割となった戦死者の看取りと供養
「敵も味方も区別なく弔うべし」
敵の追悼を禁じた明治政府から靖国神社へ

寺院が鉄炮や火薬の技術を伝授した史実 —— 74
中世の僧侶が伝えた鉄炮技術
鉄炮・火薬の技術を担った人々
鉄炮・火薬の奉公を拒否した池上氏
修験者に相伝された炮術師秘伝書
判明した鉄炮の撃ち方と仏教の関係
仏教による殺人や殺生の正当化
僧侶らが導入した南蛮医術

第二章　天変地異の中の寺院・僧侶

中世の人々を襲った天災　――安元の大火から元暦の大地震――　94

鎌倉期の大災害を克明に記す『方丈記』
『方丈記』『明月記』『玉葉』から見る竜巻被害
養和飢饉は源平合戦の人災だった
「三十歳ばかりの童、死人を食す」
『山槐記』に見る元暦の京都群発大地震

飢饉の中で僧侶は何をしたか　――養和の飢饉と仁和寺隆暁――　108

養和の飢饉で活躍した仁和寺の隆暁
大災害で始まった死者供養法
死者の額になぜ阿字（𑖀）を書いたのか
あきらかになった隆暁と源頼朝を結ぶ姻戚関係
なぜ『方丈記』の記述は正確なのか

自然災害の復興を指揮した僧侶　――浜の復興開発と東大寺僧――　118

中世の気候変動は今より大きかった
発掘調査で解明された大物遺跡の海岸線
「山川藪沢」に住み着いた人々
成就しなかった荒野の堤防と水田開発

「弁才天の秘法」とされた土木技術
人口減少の中での東大寺僧による水田開発

地震・自然災害時に朝廷がしたこと――卜占と僧侶の祈禱――131
天変地異に弱かった中世の農業
災害は人間の罪とする護国思想と仏教
鎌倉や京都を襲った寛喜の大飢饉と地震・大火
災害に際して僧侶の祈禱を判断した陰陽師
地震の原因は天下の治政か龍神か

農山村の災害復興と寺院・僧侶――143
平安期から鎌倉期の農村の危機管理
なぜ山寺ができ山間に人が住んだのか
権門寺院が山寺を営んだ目的と百姓との対立
いかにして山寺はつくられたか
熊野社を富ませた熊野御僧供米の実態
農山村の災害復興を支えた山寺の経済活動
今にもつづく平安時代に建立された山寺

災害できわだつ都市寺院の役割と差別の史実――156
京都鴨川の氾濫と社会不安
諸寺院が支えた悲田院の役割と差別

河川の洪水地帯に定住した非人集団
被差別の民と河原法師の共同生活
処刑場となった鴨川流域と河原法師

第三章　中世僧侶にとって戒律とはなにか　175

日本仏教の戒律の受け止め方　176
国が定めた『僧尼令』と仏教戒律との差異
戒律の知識が欠落していた古代僧侶
出家得度で戒律知識が必須となったのはいつか
中世官僧の任用・昇進制度の様相
栄西からわかる中世僧侶の戒律思想
現代日本につづく衣食住の生活習慣

日本仏教は戒律をいかに理解したか　195
インドから始まる戒律の変容
中国仏教で戒律はどう理解されたか
日本仏教における戒律受容の始まり
自誓受戒はなぜ受け入れられたのか
禅院・律院の生活規範としての戒律

日本仏教が律への関心を失った史実 205
入唐僧による律蔵請来の軌跡
円仁・円珍の律蔵請来のちがい
宗派教学研究に傾いた日本仏教学
仏教の戒律思想と倫理学・道徳思想史
日本仏教史における新たな戒律研究
中世になぜ戒律復興運動が起きたか 217
中世権門寺院の女犯・妻帯肉食・破戒の実態
末法思想と本覚思想の展開
中世に広がった戒律復興運動
三師七証を要しない自誓受戒の実際
戒律復興研究によってわかった新史実
中世を代表する学僧の戒律意識 226
鎌倉期の東大寺を代表する学僧・宗性
不婬戒をめぐる破戒と持戒にゆれる中世僧侶
宗性はなぜ繰り返し誓文を書いたのか
中世の僧侶に持戒意識はあったのか

中世僧侶における破戒とはなにか 236
弥勒浄土に往生するための戒律遵守
笠置寺における宗性の修行生活
貞慶が示した起請五箇条と自誓受戒会

第四章　仏教革新における戒律の役割 253

鎌倉仏教に戒律をもたらした僧侶 254
寺法で定めた戒律による自誓受戒会の開催
国家法たる『僧尼令』による戒律の内実
日本仏教に移入された宋の律院生活
鎌倉への真言律宗の導入と非人救済
戒律の復興に寄与した生涯不犯の僧明恵

戒律を説いた平安時代の僧侶——良源・源信の寺院改革運動 267
評価すべき良源の二十六箇条制式の役割
延暦寺で注目される布薩の重視と修験道場化
二十六箇条制式に見える女人禁制の萌芽
源信『霊山院釈迦堂毎日作法』の再評価

修験道が戒律復興を促した史実 278

なぜ修験山伏に授戒会が求められたのか
回峰行の創始者相応にとっての戒律
修験道や山岳修行の行者が戒師となった訳
神道にある忌籠り・精進潔斎と戒律との関係
不妊治療としてなぜ授戒が必要だったのか

第五章　法然と親鸞が問う戒律の是非　293

法然の念仏宗は戒律を否定したか　294
専修念仏はいかにして弾圧されたのか
円頓戒の法脈で判明した授戒の師法然
法然による「戒称二門」とはなにか
再検討されるべき法然の教義をめぐる矛盾点
法然消息の再検討によって判明したこと
戒律の復興に努めた俊芿と法然の関係

専修念仏の弾圧をめぐる史実　311
持戒念仏派と専修念仏派に分かれていた訳
日本史上はじめての宗教弾圧事件の真相
専修念仏衆四十六名への逮捕令状
専修念仏を弾圧した専修念仏衆

在家にも及んだ専修念仏の逮捕者
張本三人の逃亡と朝廷・幕府の追跡
摂関家の抗争になった専修念仏の弾圧

弾圧された浄土宗が興隆した訳 —— 329

専修念仏衆に対する処罰の重さとその理由
弾圧を逃れた「浄土宗解行二門」派とはなにか
貴族から庶民にも念仏会が大流行した訳
伊勢神宮に見る蒙古降伏祈禱と戒律の関係
円頓戒の血脈譜が伝来した洛中の浄土宗寺院
鎌倉・浄土宗寺院にも泉涌寺系が広まった意義
弾圧の対象が専修念仏から日蓮宗へ
浄土宗・天台律宗の教学研究の課題

親鸞にとって戒とは何だったのか —— 346

親鸞の史実研究が進まなかった訳
あきらかにされつつある『教行信証』の研究
親鸞が果たした出家仏教から在家仏教への道

親鸞が選んだ在家仏教の道 —— 353

捨戒妻帯してなお仏道を行うとはなにか

親鸞はなぜ妻帯を許されたのか
中国仏教が与えた在家仏教への関心
親鸞が最新の中国仏典に接し得た訳
浄土宗と浄土真宗との本質的な差異

行の出家仏教から信の在家仏教へ――364
仏教は行の宗教か信の宗教か
絶対他力を説きつつも揺れた親鸞の告白
親鸞がのこした今日につづく問いかけ

索引

主要名称――*8*
主要事項――*1*

装丁　長谷川葉月

凡例

一、本文は現代仮名遣いによるが、引用文についてはその限りではない。
一、漢字の読み（ルビ）は歴史用語および仏教用語の通説を用い、とくに複数ある場合は併記した。
一、参考文献については各章末の「注」をご覧いただきたい。原則、初版を用い、それ以外の場合は特記した。
一、書名、雑誌名には『　』を、論文名には「　」を付した。なお巻号数、頁数は原則、一〇方式を採用した。
一、引用文を長文で用いる場合は、原則、改行し、二字下げとした。
一、史料の引用にあたって付した漢字の読み、句読点、濁点、および（　）内の意訳は原則、筆者による。また、校注補訂はすべて〔　〕をもって示し、欠字の部分は□で示した。
一、原典が漢文体である場合は原則、読み下し文に改めた。
一、年代表示は和年号と西暦の併記を原則とした。
一、本文中の人名については敬称を略し、所属・肩書き等は主に執筆当時のものとした。
一、本文中に、差別用語と受け取れる個所があるが、史料史実を正しく理解するためにそのままとした。
一、本文中の「歴博」とは、国立歴史民俗博物館の略称である。

序章

日本を読み解く仏教社会史の道

二〇一一年三月に『史実中世仏教　第1巻』が刊行され、その二年後に『史実中世仏教　第2巻』(二〇一三年六月)がつづき、本書で三冊目になる。住職専門雑誌、月刊『寺門興隆』で二〇〇四年九月に連載が始まって、誌名が『月刊住職』と改められたあとも継続していまや二〇一七年九月号を越えた。十三年間を超えてつづく長期シリーズになるとは思いもよらないことであった。予想外のことが起きたのは、読者の皆さんが連載を支持してくれたこと、『史実中世仏教』の視座と方法論が新しい仏教社会史という分野を拓くものとして江湖に受容されたことによる。

もとより、仏教教学にもとづいた仏教史学や宗派史・宗祖思想史の方法論は、戦前・戦後の長い研究の蓄積と伝統をもっており、今も堅実な研究実績がつみ重ねられており、仏教史の本道であることは変わらない。それに比して、名もない埋もれた僧侶や廃絶した田舎の中世寺院が歩んだ地域の歴史を、仏教社会史として掘り起こしていく作業は、まだ始まったばかりである。

二〇一二年三月には高埜利彦・安田次郎編『宗教社会史』(山川出版社)が刊行された。宗教を思想史としてではなく、「数限りない歴史的な蓄積」や「歴史的な状況を体系的にまとめた歴史書」として刊行され、新しい宗教社会史という分野が産声をあげた。私の仏教社会史の分野も少しずつ仲間が増え始めたといえそうである。

そんな矢先、二〇一五年四月に京都に本部を置く佛教史学会の会長平雅行氏(大阪大学名誉教授)から、秋に予定されている学術大会での報告を依頼された。佛教史学会は、一九四九年にインド・中国・日本の仏教史研究者によって創設された全国的な学術団体である。毎年二回、会誌『佛教史学研究』を刊行、毎年十一月に学術大会を開催している。この年は花園大学で第六十六回大会が予定されていた。会長の手紙には、「個人的には『史実中世仏教』で展開されている仏教社会史の話が希望です。……清潔や歯磨きの話は虚を突かれた想いがしました」とあった。

大会当日は「仏教社会史研究の課題と展望」の報告を行った。本巻の視点と方法論に合致することであるので、その要旨を記録にとどめて本書の序章にかえたい。

＊　＊　＊

仏教社会史研究の現状と課題

筆者が提起した「仏教社会史への新たな道」(拙著『史実中世仏教　第1巻』興山舎、二〇一一年)は、それまでの仏教学の仏教史や各宗派史、さらには宗祖思想史の枠組みをとりはらい、全国の自治体誌編纂事業の中で見つかった新出の地方寺社の聖教類史料群を用いて、無名の僧侶や廃寺となった中世寺院の歴史を掘り起こすという目的で始まった。

仏教社会史の問題提起が生まれる直接の契機となったのは、二〇〇〇年から〇二年にかけて国立歴史民俗博物館(以下、歴博)が開催した企画展示「中世寺院の姿とくらし」の共同研究であった。企画展示の研究目的は、大学共同利用機関である歴博が、当時の仏教史学の研究成果を集約して、館蔵の仏教関係史料を学界の研究動向・研究史の到達点の中に位置づけて展示・公開することであった。その研究成果は、展示図録『中世寺院の姿とくらし』(国立歴史民俗博物館、二〇〇二年)として刊行され、さらに拙著『中世寺院と民衆』(臨川書店、二〇〇四年)、国立歴史民俗博物館編『中世寺院の姿とくらし』(山川出版社、二〇〇四年)としても刊行された。拙著はその後、

「中世寺院の国際性と外交僧」「中世寺院による技術と呪術の組織化と革新」の二章を加えて増補版が二〇〇九年に刊行され、二〇一三年に重版となった。こうして『史実中世仏教』と『中世寺院と民衆』は兄弟の関係で江湖に受容されていった。

まず、二〇〇二年当時に歴博が大学共同利用機関としてそれまでの仏教史の研究成果と課題をどのように総括・継承しようとしたのかについて、簡潔に整理しておきたい。それこそが、仏教社会史を生み出す母体になったのである。

1、旧来の仏教史研究の成果と社会史研究の到達点

第一に、中世に始まる旧来の八宗・十三宗の宗派史・宗祖の仏教思想史としての仏教史の枠組みと研究の到達点をなによりも重要視した。まず、凝然（一二四〇―一三二一）の『八宗綱要』や虎関師錬（一二七八―一三四六）『元亨釈書』に始まり、宇井伯寿『日本仏教概史』（岩波書店、一九五一年）、大野達之助『日本仏教思想史』（吉川弘文館、一九八六年版で14刷にもなっていた）、辻善之助『日本仏教史全十巻』（岩波書店、一九四四～五五年）などが、日本仏教史の基本的研究文献となってきた。仏教史の枠組みは、南都六宗に天台・真言を加えて中世仏教を八宗としてとらえ、その後、浄土宗・臨済宗・曹洞宗・日蓮宗・時宗・浄土真宗の鎌倉新仏教をくわえて日本仏教十三宗としてきた。宗学・教学としての枠組みが成立して多くの研究成果が今も蓄積されている。日本仏教史では、聖徳太子・鑑真や、法然・親鸞・日蓮・栄西・道元・一遍ら多くの宗祖の思想史として叙述され、体系化されてきた。

第二に、一九七〇〜九〇年代に新しい仏教史研究の潮流として顕密仏教論・中世権門寺院史論が登場した。黒田俊雄『日本中世の国家と宗教』（岩波書店、一九七五年）、中世寺院史研究会編『中世寺院史の研究』（法藏館、一九八八年）、永村眞『中世東大寺の組織と経営』（塙書房、一九八九年）、平雅行『日本中世の社会と仏教』（塙書房、一九九二年）、稲葉伸道『中世寺院の権力構造』（岩波書店、一九九七）、久野修義『日本中世の寺院と社会』（塙書房、一九九九年）などに代表される。その研究成果は、鎌倉新仏教とされる潮流とくらべて保守的な仏教潮流とされた顕密仏教や権門寺院が、現実生活では大きな社会的機能を果たしながら存続してきた歴史像を解明した。中世社会史の中における中央権門寺院史の機能を解明した歴史像がつくりだされた。これによって旧来の「鎌倉新仏教」の概念が相対化されることになった。

二〇〇〇年代に入ると、自治体誌編纂の研究成果と地方寺社史料群の解明が進み、地方有力寺院史の専門書が刊行されるようになった。奈良では、安田次郎『中世の興福寺と大和』（山川出版社、二〇〇一年）、山岸常人『中世寺院の僧団・法会・文書』（東京大学出版会、二〇〇四年）、勝山清次編『南都寺院文書の世界』（思文閣出版、二〇〇七年）、門跡寺院について五味文彦・菊地大樹編『中世の寺院と都市・権力』（山川出版社、二〇〇七年）、東国・関東寺院では、佐藤博信『中世東国日蓮宗寺院の研究』（東京大学出版会、二〇〇三年）、祢津宗伸『中世地域社会と仏教文化』（法藏館、二〇〇九年）、湯之上隆『日本中世の地域社会と仏教』（思文閣出版、二〇一四年）、九州では、飯沼賢司『国東六郷山の信仰と地域社会』（同成社、二〇一五年）などの研究成果が刊行されている。地域社会の中での個性的な中世寺院や僧侶集団の果たした役割と機能が解明されるようになった。あわせて地域間や広域間での寺社ネットワークの存在と機能が注目され、地域における談義所・檀林所の研究（『天台学報』四〇・四二、一九九八年・二〇〇〇年）や天台宗の関東談義所についても、尾上寛仲『日本天台史の研究』（山喜房佛書林、二〇一四年）によってその解明が大きく進展している。

地方寺社の宗派改変や中興開祖の変遷が激しく、しかも寺院と神社の混在と荒廃・再興・聖教類の書写ネットワークの活動が諸宗派の枠を超えて展開され、無名の僧侶や廃寺となった寺院の復原が進展した。言い換えれば、地域社会における地方寺院の機能と役割が解明され始めており、仏教社会史の研究が事実上始まっているともいえる。とりわけ、僧侶・神官・禅律僧・漢学者・修験者・山伏・陰陽師・巫女・聖など旧来の枠を超えた多様な民間宗教者の具体的な活動と文化的地域的ネットワークの役割と機能が、今後具体的に解明されるべき課題になっているといえよう。中世仏教史の歴史像は、すでに一九六〇年代とは比較にならないほど豊かになっている。

第三に、国家儀礼研究や神道史・神社史研究と仏教史分野の研究交流が進展したことがあげられる。九〇年代には、文化人類学の儀礼国家論の影響があって、歴史学や宗教学の分野でも儀礼研究が蓄積された。岡田荘司『平安時代の国家と祭祀』（続群書類従完成会、一九九四年）、拙著『日本中世の国政と家政』（校倉書房、一九九五年）、和田萃『日本古代の儀礼と祭祀・信仰』（塙書房、一九九五年）、西本昌弘『日本古代儀礼成立史の研究』（塙書房、一九九七年）、古瀬奈津子『日本古代王権と儀式』（吉川弘文館、一九九八年）等が刊行された。十世紀になるとあらゆる社会階層の寺社で年中行事が始まり、上は天皇や摂関・将軍家などの権門寺社をはじめ国寺・惣社一宮・荘園祈願寺・郡鎮守などの地方寺社はもとより下は村落寺社に至るまで、民衆統合儀礼として仏事・神事や公事《くじ》・節供《せっく》などが実施されていた社会制度が解明された。これらの研究により、寺社所蔵史料としての聖教類に含まれる仏教儀礼・法会史料・縁起史料などが、中世寺社史研究に活用される条件が広がった。

二〇〇〇年代には、この分野の研究動向が一層活発化した。二木謙一『武家儀礼格式の研究』(吉川弘文館、二〇〇三年)、刈米一志『荘園社会における宗教構造』(校倉書房、二〇〇三年)、一宮制研究会編『中世一宮制の歴史的展開　上下』(岩田書院、二〇〇四年)、大石雅章『日本中世社会と寺院』(清文堂出版、二〇〇四年)、阿諏訪青美『中世庶民信仰経済の研究』(校倉書房、二〇〇四年)、井上寛司『日本の神社と「神道」』(校倉書房、二〇〇六年)、川端泰幸『日本中世の地域社会と一揆』(法藏館、二〇〇八年)、藤田和敏『近世郷村の研究』(吉川弘文館、二〇一三年)などがつづいた。全国各地の地域社会の荘園・郡郷・村の寺院や神社ごとに、重層的な年中仏事や神事などの宗教儀礼が行われていたことが、具体的にあきらかにされた。年中行事や宗教儀礼が地域社会の安穏・除災招福・五穀豊穣などのために実施され、地域住民の秩序意識や人々の共同意識の一体性をつくりあげる社会システムの存在があきらかにされた。寺院・神社の社会的機能と役割が信仰面だけではなかった史実が判明したことから、社会共同意識や生活観・道徳観を含めて地域社会の宗教秩序や祭祀組織・共同体秩序維持・生活サイクルの中における神仏の信仰世界の多様性の解明がますます重要な研究課題になっているといえる。

第四に、七〇~九〇年代の明治百年・自由民権百年を記念した全国での自治体誌編纂事業の中で地方寺社史料群の調査が蓄積され、中世・近世寺社の聖教類史料群が自治体史料集として公開

・刊行された。その結果、中世民間宗教者として聖・行人・承仕《じょうじ》・絵仏師・経師・番匠《ばんしょう》・華承《かしょう》・庭掃《にわはき》・鐘撞・渡守・神人《じんにん》・非人といった下層僧侶・被差別民など下層身分の多様性が解明されるようになった。中世史では、三浦圭一『中世民衆生活史の研究』（思文閣出版、一九八一年）、広瀬良弘『禅宗地方展開史の研究』（吉川弘文館、一九八八年）、丹生谷哲一『日本中世の身分と社会』（塙書房、一九九三年）、福島金治『金沢北条氏と称名寺』（吉川弘文館、一九九七年）、脇田晴子『日本中世被差別民の研究』（岩波書店、二〇〇二年）などに代表される。権門寺社や地方寺社の聖教類の公開・刊行が進展したことで、中世下層民衆と地方寺社の縁起・芸能・文学・祭礼・交通運輸などの実態の解明が進行した。

二〇〇〇年代になると、地方寺院・神社が所蔵している膨大な聖教類の史料化が進んだ。仏書・漢籍・古文書・縁起・仏教説話・偽書などの研究成果が公開され、日本史学と仏教史・神道史や国文学分野との研究交流が進展している。文献史料学では、永村眞『中世寺院史料論』（吉川弘文館、二〇〇〇年）をはじめとして、文学史分野では小峯和明『院政期文学論』（笠間書院、二〇〇六年）、牧野和夫『日本中世の説話・書物のネットワーク』（和泉書院、二〇〇九年）、阿部泰郎『中世日本の宗教テクスト体系』（名古屋大学出版会、二〇一三年）などの研究成果がある。中世に生まれた多様なテキストが、そのまま歴史的現実（コンテクスト）をあきらかにしているわけではなく、両者のズレを批判的にあきらかにする研究動向が高揚した。今や、中世仏教は仏教史の分野という枠組みにとどまらず、文献史料・説話文学史・美術史・音楽史・考古学・民俗学などの分野とボーダーレスの中で展開されるようになっている。

第五に、東アジアの中での日本仏教と宗教文化研究の広がりが解明された。野間宏・沖浦和光『アジアの聖と賤』（人文書院、一九八三年）、中村喬『中国の年中行事』（平凡社、一九八八年）、村井章介『アジアのなかの中世日本』（校倉書房、一九八八年）などによって、東アジア世界の中に日本仏教史を位置づけて再検討する視点が定まった。具体的には、東アジア戒律史としての『平川彰著作集　全十七巻』（春秋社、一九八八～二〇〇〇年）、鎌田茂雄『中国仏教史　全六巻』（東京大学出版会、一九八二～九九年）などの研究成果が、敦煌文書やトゥルファン文書などの史料批判とともに蓄積された。日本仏教史に道教・儒教等の宗教要素が混在し、禅宗寺院を核にしたアジア交流史の解明や寺院生活史の国際交流の史実があきらかにされるようになり、多くの研究成果が蓄積された。

アジア宗教文化の多様性の中に日本仏教の多様性・雑多性を位置づける視点は、二〇〇〇年代にますます広範囲に展開された。伊藤幸司『中世日本の外交と禅宗』（吉川弘文館、二〇〇二年）、榎本渉『東アジア海域と日中交流』（吉川弘文館、二〇〇七年）、横内裕人『日本中世の仏教と東アジア』（塙書房、二〇〇八年）、大塚紀弘『中世禅律仏教論』（山川出版社、二〇〇九年）、中村裕一『中国古代の年中行事』（汲古書院、二〇〇九年）、上川通夫『日本中世仏教と東アジア世界』（塙書房、二〇一二年）、村井章介『日本中世の異文化接触』（東京大学出版会、二〇一三年）、国立歴史民俗博物館・松尾恒一編『東アジアの宗教文化』（岩田書院、二〇一四年）などが近年の研究成果である。

これらは中世仏教における宗派教学の差異よりも、諸宗兼学と行（禅定・称名・戒律・修験）の共通性をむしろ重視する。東アジアの貿易や異文化の相互交流の実態を解明し、生活宗教が仏教・儒教・道教・神道・修験道・呪術・俗信・社会習慣などの諸教混淆の一体性をもっていたことが解明されている。「中世寺院」「中世仏教」としての国際性や外典・内典・禅籍・国書の兼学と中世学問の雑学性、「中世宗教」の習俗化・世俗化の現象を解明していくことが、今後の研究課題になってきたといえよう。

第六に、一九八〇、九〇年代における網野善彦らによる社会史ブームの到来があげられる。網野善彦・朝尾直弘他編『日本の社会史　全八巻』（岩波書店、一九八六〜八八年）は社会史研究が歴史学界をあげての取り組みになっていたことを示す。勝俣鎮夫「売買・質入れと所有観念」（『戦国時代論』岩波書店、一九九六年）、網野善彦『日本中世に何が起きたか—都市と宗教と「資本主義」』（日本エディタースクール出版部、一九九七年）、桜井英治『日本中世の経済構造』（岩波書店、一九九六年）、笠松宏至『中世人との対話』（東京大学出版会、一九九七年）などの連続する研究成果は、歴史を変動の中で分析する視点とは別に、より長いスパンの社会変動の中で分析しようとする視点を重視することにつながった。

旧来は中世の政治史・経済史・外交史などと仏教史・神社史・宗教史などは、それぞれ異なる部門史として取り扱われてきた。ところが、二〇〇〇年代になると、両者はボーダーレスの時代になった。五味文彦『日本の歴史　新視点中世史　躍動する中世』（小学館、二〇〇八年）は、通史の「中世社会の五つの特徴」として「まず特徴の第一点。中世に生きた人々は、ほかの時代の人と大きく違って、さまざまな面で神仏への信仰を根底に有していた」と述べている。今や、中世社会人のリテラシーとして、神仏への信仰や宗教思想が重要視されるようになったことが窺われる。二〇一二年に刊行が始まった竹林舎の『生活と文化の歴史学　全十巻』においても、遠藤基郎編『年中行事・神事・仏事』（第二巻、二〇一三年）が組み入れられている。生活文化史としての年中行事や仏神事が取り上げられる時代思潮になったといえよう。

近世社会においても同様の研究成果があらわれている。高埜利彦『近世日本の国家権力と宗教』（東京大学出版会、一九八九年）、大桑斉『日本近世の思想と仏教』（法藏館、一九八九年）、澤博勝『近世の宗教組織と地域社会』（吉川弘文館、一九九九年）、末木文美士『近世の仏教』（吉川弘文館、二〇一〇年）などによって、旧来の「近世仏教堕落論」を克服する多様な仏教史像が提起された。社会的民富の蓄積は世代を超えて受け継がれる百姓家の民家建築を一般化し、読書・算用のリテラシーと俳句・謡・華道など在村文芸・在村医学・在村剣術を普及させた。巡礼の旅は名所の寺社を物見遊山の観光地と化し、仏教寺院は宗旨人別帳を管理し、儒教・朱子学・神道が庶民道徳として定着する江戸の生活文化力が開花した。近世宗教の中で仏教の僧侶と神道・儒学の神官との社会的役割が分離して政教分離の社会的基盤が準備された。近世の地域社会のもつ文化力・平和力が、杉仁『近世の在村文化と書物出版』（吉川弘文館、二〇〇九年）や高橋敏『江戸の平和力』（敬文社、二〇一五年）などによって解明される時代になっている。

こう見てくると、政治史・経済史・生活文化史分野で宗教的性格が重視されている。改めて仏教や宗教が社会の中でどのような役割や機能を果たしたのかを解明するためには、時代思潮の変化や時代的変遷の中で相対的な対比検討が必要であり、これからの研究課題だといえよう。

2、仏教社会史研究の展望

二十一世紀に入って、日本史学の研究潮流が、仏教史・神社史・文学史などの分野を超えボーダーレスとなり、共同研究や多様な研究協力の中で展開されつつあることは、現代から未来の世界・国際社会が、グローバル化していることと無関係ではない。

市場原理主義・グローバリズムの暴力性

二〇〇八～〇九年の国際金融危機を契機にして、現代の国際社会では金融複合体や多国籍企業・ヘッジファンドなどが、グローバル経済の中で、国際金融秩序を破壊してでも、リスク・テイキングの理論に沿って過剰金融の下、債務・債権関係を利用してリスク・ビジネスに投資し、巨額利潤獲得競争を演じている。金融世界の中で、少数のグローバル・リッチによる富の集中と未開発国の貧困を生み出しているだけではなく、先進国や発展途上国において中産階級の階級分解が進み貧富の格差を拡大させている。諸国間での経済格差の浸透が、EU・東南アジア・東アジアなどの地域経済圏の変動・動揺を生み出し、都市と農村の格差が拡大し、失業者やワーキングプアーの増大と貧困ビジネスを活発化させている。地域間紛争と貧困が、世界各地での国際テロ活動と社会不安を生み出す温床となっている。国際金融資本の活動を規制しようとする国際ルールづくりは一向に進まない。金融複合体や多国籍企業や大企業のコーポレイト・ガバナンス（企業統治）やコンプライアンス（企業倫理）は掛け声倒れで、モラルなきグローバリズムそのものである（本山美彦『金融権力』岩波書店、二〇〇八年）。

市場原理主義を絶対とするグローバリズムこそが、地球環境危機を推し進め、地球上の貧困と内戦・飢饉と金融危機を生み出す悪循環の元凶であることは最近の研究で指摘されるようになった。反グローバリズムこそが重要であることは、ジェレミー・シーブルック『階級社会―グローバリズムと不平等』（青土社、二〇〇四年）や政治経済学者の金子勝『反グローバリズム―市場改革の戦略的思考』（岩波書店、一九九九年）が早くから問題提起していた。

こうした競争と差別と無秩序な国際金融経済の中であるからこそ、二十一世紀の国際社会の中では、先進国と開発途上国、富者と貧者、債権者と債務者、有産者と無産者など利害を異に対立し合うもの同士が、相互に共存し合える世界を国際協調と平和の中で探り出す方法が求められている。人類の叡智と人文社会科学の力によって国際金融市場を規制する共通理念の枠組みを創造し、債務債権関係の恒常的不均衡を防止し、国際決済システムの安定性を維持する共通ルールをつくりださなければならない。そのためには、国際社会での政治・経済から宗教・哲学・倫理観などに及ぶ対立や紛争を克服するための世界的・地球的・人類的な共通の世界観・価値観を探求する研究活動が必要になっている。

日本社会の宗教的寛容性

国際テロの横行は、イスラム教世界とキリスト教世界の文明の対立として語られるが、実際には、異文化の相互交流が停滞し、世界宗教・世界哲学・世界倫理観の探求が遅れていることの証左にすぎない。かつて一九五〇、六〇年代には、アジア・アフリカ・ラテンアメリカでは民族自決主義にもとづいて独立国家が誕生し、民族解放運動の時代といわれた。しかし、八〇年代には、ＩＭＦなど先進国から投資された開発資本の返済に行き詰まり、民族自決の独立国は債務国となり、貧困と飢饉と内戦に苦闘する時代になった。九〇年代になると東欧の春から社会主義体制が崩壊して冷戦構造が消滅したものの、ユーゴやセビリアなどで民族間・宗教間での地域戦争が激化した。中近東からアフガンにかけて、アラブ・ユダヤの宗教・民族紛争がつづいており、その悲惨さは目を覆うばかりである。アラブ・アフガン・中近東・アフリカ・東欧をはじめ世界の宗教紛争の激しい地帯では、政治・経済と民族・宗教・宗派の対立が未分化なまま一体化して、差別と貧困の社会的原因となっている。

世界の宗教対立・文明対立の激化の中で、かつて文化人類学や宗教人類学などでは、日本人の多神教や神仏習合論が取り上げられ、日本には宗教戦争がないことや日本人の宗教的寛容性論などが提起された。また、社会の近代化や民主化は、政治と宗教の分離といわれ、それが達成されない社会は文明の遅れを示すものと解説されてきた。

しかし、歴史の現実はそれほど単純ではない。現代の国際政治の中では、むしろ政治と宗教の分離を阻止する国際的システムが強固に根付いている。アフリカの南スーダンでも中東のシリアでも、諸外国、とりわけ利害の対立する先進大国が内紛に介入して自国の権益を拡大しつづけている。国際政治システムの無責任主義こそが内戦の原因である。

日本人の宗教的寛容性についても、史実では室町・戦国・江戸時代に一向衆や法華衆による宗教戦争が戦われ、中世寺院や僧侶が戦争主体であった事例は枚挙に暇がない。江戸時代のキリスト教信者による島原の乱も有名であり、幕末から明治初年にかけては宗教的性格を帯びた世直し一揆も激発した。日本では、むしろ近世中後期になって宗旨人別帳による寺請制度と檀家制度によって仏教の国教化が進み、幕藩制に直結した僧侶の権威が高まった。その結果、神主や漢学者らの神道・儒教と仏教との分離や内紛が江戸後期に全国各地で起きた。寺家と神主との対立・抗争が仏教の頽廃として批判され、明治維新において神祇官復古による神仏分離と廃仏毀釈の推進体制が形成された。

社会が政治と宗教の分離を達成して宗教戦争を克服したのは、日本国憲法が施行された戦後になってからであった。信教・宗教の自由を獲得したのも、長い歴史の蓄積の中で、明治帝国憲法第二十八条が最初であった。

明治政府は、神道国教主義をとり伊勢神宮の改革を進める一方、不平等条約改正やキリスト教布教自由問題から、教部省廃止（一八七七年）などを経て、大日本帝国憲法第二十八条で「信教の自由」を規定した。旧慣旧弊打破と仏教の近代化が叫ばれ、護国愛理と清沢満之らの宗門改革が進められた。

江戸後期から明治期にかけ、黒住教・天理教・金光教・丸山教・富士講など現世利益と生き神による救済観念、人間変革、生活規律を説く民衆宗教が発展して有力教団に成長した。明治政府は淫祀邪教として弾圧しながら、神道国教主義的なものに切り替えたものは公認していった。しかし、天理教・金光教・丸山教・大本教など現実批判の強い民衆宗教は天皇制イデオロギーと軋轢を起こし、政府から度重なる弾圧を受けながら終戦を迎えることになった。十五年戦争といわれた太平洋戦争の時代は、天皇の統帥権とそれを笠に着た軍部の絶対的権力を生み出し、天皇制ファシズムの体制がつくられた。天皇を現人神とする天皇崇拝と天皇の祭祀の下に、内地と植民地のすべての神社が格付けされ、すべての諸宗教が天皇制イデオロギーの中に位置づけられ、宗教界の翼賛体制がつくられ国家神道が強制された（村上重良『天皇の祭祀』岩波書店、一九七七年）。明治憲法の「信教の自由」は、天皇崇拝と国家神道の枠組みと戦争への協力体制を前提にしたうえでのみ、許容されるものにすぎなかった。

敗戦と日本軍の解体の中で、戦後民主改革として財閥解体・寄生地主制の解体・農地解放がなされ、一九四六年十一月、日本国憲法制定によって、戦争放棄・戦力不保持・交戦権否認の第九条、基本的人権の第十一条、信教の自由の第二十条が定められた。「信教の自由」は、国家神道の強制体制の反省から「国の宗教活動の禁止」を定め、宗教団体の特権と政治権力の行使を禁じた。これにより宗教と政治の分離が実現された。

こうした近現代史の歴史過程があったからこそ、日本社会が戦争や宗教戦争を歴史的に克服し得たのである。言い換えれば、世界の国際情勢が宗教戦争の諸矛盾に苦闘しつづけている中で、現代日本人がいち早く宗教的寛容性を獲得し得た。だからこそ、世界史の中で、現代日本人が宗教対立や宗教戦争を克服できた歴史的背景をもっと研究し、その理由や背景を世界に向けて発信しなければならない。それこそが、二十一世紀の宗教史や仏教社会史研究の主要な研究課題だと私は信じている。

通常道徳としての協調力と平和力

阪神淡路大震災や東日本大震災と福島原発事故は、世界に恐怖と不安の波を広げた。しかし、その反面、大災害に伴う社会不安と危機的状況の中で、多くの被災者が互いに整然と並んで順序よく混乱もなく援助物資を受け取る姿に世界の世論・マスコミが注目した。

社会混乱の中でも仲間に対する信頼と慈悲・秩序維持意識の高さが、現代日本人の到達した市民意識としての協調性や平和力を証明するものだといえよう。他方で、地域によっては共同体による人格的拘束力や異文化排除の悪弊がのこっており、都会では自治会活動が成立しないほど個人主義の要素がつよくなっている。とりわけ、都会においては貧者や生活保護世帯・在日朝鮮人などに対するヘイトスピーチや差別意識の存在も指摘されている。現代市民がもっている通常道徳や市民倫理がどのようなものであるかの解明が、現代宗教史の研究課題ともなっている。

日本国憲法が宣言したように、「平和を愛する諸国民の公正と信義に信頼して、われらの安全と生存を保持しようと決意した」という国民の平和力と国際的協調性を世界に発信していくことが、二十一世紀の日本国民の義務であり、人文社会科学研究の任務である。こうした日本国民のもつ通俗道徳の力がいかなるものかは、ほとんどわかっていない。

江戸後期から明治維新の変革の前後に、富士講や木曽御嶽教をはじめ黒住教・天理教・大本教・金光教などが民衆宗教として広がり、それらの教主がいずれも寺院を離れて放浪しながら、神がかりや世直し神・人神として信仰を集めた。これを安丸良夫は、近代の民衆宗教がもっていた通俗道徳として評価し、布川清司は民衆倫理として高く評価した（布川清司『近世日本の民衆倫理思想』弘文堂、一九七三年、安丸良夫『日本の近代化と民衆思想』青木書店、一九七四年）。こうした方法論に学びながら、現代日本の市民意識がどのような通俗道徳や市民倫理をそなえているのかを歴史的に解明することも、きわめて重要な研究課題である。仏教や宗教がもつ総合性の実態も解明したいものである。

そのためには、古代仏教・中世仏教や近世宗教・近代宗教などという時代別概念によって、仏教や宗教の社会的な機能や役割の解明が必要になる。

かつて、一九八四年に刊行された日本史研究会・歴史学研究会編集の『講座日本歴史3　中世1』が東京大学出版会から刊行されたとき、平雅行は「中世宗教の社会的展開」という論考を公表し、「中世宗教」における呪術と合理性の二面性を解明する課題を提起した。しかし、これ以降には、「中世宗教」という概念や用語が用いられたことはない。宗教の時代的特質を解明していく場合には、「中世宗教」などの時代別概念が必要になろう。「中世仏教」もそのための一つである。本書が、現代日本人の宗教に対する基礎的能力・社会教養力など宗教的リテラシーの内実・構造や歴史的変遷を解明するための、ささやかな役割を果たすことができることを願いたい。

「名利を離れ、老を送るは、田舎の故郷に如かず、高位多宝無用にして、朝、紅顔と雖も、夕に白骨と為る身なり、世俗の慢心に任せず、仏道天仙の理に従んと欲す」の閑適詩に導かれて。

なお、本書の刊行に際しては矢澤澄道社主・編集長、同社書籍部の長谷川葉月さん、また『月刊住職』編集部の方々に深甚の謝意を表します。

著　者

第一章

中世戦乱の中の仏教寺院

中世寺院は戦争の主体であった

イラクに英米的な民主主義を移植するとしてアメリカのブッシュ大統領が二〇〇三年に始めたイラク戦争は、国際テロとイラク国内でのスンニ派とシーア派との「宗教戦争」やイスラミック・ステート（ＩＳ）とのテロ戦争の悪循環を生み出した。イスラム教・ユダヤ教・キリスト教などの宗教対立や文化紛争などが世界各地に飛び火し、悲惨な戦死と戦争の中で生きる残酷な日々が現実となっている。

日本では一神教がないから本当の宗教を理解できないといわれてきた。日本人の宗教意識は、神仏習合の文化に典型的なように他宗教に寛容・柔軟であり、それゆえ、世界の宗教戦争で苦しむ民族意識や宗教意識を日本人は理解できないと、文化人類学や宗教学の世界では指摘されてきた。

だがしかし、日本の中世寺院に視点を移せば、寺院こそ宗教戦争の主体者であり、壮絶な殺人と破壊を繰り広げたことがわかる。それが、江戸時代になると、徳川幕府の権力によって平和な世界が実現された。近世寺院は宗教戦争の主体となることが少なくなり、部分的な宗教一揆や蜂起が起きるだけになった。この謎を探れば、人類はどのように宗教戦争を乗り越え得るのか、その方策や過程を解明することができる。そうした問題意識から、宗教戦争の主体になった中世寺院と戦争の関係をのぞいてみよう。

中世寺院が戦争の主体者として殺戮を繰り返した典型例は、日本仏教の総本山ともいわれる比叡山延暦寺の僧兵《そうへい》の歴史を見るとあきらかである。中世寺院が戦争や紛争に勝つために独自に組織した軍隊は、「悪僧《あくそう》」「衆徒《しゅと》」とか「僧兵」と呼ばれ、警察軍事機構としての私兵でもあった。延暦寺の僧兵は平安時代から戦国時代にもっとも活躍した。まず、「寺の武力・戦力」について史実を見直してみよう。

寺院が私兵を組織化した背景

延暦寺は天延二（九七四）年、天台座主良源（九一二―九八五）のとき、洛中の祇園・感神院《かんしんいん》を延暦寺別院にしようとした。それまで感神院は奈良興福寺（法相宗）の末寺であったので、感神院別当は興福寺と結んでこれに反対した。天台座主良源は、「武芸第一」の僧といわれた睿荷《えいか》に命じて、武力で感神院別当を追放した。この睿荷こそが僧兵の初見史料とされる。また、良源が承平七（九三七）年、興福寺維摩会《ゆいまえ》での論議において興福寺僧の義昭と対論したところ、これに不満をもった興福寺の悪僧らが裹頭帯杖《かとうたいじょう》し良源をおどした。このように十世紀の延暦寺や興福寺にはともに「悪僧」や「武芸第一僧」などと称される私兵が登場していた(1)。

鎌倉後期の絵巻に『天狗草紙《てんぐぞうし》』がある。中世の新旧仏教界を天狗という異類異形の世界になぞらえて、その腐敗・驕慢《きょうまん》・非法の世界を揶揄《やゆ》して描いたものである。天狗は山伏姿で鋭いくちばしと背中に羽の生えた烏として描かれ、修験道の発展とセットで理解されている。ここには、延暦寺の山法師《やまほうし》・興福寺の奈良法師・園城寺《おんじょうじ》（三井寺、天台寺門宗）の寺法師《てらほうし》などが描かれ、僧兵の実態が窺われる。園城寺の寺法師は、「唐院三十講」という注記とともに伽藍の堂舎の階段周辺に描かれている。唐院とは智証大師円珍《えんちん》の住房で死後開山堂となって衆徒が日夜奉仕した中心的堂宇である。堂上では学侶《がくりょ》という学僧が五条袈裟で法華経を講説する法会を営み、堂外の地下に多数の衆徒が描かれている。中世僧侶集団には大きく学侶と衆徒という二つの身分差別があった。

延暦寺の衆徒は「三塔会合僉義《さんとうえごうせんぎ》」の注記とともにいずれも頭を頭巾で隠し、扇子を手にもつが、戦闘になると薙刀《なぎなた》や刀剣・槍に持ちかえる。この姿を「裏頭帯杖」といった（写真１）。

写真１　延暦寺の山法師。大講堂前庭の三塔会合僉義。『天狗草紙』

平安期に起きていた寺院戦争

興福寺の僧兵は安和元（九六八）年、春日大社の神木を奉じて武装して京都に押し出し強訴《ごうそ》した。延暦寺との紛争で興福寺に有利な判決を獲得しようと、平安京の朝廷に直訴した。一方、延暦寺の僧兵も嘉保二（一〇九五）年に初めて日吉《ひえ》社の神輿《みこし》を担ぎ出して入洛し強訴を企てた。専制君主の白河上皇も「南都北嶺の強訴」といって対応に苦慮した。興福寺・東大寺や延暦寺・園城寺など権門《けんもん》寺院の紛争や訴訟では、武装した僧兵集団の行列による殺人や放火を伴い、武力衝突から戦争そのものに移行した。

たとえば、長治二（一一〇五）年の延暦寺山門強訴は、末社である筑前大山寺（福岡県太宰府市）の竈戸宮《かまどのみや》で大宰権帥《だざいごんのそち》の藤原季仲《すえなか》の兵に日吉神人《じんにん》（神事・雑役奉仕の下級神職）が殺害されたことに端を発したものだ。竈戸宮は、大山寺と延暦寺を介して朝廷に権帥季仲の処罰をもとめた。しかし、延暦寺の天台座主慶朝《けいちょう》は、石清水八幡宮《いわしみずはちまんぐう》別当光清《こうせい》を大山寺別当に補任して事件のもみ消しをはかった。このため延暦寺の衆徒らは満座集会《まんざしゅうえ》を開いて神人殺害の犯人処罰を朝廷に提訴するよう決議し、大衆合議に反したとして座主の追放を決議した。閏二月、朝廷も座主慶朝の辞任と園城寺僧正増誉《ぞうよ》の座主就任を決めた（『中右記』）。九州に派遣された検非違使《けびいし》と大宰府官兵が、現地で大山寺悪僧との軍事衝突になり、官兵の流矢が竈戸宮神輿に当たった。神を冒瀆したとして延暦寺衆徒は十月三十日、大宰府長官・大山寺別当光清・検非違使範政《のりまさ》の流罪を要求して平安京に押し出した。数千人の悪僧が武装して京都祇園社を占拠し、内裏《だいり》の陽明門で神輿とともに強訴に及んだ。反対派の石清水八幡宮の神民《じんみん》や俗別当《ぞくべっとう》らも待賢門《たいけんもん》に集まって強訴。両者の小競り合いや暴力事件や武力衝突が起き、洛中は騒然となった。朝廷は検非違使範政と八幡宮別当光清の解任、大宰府長官の一日停任を決めたため、延暦寺の衆徒は随喜して帰山した[2]。

これら一連の事件を見ると、地方や末社の利益を保護するのが本所延暦寺の利益であるという家政権力優先の観念をもち戦闘行為に走っていることが窺える。この動きは、朝廷・大宰府や石清水八幡宮・延暦寺・大山寺など権門寺社の利害を調整して共同した国政的利益を優先すべきだという天台座主ら特権僧侶の声を凌駕《りょうが》していることがわかる。筑前大山寺という地方寺院の事件において、本所領荘園の延暦寺の政治力・軍事力によって、大宰権帥や国司を流罪にして失脚させ得たのである。社会の公共的利益よりも権門寺社の私的な権益を優先するという性格は、中世寺院の戦闘行為に共通して見える。

個人の生命より重かった神聖な神輿

建保二（一二一四）年には延暦寺衆徒軍が蜂起して園城寺を襲撃・放火し、興福寺衆徒は京都に出て幕府の六波羅《ろくはら》軍と戦闘になった。興福寺は前年から東大寺領美濃国大井荘や近江国七大寺領荘園などに兵士役を賦課して軍兵を動員した（鎌倉遺文二〇五一）。翌三年には園城寺軍が延暦寺東坂本を襲撃・放火し、鎮圧に乗り出した幕府軍も参戦するという三つ巴の戦争となり、一般住民にも戦争被害が及ぶようになった。

嘉禎元（一二三五）年には、石清水八幡宮領山城国薪荘《たきぎのしょう》と興福寺領大住荘《おおすみのしょう》との用水争論で興福寺側に死者が出た。興福寺の衆徒は報復のために薪荘を襲撃して、在家六十余人を焼き討ちし神人二人を殺害した(3)。

中世社会では、朝廷が発動する国家権力である検非違使庁の警察力や、天皇の滝口の武士や所《ところの》侍《さむらい》・院侍《いんさむらい》などの軍事力が弱体であった。そのため、紛争は当事者同士が実力と相対《あいたい》で解決し、それでも決着しない場合は、天皇や朝廷の調停や仲裁に頼ろうとした。紛争当事者の本所《ほんじょ》や権門らは検非違使や幕府の六波羅《ろくはら》探題《たんだい》や守護に犯人を引き渡し、尋問して裁判に付す手続きがとられた。これを当事者主義といった。裁判では、喧嘩両成敗や折中《せっちゅう》・相対の法などにより、両方の利害を折半する判決が大半になったり、死者一人が出れば他方でも一人を処刑するという「目には目を、歯には歯を」という均等の原理が重視された。

嘉禎元（一二三五）年の興福寺と石清水八幡宮の紛争・戦闘では、幕府の六波羅軍が大住荘住民を逮捕して駐屯したため長期化し、不満を募らせた八幡宮神人らは神輿を繰り出して強訴に及んだ。調整に苦悩した朝廷は、因幡国を八幡宮に寄進するように采配し、石清水八幡宮側をなだめることで神輿が帰座することになった(4)。

こうした権門寺社の強訴や衆徒・僧兵が戦闘主体として登場する際には、社会的な作法や慣習的な手続きが取られた。まず、衆徒らが満座集会を開催してそこで論議をして決議を行い、出陣するという手続きを踏んでいる。「衆徒合議《しゅとごうぎ》」や「僉義《せんぎ》」という衆徒の評定での自治原則である。『天狗草紙』写本にはその様子が描かれている（34頁写真1）。

延暦寺の大講堂に「三塔会合僉義」の文字がある。西塔・東塔・横川の衆徒全員が集まって寺の大事を決することを「三塔の僉義」といった。東塔の衆徒が「園城寺の尫弱《おうじゃく》の衆徒等ややもすれば山門に取り懸け居して雲泥と成るなど白《あからさま》の思わく、衆徒たちわたりて灰燼となされよや」。園城寺のひ弱な衆徒め、寺を焼き討ちしてくれようぞといえば、「尤《もっとも》」と衆徒らが応える。もう一方が「それ我山は仏法繁盛の勝地《しょうち》、鎮護国家之霊場也、訴訟も他寺他門に異なり、非拠《ひきょ》を以って理訴《りそ》と為《な》し、聖断の日は早く同門諸院諸堂を締《し》め、七社之神輿を陣頭に振り奉り、引出されて天下之騒動よや」。この御山は他寺他門に異なる仏法繁盛の霊場だ、七社の神輿を担ぎ出して騒動だといえば「尤」と応じる。群集心理の中で、神輿という宗教的権威を押し立てて武装した僧兵らの軍事行動が発動されたのである。

中世の国政や家政運営では、「専制」といって天皇や家長がトップダウンで物事を決定する場合と、「衆議」といって家政の構成員らが合議してボトムアップで決する場合との二つの原理があった。後者は形だけは今の民主主義に似ている。中世寺院や家門・一揆・党・講・村・町などは「衆議」の原理で運営され、一旦決定がでると構成員に兵士役を課し強制動員して有無をいわせず戦闘や紛争に立ち上がった。個人の命よりも共同体や家などの集団の命がはるかに重要視され、個人を犠牲にしてでも寺や家・共同体を守るという中世的理念が一般化していた。その象徴が神木であり神輿であった。僧兵らの生命が亡くなっても放置される一方で、神輿に流矢の当たったことは重要視され国事として処理された。

室町期に強まった寺院の軍事力

鎌倉後期から室町期になると、延暦寺や全国の中世寺院はさらに大きく成長する。延暦寺のような「寺家」では、平安期に親王・内親王のために安心院・四王院・延命院などの「院」「房(坊)」を御願寺《ごがんじ》として山内に建立した。院政・鎌倉期には、摂関家や上皇や将軍家・特権貴族も「院坊」を建て、所領を寄進して子弟一門を院主に就任させ、門跡寺院と呼ばれた。こうして延暦寺には山上の東塔・西塔・横川や山下に院家や住房が密集し、三千坊といわれるほどの巨大寺院になった。一山を支配する座主の所領はもとより、座主を出す門跡の所領や院家・房ごとに所領や院門徒・坊官らが増加した。こうして延暦寺の荘園や僧侶集団は莫大な数に発展した。元応元（一三一九）年『日吉社神領注進記』が作成されたが、それもすべてを網羅できなかったというほどで、山門領六万石と通称された。

鎌倉後期から南北朝期には、有力な名主や百姓らも菩提を弔うためわずかな田畠を寄進して、子弟を寺僧や神人・寺侍《てらざむらい》・衆徒などに任命してもらった。延暦寺の衆徒・堂僧の中には名主・百姓の上層農民出身者が増加した。彼らは、荘園年貢の輸送・海船業に従事したり年貢荘園の代官職を請負ったり、高利貸活動や商業・金融業などに活躍して土倉や酒屋などを営む有力商人のような存在になった。彼らが山僧《さんそう》・山徒《さんと》と呼ばれた。

延暦寺は、大衆僉議や政所《まんどころ》の決定事項を末寺や所領で遵守させるために、公人《くにん》や山門使節を現地に派遣して強制執行を私的に行った。室町幕府や朝廷は、山門の訴訟を担当する寺社奉行や伝奏《てんそう》らを置いて迅速な裁判を行おうとし、公人や山門使節を公認したので、近江や山城の延暦寺領荘園では山門使節が大きな権威と権力を発揮した。こうして山門使節の軍事力は、各国の守護大名らと対抗するまでに成長した。著名なものでは、永享の山門騒乱がある。

永享五（一四三三）年に延暦寺の山門使節と衆徒が、山内の造営事業で山徒の賄賂を受けた守護大名赤松満祐《みつすけ》と奉行人飯尾為種《いいおためたね》の不正を糾弾して、「満山一同の群議」で犯人の引き渡しを要求して強訴に出た。幕府は非を認めて飯尾らを処分したが、延暦寺衆徒は強訴に参加しなかった園城寺を襲撃し、紛争は翌年に持ち越された。将軍足利義教《よしのり》は、延暦寺が関東公方《かんとうくぼう》足利持氏《もちうじ》と連携しているとして、幕府軍を派遣して攻撃した。一時両軍は和解したが、永享七（一四三五）年になると将軍義教は騒乱の張本人として山門使節四人を誘い出して殺害した。延暦寺衆徒軍は、なんと自ら根本中堂に放火して二十四人の自殺者を出し「山門滅亡」といわれた。(5) 僧兵が自分の寺院に放火する事態が生じたことで、中世寺院は内部から自壊し始めたといえる。

大和一国を支配した興福寺の衆徒

北嶺といわれた延暦寺だけではなく、南都の権門寺院の軍事力も強大になった。春日社や興福寺では「白衣神人《びゃくえじにん》」とか「国民《こくみん》」と呼ばれる半僧半俗の武装した僧兵・衆徒が活躍した。彼らは惣郷《そうごう》や惣村に居住する半僧半俗の有力百姓で、農村での大名・小名や「国民」と呼ばれ武装する存在でもあった。彼らの中から筒井《つつい》・古市《ふるいち》などの戦国武将の国人《こくじん》が成長した。興福寺の院家や住坊は百を超すといわれ、興福寺の二大門跡は、近衛・九条両家が代々継承する体制ができあがった。中世奈良の地域は、興福寺寺門領、一乗院郷、大乗院郷、東大寺郷、元興寺郷に分かれていた。興福寺は春日社をふくめて寺社造営や修理料を、寺領のほかに一国平均役の棟別銭《むねべつせん》や段銭《たんせん》として大和国の国中に課税する権限を獲得した。興福寺の郷民《ごうみん》は、郷ごとに「地下の堂《じげ》」とか「辻堂」とも呼ばれる集会所で「会合評定《えごうひょうじょう》」を開いて、惣郷の自治や酒宴・春日講などを行った。頼《たの》母子《もし》（憑支《たのもし》）と呼ぶ相互融通の資金援助システムである「講」の場ともなった。

室町時代には、武装した衆徒は一乗院被官衆《ひかんしゅう》と大乗院被官衆に分かれ主従関係を結んだ。前者には筒井・龍田《たつた》・山田や下司《げし》、木津執行など二十四家、後者には、古市、小泉、福智堂《ふくちどう》、長谷寺執行など二十八家が属して両門跡に従う武装集団ともなっていた。

興福寺の衆徒の筆頭にあげられる筒井順永《じゅんえい》（一四一九—一四七六）や子息順尊《じゅんそん》は、守護大名畠山義就《はたけやまよしひろ》（西軍）と敵対するほどの政治勢力であった。一時勢力を失ったが、信長時代には順慶《じゅんけい》（一五四九—一五八四）が大和一国の支配を公認された。大乗院方被官の筆頭である古市澄胤《ふるいちちょういん》（一四五二—一五〇六）は連歌、茶道、蹴鞠、馬術など芸能に堪能で、大和のみならず管領《かんれい》細川政元《まさもと》の内衆《うちしゅ》となり、南山城に進出して相楽郡・綴喜郡の守護代になった。大和一国は、興福寺の衆徒が事実上支配する領国のようなものになっていた。(6)

信長が延暦寺を焼き討ちした真相

戦国期には、京都の町衆も一揆中《いっきちゅう》として自ら武装するようになった。洛中の法華宗寺院である妙顕寺・本国寺・妙覚寺などが武力を保持した。また山科本願寺に組織された洛中の一向宗寺院も、次第に法華寺院と対立・紛争を激化させ、合戦するようになった。天文元（一五三二）年には洛中の法華一揆《ほっけいっき》が近江の守護大名・六角定頼《ろっかくさだより》軍とともに、山科本願寺や一向宗寺院を襲撃して大坂に追放した。天文五（一五三六）年には、延暦寺の軍隊と六角軍の連合軍が洛中の法華一揆を攻撃して上京を焼きつくした。法華衆・一向衆・延暦寺の三つ巴の宗教戦争が京都を焼土にしたのである。(7)

このように戦国期の中世寺院は地域の一大軍事力であり、戦争主体であった。それは地方寺院も同じ構造をもっていた。たとえば、加賀白山寺（本宮）は北陸地方の山岳信仰の拠点で一大軍事力をもち、南北朝期以降は、守護富樫氏と結ぶ白山七社の金劔宮《きんけんぐう》と戦闘を繰り返した。

享禄四（一五三一）年には加賀白山寺と本願寺取次役・下間頼盛《しもつまよりもり》と藤島超勝寺《ちょうしょうじ》一向一揆の連合軍が、加賀金劔宮・守護富樫氏・一向宗寺院本泉寺の連合軍（加賀三カ寺派）と戦闘・合戦に及んだ。同じ一向宗寺院が、内部対立から守護など世俗権力と結んで仲間同士で殺し合いを展開した。この一向宗の宗教戦争は加賀の「享徳の錯乱《きょうとく》」といわれ、金劔宮は焼き払われ没落し、金劔宮跡も不明になり、歴史上から忘れられた。ところが、昭和十二（一九三七）年に真宗大谷派鶴《つる》来別院《ぎ》の境内から、天文二十四（一五五五）年の紀年銘のある「金剣宮行所方《こうじょがた》」と墨書された仏《ぶっ》供箱《くばこ》の埋蔵銭一万七千余枚が偶然発見・出土した。ここから、金劔宮廃絶の跡に真宗鶴来別院が建てられたことが判明した。(8) 同じ宗派の地方寺院同士も戦争の主体者であり、地域住民が一向宗信徒同士でありながら互いに殺戮しあい全滅するという隠された史実があった。

武田信玄と上杉謙信の川中島合戦でも、天文二十二（一五五三）年に信玄は国境地帯にあった戸隠神社（天台末寺顕光寺）・飯縄《いいづな》神社・小菅神社の衆徒を攻撃し社領を没収、社殿を放火・破壊しつくした。謙信は信州善光寺を直江津に移転させ浜善光寺とし、信玄も善光寺の本尊・寺宝や僧侶を甲府に移し甲府善光寺をつくった。善光寺本尊は、その後も織田信長・徳川家康・豊臣秀吉によって岐阜・岡崎・京都へと流転を余儀なくされた。(9)

元亀二（一五七一）年に起きた信長の延暦寺焼き討ちは、軍事力としての地方寺院を敗北させ破壊する政策の延長線上に起こったものであり、決して革命的な事件ではない。とはいえ、延暦寺にとっては中世寺院としての歴史の終焉であった。近年の発掘調査では焼土が意外に少ないといわれる。西塔の瑠璃堂は室町時代の建築様式をのこすことから信長の焼き討ちを免れた唯一の遺構とする学説が出される一方、江戸初期の再建とする説もあり、焼き討ちの実態の解明は今後の研究課題になっている(10)。

延暦寺・日吉大社の神輿は強訴の象徴であり、延暦寺の生命力のシンボルであった。だが、それも信長の焼き討ちで焼失し一基ものこっていない。現存する山王七社各宮の神輿は桃山から江戸時代に再造営されたものである。わずかに牛尾宮の神輿のみが八角形になっており、当時を偲

写真２　諏訪大社上社神物「瑞華麟鳳八稜鏡」

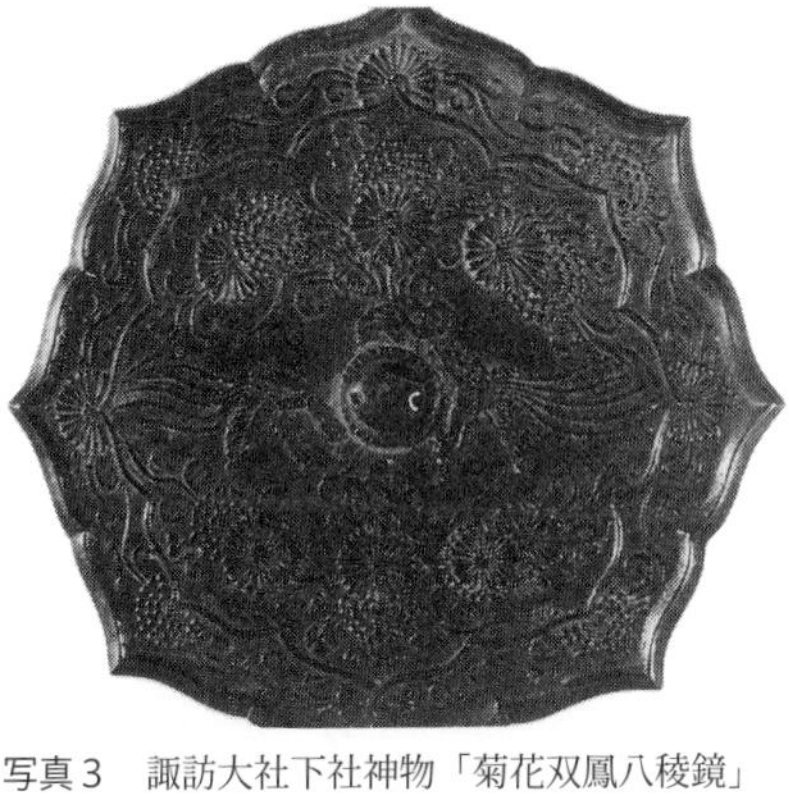

写真３　諏訪大社下社神物「菊花双鳳八稜鏡」

ばせている。ちなみに、天皇の即位する御帳台《みちょうだい》や諏訪大社の大祝《おおほうり》の職位式を行う鶏冠社《けいかんしゃ》は、八角形の小舎で柱も八角形である。諏訪大社神宝の「真澄鏡《ますみのかがみ》」も上社で「瑞華麟鳳八稜鏡《ずいかりんほうはちりょうきょう》」、下社では「菊花双鳳八稜鏡《きっかそうほうはちりょうきょう》」と呼ばれ、ともに八角形である（前頁写真2、3）。こうした様式や作法の背景には、「神は不例を受けず」というように、神は礼法や先例にないことを受領しないと信じた中世的世界観が存在した。信長による日吉大社の神輿焼失は、人間の命よりも神輿の神聖さを重んじた中世的価値観が歴史的に克服されたことを意味していたともいえる。

中世宗教戦争の真の原因

宗教戦争の推進者となっていた中世寺院は、守護大名や戦国大名と同じ家政権力として地域の中で一つの社会的政治権力の機能をもっていた。飢饉・疫病・戦争の打ちつづく苦難の中で、中世人は地縁・血縁・強縁《ごうえん》などあらゆる縁を利用して寄人《よりうど》・従者《じゅうしゃ》・侍《さむらい》・郎等《ろうとう》・所従《しょじゅう》・下人《げにん》などとなって重層的な主従関係を結び、家政権力の保護下で暮らしをたてた。中世社会では国家や社会などの公権力が弱かったことから、紛争や利害対立が起きると、公権力による裁判で決着するよりも、当事者の属する共同体や家政権力の実力によって決着をつけようとする自力救済が優先された。このため、公共的利益による調整や秩序維持よりも、当事者間の私的利害を優先して実力による紛争処理を望む価値観が一般化しており、だからこそ、中世寺院も戦闘集団として性格を強固にしていた。宗教戦争の真の原因は、宗教や宗派そのものよりも、社会の歴史的性格に起因することの方が大きかったといえよう。

鎌倉武士にとって寺院とは何だったのか

僧坊が安値で売られた史実

戦争や武装闘争を職業とする中世の武家にとって、仏教寺院とはいかなる存在であったのか。中世寺院と武家との関係を史料に即して見直してみよう。

奈良は平安時代に南京《なんきょう》と呼ばれ、院政期から鎌倉時代は南都と称された。室町期以降になって、奈良と呼ばれたという。(11) 南都の興福寺の衆徒が戦争を繰り返したことは前述したが、興福寺文書の中に合戦で戦死した家族一門の末路を示す史料がのこっている（鎌倉遺文九一九〇）。僧侶の戦死という珍しい史実の実態を見てみよう。

「請取　直銭八貫文　慥請二取之一了

同　慶幸　（花押）」

沽却　房舎堂宇并持佛堂事

合　六間二面房并持佛堂者

在　蓮台院内

右件房者、僧長詮之先祖相弊房也、年来領掌之間、敢以無二他妨一、而長詮出二合合戦之庭一天、不慮ニ逝去了、依レ之、雖レ無二其手継一、依レ有二要用一、為二悲母并舎弟等沙汰一、限二直銭《じきせん》八貫文一、相二副本券并手継等一、令レ沽二却于僧成忍一事、明白也、□不レ可レ有二他妨一、若致レ妨者出来者、為二舎弟等之沙汰一、可レ返二本直一候、仍為二後日一證文、放二新券文一之状如レ件

文永元年甲子十二月二日　　売人尼発心□　（花押）

菊女　（花押）

僧仙舜（花押）

僧慶幸（花押）

僧善詮〈他国之間、不二判書一、雖レ無レ力、以二其消息一、可レ為二證文一者也〉

この文書は、興福寺の蓮台院という院家《いんげ》の内にあった相弊房《そうへいぼう》の房舎《ぼうしゃ》（僧の日常生活の場）と持佛堂（仏像を安置した御堂）を、尼発心《ほっしん》と四人の子女が連署して、銭八貫文（現在価値に換算して約八十万円）で僧成忍《じょうにん》に売却した売券《ばいけん》である。文書の袖の部分は、房舎と持仏堂の売上金である銭八貫文を売人の一門を代表して僧慶幸《けいこう》が受け取った証文として署判を加えている。房舎売却証文と代金の領収書という二つの機能を持たせた土地売買証文である。

これによると、興福寺の蓮台院という院家の一つに相弊房という房舎があった。六間二面の房

舎と持仏堂があり、僧・相弊房のものであった。その妻も出家しており尼発心と名乗っており、長男の僧長詮《ちょうせん》、次男僧仙舜《せんしゅん》、三男僧慶幸、四男僧善詮《ぜんせん》と長女菊女の四男一女の子供をもっていたことがわかる。

興福寺は官寺で、しかも摂関家の氏寺でもあったから、その僧侶は本来、妻帯禁止が原則であった。にもかかわらず、寺僧たちは尼と夫婦生活を送り、院家の僧房が家族生活の場になっており、私財と法脈（伝法の系脈）を師資相承《ししそうしょう》（師から弟子に相伝すること）するための家産であったことがわかる。

この相弊房が早く他界したため、僧長詮が家督を継いで一家を代表し、興福寺の命令に従って合戦に参加した。ところが若くして戦死してしまった。記録には「合戦の庭に出て不慮ニ逝去」とあり、遺産相続の手続きのないままの戦死であった。のこされた母の尼発心と三人の舎弟らは、文永元（一二六四）年十二月二日、房舎と持仏堂を八貫文という安値で僧成忍に売却した。この時、四男の僧善詮は、他国修行のためその場に立ち会うことができなかったが、兄の死去と屋敷売却の苦悩を知らされると、了解した旨の書状を旅先から届けた。その書状も売券に証文として副《そ》えられて売却人に渡された。

中世の土地売買は、地縁・血縁関係のある一門親類縁者で行われることが一般的で、全くの他人に売却されることは少なかったから、僧成忍も一門の関係者であったと考えられる。しかも、売買の後になって売主の一門が請戻しをして訴訟にならないように、血縁関係者から売買契約に際して、連帯保証を取り付けて証文としたことがわかる。

武士身分のものであれば、自分や子孫らの戦死は一門の戦功であるから、軍忠状に戦功を書き上げることで、大将や将軍家から恩賞を給付される契機になった。しかし、僧長詮の戦死は、僧侶の身分であったことから戦功にはあたらず、むしろ一門の生活難をもたらし、僧房や持仏堂を売却せざるをえなくなった。

中世寺院社会は世俗の利害から切れていると一般に考えられているが、現実には家の利害を優先する社会原理の中に組み込まれていたことがわかる。僧長詮の一門にとって、興福寺は仏教修行や学問の場ではなく、「合戦の庭」で戦死する機会をもたらし、何の生活保障もしてくれなかったといえる。

武士はなぜ自らの氏寺を建てたのか

家の利害を優先する社会原理は、武士の氏寺にも典型的に見られる。武士は戦闘・殺生を職業にしていたため、個人の命とは別に菩提寺を建立し先祖崇拝を大切にして代々相続される家の生命力を重視するようになった。一族・家門の家政権力を象徴するものが、武士の氏寺や菩提寺であった。その中から、公の地域の寺院になり、公界寺《くがいじ》となるものが登場してくる。

たとえば、鎌倉御家人の足利義兼《よしかね》は、建久七（一一九六）年、下野国足利荘（栃木県足利市）の居館内にあった持仏堂に伊豆国走湯山《そうとうざん》の僧理真《りしん》を招いて開山として「堀内御堂《ほりうちみどう》」とした。義兼は、正治元（一一九九）年に死去して鑁阿寺《ばんなじ》殿と追号された。このため、のちに堀内御堂は鑁阿寺と呼ばれた。武士の居館跡に一門の氏寺が建立された典型例である。[12] 義兼が同年三月八日に死去した場所は樺崎寺《かばさきでら》であった。そのとき、彼は「予神となり、この寺の鎮守となるべし……一眼を開くはこの寺の繁昌を見るためなり、一眼を閉じるはこの寺の衰微を見ざるためなり」と遺言し、自らの血で御記文《おしるしぶみ》を書きしるしたという(鑁阿寺文書)。このため、鑁阿寺と樺崎寺が両寺並んで足利氏の氏寺となった。武士は死後、鎮守の神になって氏寺を見守るという生き神信仰が芽生えていたことがわかる。

家督を継いだ義氏《よしうじ》は天福二(一二三四)年に鑁阿寺に大日如来像を安置し、導師一口と請僧法会《しょうそうほうえ》に招請された僧侶十一口の合計十二人の僧侶を置いた。彼は仁治四(一二四一)年に先祖の義兼恩忌法会を営んだ。鑁阿寺の周囲には千手院、安養院など十二の院家が建ち並び、寺家と院家からなる「寺院」ができあがった。樺崎寺は発掘調査の結果、庭園の池を極楽世界の蓮池に見立てた臨池伽藍《りんちがらん》を伴う浄土式寺院であったことが判明した。関東では金沢称名寺・二階堂永福寺・伊豆願成就院・群馬県の白石大御堂遺跡・千葉県の上総法興寺跡など数多くの臨池伽藍の浄土式寺院が出土している。

足利氏や北条氏などの大寺院では、寺主には著名な禅僧や律僧を招いて開山とした。寺僧と院家の房僧らが、ともに寺内置文にしたがって僧侶集団の衆議で意思決定をして寺務運営を行った。寺主職や住持職も僧侶集団の中から選挙で選ばれたり、師から弟子に相伝される「師資相承」になっていった。こうした寺院法の整備された寺院は、単なる私寺ではなく、公の公界寺=公共性をもったものとされた。天皇や将軍家の官寺、荘園領主の祈禱寺とともに、武家の有力な氏寺も地域の公共的な寺院として広く世間の信仰を集めることができるようになった。

鑁阿寺も氏寺から出発したが、年行事・奉行や公文所などの寺務機関が整備され、足利家の家政機関から独立して寺の運営がなされるように変化した。こうしたことから、足利家時が北条氏と対立して自害したあとも、公の寺院として存続することができたのである。

武士の氏寺が公の寺院になった史実

武士の氏寺から出発しながら公の公界寺や官寺になったのは、選ばれた小数の寺院である。大多数の寺院は、武士の氏寺として一門の子弟が寺主や院主になって、代々一門が相続していった。

たとえば、京都西郊、桂川に沿った梅津にある名刹寺院の長福寺は、平安時代末期に有力者一族の尼真理《しんり》が一寺院を建立したことに始まる。山城国梅津荘《うめづのしょう》（京都府南部）を開発したと自称する開発領主藤原氏の十四代目藤原真理《しんり》は天台宗の長福寺を建立し、子息の僧行宴《ぎょうえん》に惣領主職と長福寺寺務職を相続させた。寄進により近衛家領となり、領主の藤原氏は下司職を相伝して梅津氏を称することが本所の近衛家によって公認された。僧行宴は、長子梅津清定に惣領主職、次男祐《ゆう》宴《えん》に長福寺寺務職を譲り、さらに建久元（一一九〇）年に新御堂という堂舎を建てて子息宴暁《えんぎょう》に新御堂執行職《しぎょうしき》を相続した。こうして長福寺の寺務職と新御堂執行職は藤原梅津氏の子孫が独占したため、氏寺としての性格が濃厚であった。

『梅津長福寺新御堂寺務相伝并沙汰次第目安』には左の図のような系図（次頁図1）が書かれている。この系図を見ると、長福寺々務職と新御堂執行職を藤原梅津氏一門が代々相続して独占していた様子がよくわかる。

長福寺は発展するにつれて地域の信仰を受けた。藤原梅津氏以外の武家も、長福寺の院家として清涼院・蔵竜院・瑞光院を建立し、塔頭《たっちゅう》をつくって一族の子弟を僧籍に入れた。

しかし、六代目の長福寺寺務職をつとめた僧寛舜は、いつまでも長福寺を梅津氏の氏寺として独占できないことに気づく。暦応二（一三三九）年に彼は、入元僧である禅僧月林道皎《げちりんどうこう》に長福寺を寄進し、彼を中興の祖として禅寺に改宗した。道皎と花園上皇との関係を利用して、備中国園《その》東荘《ひがしのしょう》・美濃国稲口《いなぐち》荘・稲川荘・丹波国河上荘などの寄進を受け、観応元（一三五〇）年には、天皇家の勅願寺になった。長福寺は藤原梅津氏の氏寺から脱皮して、勅願寺や公界寺になったわけである。今も国宝「花園天皇像」が長福寺にのこるのはこうした努力の成果といえる(13)。

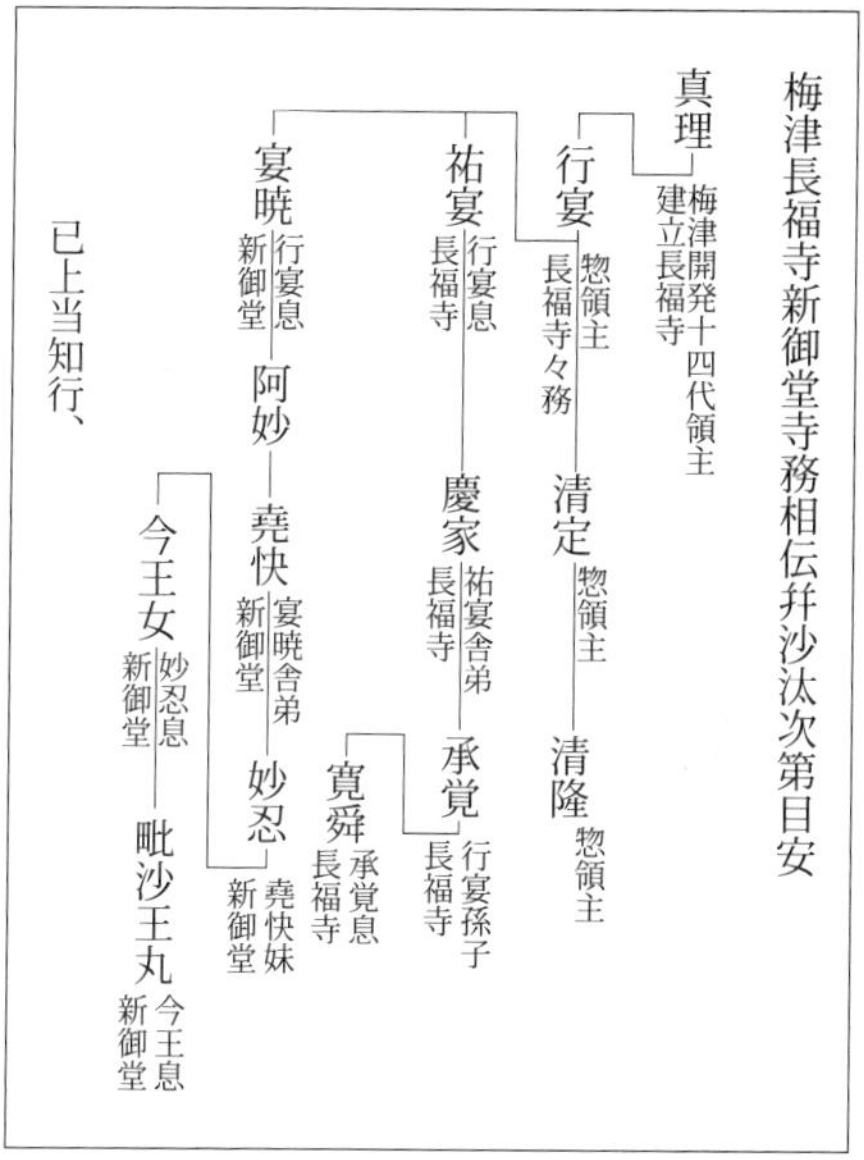

図1　長福寺にかかわる藤原梅津氏の系図

氏寺をもてない武士はどうしたか

氏寺を独自にもてない小武士は、地域の有力寺院の檀那・信者となって菩提を弔う契約を地方寺院と結んだ。東京都日野市の高幡不動堂と御家人山内《やまのうち》氏の場合を見よう。

高幡山金剛寺不動堂の本尊不動明王

像の首に胎内文書《たいないもんじょ》が収められていたことはよく知られていたが、平成五（一九九三）年に復原された胎内文書群が『日野市史史料集　高幡不動胎内文書編』（日野市史編さん委員会）として刊行された。これは、武蔵国金剛寺の近くに居住した山内経之《つねゆき》という武士が、南北朝内乱の戦闘に参加した時の書状類であった。六十九通の胎内文書のうち、五十通がこの山内経之が差し出した書状である。書かれた期間は、暦応二（一三三九）年から康永四（一三四三）年までの四年半に及んでいた。

それによると、足利尊氏の北朝軍は、暦応二（一三三九）年に幕府の執事高師直《こうのもろなお》の従兄弟《いとこ》である三河守師冬《みかわのかみもろふゆ》を関東に下向させた。山内経之はこの高師冬に直属した武士で、「鎌倉」から従軍して「下かつへ」（下総国下河辺荘）や「やまかわ」（常陸国山川）など常陸と下総の国境地帯の戦場に赴任した。彼は、常陸合戦の最中に、留守宅の妻子や高幡不動の高僧に宛てて消息を書いている。

戦場からの経之の書状は、元服前の嫡子である「山内又けさ」に宛てたものが八通のこっている。「よろずなに事も母御に申あハせて、かいがいしく、おさなき事にても候ハず候へバ、はからひ申」すようにと、行く末を案じている。兵糧米も尽きて、高幡不動の高僧の「そう（僧）の御方」に宛てて「大しんバう」から五貫文の借銭を仲介するように依頼した。当時の武士は戦費が自弁であったので、困窮する留守宅に無心できないときは、借銭の仲介を寺院に依頼して戦闘費用をまかなっていたことがわかる。

八月十五日の鶴岡八幡宮放生会用途を催促されたときは、「ほんがう（本郷）のひやくしやうども（百姓共）」から徴収し、当日の「前々日」ないし「前日」までに鎌倉滞在中の経之のもとに届けるように命じている。彼は所領をもち、百姓らから年貢公事《ねんぐくじ》を徴収する在地領主であった。戦闘が始まると、家来は逃亡し、馬が死に、兜《かぶと》も壊れて他人のものを借りて戦闘する有り様で「今度のかせん（合戦）ニハ、いき候ハん事もあるべしともおほえず」と戦死を覚悟する文を送っている。不動堂・観音堂や「しやうしん」などの寺院・僧侶に宛てた書状も数多く残っている。戦闘中の武士が、菩提を弔《とむら》い家の存続を願うえで、寺院や僧侶をいかに頼りにしていたかを窺うことができる。

山内経之の書状は暦応三（一三四〇）年初めで終わっており、彼の予感した通りこの年には戦死したと考えられている。

この間、建武二（一三三五）年に台風で高幡不動堂が倒壊してその再建事業が進められ、康永元（一三四二）年、高麗助綱《こますけつな》・大中臣氏女《おおなかとみうじめ》夫妻を檀那として不動明王像が完成した。このとき山内経之の一門のものが、討死した経之の菩提を弔うために、彼の書状類を不動堂に寄進・納入し、その料紙の裏を用いて不動明王像と大黒天像を彫った板木を捺して印仏《いんぶつ》（仏の姿を版木に刻んで朱墨で捺したもの）を作成している。それらを高幡不動尊の頭部に奉納して山内経之の菩提を弔ったのである[14]。

なお、高幡不動堂は山内経之だけではなく、近隣の高幡氏・新井氏・青柳氏・曾我氏など在地武士とも密接な関係にあった。不動堂の再建事業は、武蔵国得恒《とくつね》郷の地頭平高麗助綱夫婦の助成によったことも判明している。高幡不動堂は、個人の特定武士の氏寺ではなく、地域の地縁的な武士団の共同の供養寺や菩提寺であり、百姓・沙汰人など地域の信仰を集めた公界寺でもあった。

武士の殺生罪業観と出家

武士は戦闘や殺生を生業にしたから、殺生戒を説く仏教の趣旨とは大きく反する。それゆえ、死後の世界に地獄に堕ちるのか、極楽に往生できるのか不安にかられることが多かった。中世仏教は、武士の殺生に対してどのような態度をとり、どう説教したのであろうか。

朝廷や幕府は、鎮護国家の天台・真言密教を国教にしたから、殺生禁断令を国策として発布しつづけた。建暦二（一二一二）年、鎌倉幕府は諸国の守護地頭に殺生禁断令を発し、鷹狩を禁止し、信濃国諏訪大明神の御贄狩《みにえかり》（神に捧げる贄を狩り取ること）のみを特例として公認した。諏訪大明神の御狩《みかり》は、山野に狩猟を行い、馬と犬と鷹によって猪・鹿・鳥などの生贄《いけにえ》を捕り大明神に捧げる神事であり、鎌倉時代には五月会《さつきえ》・御射山祭《みさやまのまつり》や花会《はなのえ》といわれる神事が重要視された。近世でも御頭祭《おんとうさい》では前宮十間廊に鹿の首七十五頭や猪の首、雉など鳥も供えられ、菅江真澄《すがえますみ》が天明四（一七八四）年三月六日の神事で見物したスケッチがのこされている。神長官守矢史料館には、これにもとづいた復原展示が見られる（次頁写真4、5）。殺生を生業とする武者の救済の道として、殺生した贄を明神に捧げる神事によって正当化するのが、中世諏訪信仰であった。全国の鎌倉武士は各地に諏訪神社を勧請して御贄狩を継続した。諏訪神社は全国に急速に普及し、現在では五千社を超えるといわれる。

殺生禁断の全国令の中で、なぜ諏訪社の御贄狩だけが特別免除されたかの理由については、諏訪社が頼朝以来武士の軍神として幕府の崇敬を受けたとする説や、諏訪氏が執権北条氏の御内人《みうちびと》で歴代得宗家《とくそうけ》の家宰で特別扱いしたとする説、諏訪社が狩猟神であったとする説など多様な説があり、不明な点が多い。

だが、鎌倉時代、法然や親鸞・一遍らの念仏宗が広まると、諏訪信仰によって殺生で贄を奉る神事と、殺生禁断の仏教の教説との矛盾を信仰上の葛藤として苦しむ御家人らが多数登場した。

備後国尾道の浄土寺を復興したのは深教房定証《しんきょうぼうじょうしょう》であったが、紀伊国池田荘の武士である尾藤氏の惣領である彼は、嘉元四（一三〇六）年の起請文に「南海紀州なり、当国の風俗、多く狩猟を好み、一家重代、皆弓馬に携わり、朝夕に殺生を事となし、三十余年を経て畢《おわ》んぬ」と記した。

写真4　神前供物を復原展示した白兎の串刺し（神長官守矢史料館蔵）

写真5　神前に供えられた鹿や猪など75頭の首（神長官守矢史料館蔵）

武士が狩猟を好み、殺生を職業とすることに対する罪の意識を自覚している。とりわけ「闘殺の罪」を逃れるため、「何時を期して発心せんや。唯、戒律を守り施すに及べば放逸せず、今世・後世の伴侶となさん、生死険路の道・出家受戒の志を伴過するには戒にしかず」と発心・出家して、西大寺叡尊《えいぞん》に入門し長老信空にすべてを寄進した（浄土寺文書、鎌倉遺文二二七四七）。

ここには、彼が出家してもなお鎌倉武士として信仰の悩みをもっていたことを率直に述べている。鎌倉武士の中から、殺生罪業観が極まって出家し、持戒の西大寺律宗に身を捧げ僧侶として持戒の道に入るものが登場してきたことがわかる。(15)

諏訪氏一門の出身で御家人でもあった上原敦広《うえはらあつひろ》は、法然の弟子僧信瑞《しんずい》から信仰上の教えを受けていた。上原敦広の疑問に答えた僧信瑞の回答を記録した書物が、建長八（一二五六）年に『広《こう》疑瑞決集《ぎずいけつしゅう》』（『国文東方仏教叢書』）として編纂された。六回の往復書簡がのこされ、問答は十五項目六十一カ条にまとめられている。(16)

この上原敦広と対話した法然の弟子僧信瑞は『法然上人絵伝』二十六段に登場し、弘長二（一二六二）年、鎌倉の北条時頼を訪問して上人伝を献上している。この段には北条時頼が臨終を迎え、得宗被官諏訪盛重（法名蓮仏《れんぶつ》）が生前法然の教えに随って看取りの作法を整えたことが描かれている。蓮仏は時頼に唐衣と袈裟を着せ、西方の壁に阿弥陀如来の絵像をかけて椅子に座らせた。臨終にあたって時頼は蓮仏に「阿弥陀如来の御力にて浄土に参るならば迎えうるぞ」と語ったという。僧信瑞は、これより先に諏訪盛重に会っており、この臨終の場面に居合わせたと考えられる。上原敦広は諏訪盛重の一門・同族である。

仏教は武士の殺生の苦悩を救ったか

近年になって、上原敦広と僧信瑞との書簡集は、鎌倉武士の思想内容を知ることのできる稀有な史料として注目され、いくつかの研究が蓄積されている[17]。その研究成果に学び、殺生を生業とした武士上原敦広が、法然の教えを受けてどのように思想・信仰上の葛藤を味わったのか、二人の書簡集から探ってみよう。

上原敦広が「殺生をとどめずしては、いかに念仏申とも、往生は叶ひ難く候か。また殺生すとも、念仏だに申候ハバ、往生は遂《と》ぐべく候か」と問う。武士のように人や動物を殺害しながら、念仏を申すなら往生できるのか。専修念仏を説く法然の教説の中核に関する疑念である。

僧信瑞は「私が及ばぬ子細によりて殺生はすと云とも、それにつけても心には仏助け玉《たま》へと思ひて、口に念仏をだにも申さば、その悪は漸々《ようよう》にとどまりて終《つ》ひに往生をとぐべし」と回答する。自分でやむなく殺生していても、心で仏縁にすがり口に念仏を唱えれば、悪事はとどまり往生を遂げることができると主張する。

敦広が問う。「夜討・強盗・盗人《ぬすっと》を捕らえて候はんをは頚《くび》を切り候べきか。切らば重罪なり。切らずば悪事絶うべからず。いかが存じ候へきと」。

信瑞が応える。「大慈悲を起こして極悪人を殺すは地上の菩薩の所行なり、我ら凡夫は然《しか》るべからず」「近年武家に死罪をなだめて流罪におこなわるること、最上の善根《ぜんこん》也」。さらに、人を殺すことと動植物の命を奪うことに命の軽重があるのか、という疑念について、信瑞は涅槃経を引いて「殺生の軽重この文にあきらかなり」と教える。

鎌倉新仏教では、武士による殺人を合法化する道を涅槃経の中に見出していた。極悪人の殺害は大慈悲による菩薩の所行であるとする。殺生によって成仏させることができるという、殺生成仏論が登場している。しかし、人間凡夫には認められないとし、死罪より流罪がよいとする。あくまで殺人や殺生を否定する仏教は、武士道と矛盾する。信瑞は鎌倉御家人上原敦広の心の中に入っていく。

神道と仏道の矛盾に悩む武士

日本の仏教と神道は、前近代では神仏習合であったから、両者にそれほど葛藤がないと説かれる。しかし、実際の中世史料にあたってみると通説は誤りであることに気づく。『広疑瑞決集』でも敦広はつぎのように疑念を述べる。

仏道と神道との底の一つならん様をば知らず。面は殊《こと》のほかに変わりて、その勤め行う有り様、水と火の如し、然れば神職に居ん人、いかが相並べて仏事を営まんや

仮令《たとい》許す人ありとも、昔よりこの方、久しく勤め来れる殺生祭神の礼に背きて香花などを用ひば、神は非礼を請《う》けざるが故に、祀らざるが如くして神恩には預からずして、汝かえって神罰を被るべし、かけまくも此儀云ふことなかれ

たとえ、人の許可によって、殺生した生贄《なまにえ》奉献の神事を中止し、香料や供花を献じて祭祀をしたとしても、「神は非礼を受けず」の原理がある。だから祀りがなければ神恩に預かることはできず、逆に神罰を被ることになる。仏道と神道とは根底において一つにならない。水と火のごとくであり、神職にある御家人らはどのように仏事を営むことができるのか。

このように上原敦広は真摯に自問しつづける。猪・鹿・鳥・魚などの殺生を前提にして神事が構成される神道と、殺生を禁断として香花を奉献する仏教との教義の根源的葛藤の厳しさを問題にしているのである。鎌倉武士の館でかならず馬と犬と鷹の三つの動物を飼育したのは、騎馬による武術の鍛錬と狩猟による殺生祭神のためであった。

死や葬送観念のちがいも問題にしている。敦広は「人神に魂魄《こんぱく》とて候なるハ差別候か、又魂《こん》ハ善悪の生処に赴き、魄ハ留まりて屍《しかばね》を守ると申候ハ、その屍無くチウセ候ナハ、魄ハイカ様ニ為り候ハンスルヤハン」と問う。神道では人には魂魄があり、死後、魂はモノの根元世界にもどり、魄は骸《むくろ》である屍を守ると信じられていた。しかし、火葬によって屍を焼いてしまったら、魄はどうなってしまうのかと問うのである。火葬を教える仏教が、中世人の屍に対する意識の変革を強要していたことがわかる。

猟漁《りょうぎょ》して殺生祭神する人＝神職は蛇の身に生まれ変わるという俗信を仏教は中世人に教えた。敦広が問う。「仏の信施《しんせ》と神の信施と、いずれが罪深き事にて候。又いかなるもの蛇にはなり候やらんと」「蛇身《へびのみ》を受る業因《ごういん》の種々なる中に、且つ余業をば置く、世に廟神《びょうしん》につかえる一類ありて、朝夕に胙《ソ》を食し、あくまで神恩に預かるものは偏《ひとえ》に蛇道の業をつくる也……いかが用心して後の悪報をまぬかれん」。

諏訪氏一族の上原氏は諏訪大明神に仕える神職でもあった。諏訪氏は鎌倉に出て北条得宗家の家宰で得宗被官として権力を振るい、信濃では歴代諏訪社の大祝職《おおほうりしき》を相伝した。神職にあるものは来世では蛇身に転生すると仏教が教えたので、上原敦広はその恐怖とも闘わなければならなかった。神に仕える神職は朝夕、祭りで神に捧げられた肉である胙を食す身で、蛇身に生まれる業をつくっている。どのように用心したらよいのか。古来から神道が教える猟漁による殺生祭神＝生贄奉献の神事をやめて仏事を立てれば神罰を受けざるをえない。神道と仏道とが二律背反の矛盾をもっていたことを鎌倉御家人で諏訪社の神官でもあった上原敦広は真摯に悩んでいたのである。

敦広の狩猟祭祀にまつわる疑念のすべてに信瑞が答えたわけではない。末尾において「慈悲心を起して、殺生をとどめて単に念仏せば……別道なきが故に彼の人は我が往生浄土の兄弟なり」と記している。あくまで仏教徒の信瑞は殺生の停止を主張し、狩猟祭祀を否定しつづけたからこそ、敦広も執拗なまでに狩猟祭祀の是非に苦悩しつづけたのである。

殺生功徳論の登場とその波及

飢饉・疫病・戦争の中で死が日常化していた異常な世界、それが日本の中世社会であった。とりわけ、中世寺院が戦争の主体であったのも、家の利害を最優先する時代的な限界の中にあったためである。それゆえ、殺生禁断を説く仏教の教えを受けて、御家人で神官でもあった上原敦広は、狩猟祭祀の神道と殺人・戦争を職業とする武士の道との矛盾を真剣に真摯に問い詰めた。このあと、鎌倉中後期になると、生類は食されることで成仏の機会を与えられるとする殺生功徳論が登場するようになる。弘安六（一二八三）年に成立の『沙石集《しゃせきしゅう》』には、「生類ヲ神ニ供スル」ことで仏道に入る方便が説かれるという。戦争という人類の悪事を克服するためには、殺生をめぐる神仏の葛藤を人々に強いる歴史が存在し、中世では神道思想と仏教思想の対話・ダイアローグによって時代思潮が形成されていた。[18] 殺人と同様に動物の殺生を禁断することが日常化するようになるには、江戸時代、将軍徳川綱吉が貞享四（一六八七）年から生類憐みの令を繰り返し発する時代をまたなければならない。上原敦広からさらに四百年余の歴史を必要とした。

中世従軍僧がつくった死者追悼心得

従軍僧（陣僧）から届いた手紙

利害対立や紛争では、実力主義によって土地や財宝さらには権力までも手に入れる事ができたのが中世という時代であった。自力救済の原理ゆえ、武士だけではなく、公家も寺社も惣村《そうそん》もみな軍事力をもち、僧侶さえみずから武装して戦場に赴いたのは前述のとおりである。右手で合掌して殺生戒や念仏・真言を唱え殺生禁断令を推進しながら、左手では長薙刀《ながなぎなた》や鉄炮を構えて戦場に出て殺人に従事する。それが中世の仏教徒の姿である。激しい矛盾と苦悩の中に身を置けば置くほど、民間宗教者たちは地獄のような現実生活の中でルールをつくり、自己規制をするようになる。その姿を「陣僧《じんそう》」という戦場に従軍する中世僧侶の中に探ってみよう。

鎌倉後期には内乱や戦闘が多くなり、僧侶も戦場に従軍した。従軍僧は武士や兵士に平家語りや口承文芸を噺《はや》して戦闘の恐怖心を取り除いたり、戦病者に十念を授けたり、戦死者を埋葬・供養するようにもなった。戦死者の遺品や手紙・辞世を遺族に届けるのを専門とする僧侶集団が登場した。これが「陣僧」といわれる中世の従軍僧である。その初見史料といわれるものが、長野県佐久市金台寺にのこる元弘三（一三三三）年五月二十八日、他阿弥陀仏《たあみだぶつ》上人自筆書状（鎌倉遺文三二二二八）である。鎌倉幕府の滅亡に立ち会った他阿弥陀仏という時衆僧が、信州佐久郡にいた証阿弥陀仏に宛てた書状であり、その内容はつぎのとおりである。

鎌倉はおひたゝしきさわき（騒ぎ）にて候つれとも、道場ハ殊に閑《しずか》に候つる也、其の故は、しげく来候殿原《とのばら》ハ皆合戦の場へ向かハれ候つれハ、留守の跡にて無別事候

鎌倉が大騒動になっていたが、他阿弥陀仏のいる寺院である道場は閑静になってしまった。道場によく出入りしていた武士らが戦場へ出陣し留守になったという。

この手紙が差し出された元弘三（一三三三）年五月二十八日という日付に注目すると、鎌倉幕府が滅亡して北条氏一族が東勝寺で自刃してからちょうど初七日に相当する。鎌倉の大騒ぎとは幕府滅亡のことであり、戦場に出た「殿原」とは滅亡した北条軍の武者を指しており、他阿弥陀仏はその戦場の最中にいたことがわかる。さらに手紙の文中には「たたかひの中にも、よせ手、城のうちともに念仏にて候ける」とある。戦闘の最中に、攻撃陣の新田義貞軍も、守備する北条軍も、敵味方なく念仏を行っているという。

としうち（同士討）したりとて、後日に頸《くび》めさるゝ殿原、これの御房達《ごぼうたち》、はま（浜）へ出て念仏者にハ皆々念仏すすめて往生をとけさせ、いくさ（戦）の以後ハこれらを皆見知して人

々念仏の信心弥《いよいよ》興行忝く候、命延候者又々可二申承一、あなかしこ

と伝えている。同士討ちを理由に頸《くび》を切られる武士に対しても、「御房達」＝時衆僧らは、処刑場の浜に出て念仏者には十念をすすめて往生を看取った。戦《いくさ》のあとには戦死者を確認して遺族に仏の供養を伝え、仏教興行に活躍している。ここに中世の陣僧の活動振りが報告されている。(19)

この手紙から、鎌倉幕府滅亡の際に、合戦の最中に戦場に出て、敵味方の区別無く戦死者にも十念を授け、処刑に立ち会い死を看取る御房達という僧侶集団が登場していたことがわかる。戦場に従軍する僧侶をのちの時代には陣僧と呼ぶようになる。陣僧には時衆や念仏聖《ひじり》が多かったらしい。

写真6　鎌倉市で出土した五輪塔の地輪（鎌倉国宝館蔵）

鎌倉市の釈迦堂谷《しゃかどうがやつ》には、東勝寺で自刃した北条高時らの遺骨を埋葬したという伝承がある。その場所で中世の供養塔といわれる五輪塔の地輪部分が出土し、銘文には梵字とともに「元弘三年五月廿八日」の文字が刻まれている（写真6）。日付が他阿弥陀仏の書状のそれと一致している。北条得宗家の高時が自害した五月二十二日から数えて初七日法要の日にあたるから、釈迦堂谷でも北条氏滅亡のあと、法

要を実施し供養塔として五輪塔を造立したものであろう。戦死者を供養した痕跡であることは確かである。戦死者を悼む活動が社会に大きく深く浸透すればするほど、戦争の愚かさと平和の大切さが中世人のこころに蓄積されていったと信じたい。

陣僧が苦悩の末につくった心得

鎌倉幕府が滅亡し、鎌倉落城を実現した新田義貞が足利尊氏によって討たれ、世の中は南北朝内乱の時代に移る。戦争がますます拡大する時代に突入し、陣僧が活躍する舞台は全国化した。

時代閉塞に直面して、陣僧らは様々な心得を定めている。応永六(一三九九)年、大内義弘が鎌倉公方足利満兼《みつかね》や山名・土岐・京極らの守護大名とともに、将軍足利義満に反抗して堺に挙兵したが、この応永の乱に従軍した陣僧が定めた置文《おきぶみ》を紹介しよう。

この史料は、応永六(一三九九)年十一月二十五日に遊行上人第十一代の他阿弥陀仏=自空上人という僧侶が書いたもので、宛先は切断されている。天正十四(一五八六)年に京都金光寺の三十二世遊行上人によって表装し直され、同寺に伝えられた(七条道場文書　自空上人書状)。

> 軍勢に相伴《しょうばん》時衆の法様《のりよう》は、観応の比《ころ》、遊行より所々へ遣わされし書ありといへとも、今ハ見およひ聞およへる時衆もあるへからず、仍《よ》って或いは檀那の所望いひ、或いは時宜《じぎ》くるしからしといひて、心にまかせてふりまう程に門徒のあさけり(嘲り)におよひ□身の往生をもうし(失)なうもの也、檀那も又一往の用事ハかなへとも、門徒の法に違かひぬれば、時衆

の道せはくなりて、かへて檀那の道も難儀出来すへし、然ハ世ニ出らるべき心得条々

軍勢に従軍する時衆がまもるべき法は、観応（一三五〇～五二）のころ遊行上人によって定められていたが、今は不明になった。陣僧は檀那衆のいうことや状況にまかせて勝手な行動をするようになり、人々の嘲りを受け往生もできずに地獄に堕ちるものも出た。檀那の用事をかなえることができても、門徒の法に違反しては、時衆としての道がゆかなくなる、かえって檀那の道も困難になるので、以下の条々を定め心得とするという。

敵方の戦死者も味方と差別なく供養するという行為は、戦場内ではきわめて危険であり、陣僧自らの中立的な立場をとろうとするほど理解されることは稀である。むしろ、両軍からスパイや敵方と疑われ処刑され、敵方と一緒に殺害されることも多かった。こうしたことから、陣僧の倫理規定が何度もつくり変えられたのである。(20)

●僧侶が従軍するは十念のため

第一条はつぎのとおりである。

時衆同道の事ハ、十念一大事の道也、通路難儀の時分時衆ハ、子細ありとて、弓矢方の事に文を持たせ使いさせられる事努々《ゆめゆめ》あるへからす、但妻子あてには、惣して人をたすくへきいはれあらハ、不可子細

陣僧として時衆を同道するのは死期に十念を授けるためである。軍隊が包囲されて通路が閉ざされた時は、陣僧は軍事関係の使者をしてはならない。但し、妻子に関することは、延命のためである場合その限りではない。戦場で命をかけて陣僧をつとめることの緊迫感が伝わってくる文面である。陣僧は従軍する味方の軍隊からも中立で、軍使を拒否すべきことを決めている。

●時衆は殺生の道具にふれぬこと

第二条にはこうある。

軍陣において檀那の武具とりつく事、時としてあるへき也、それも鎧《よろい》、兜《かぶと》の類ハ苦しからす、身を隠す物なるがゆえに弓箭《きゅうせん》、兵仗《へいじょう》のたくひをハ、時衆の手にハとるへからす、殺生もといたるによてなり

戦場において武将が武具を着装する場合には、身をまもるための鎧《よろい》・兜《かぶと》は手伝ってもよいが、弓矢、兵仗《ひょうじょう》など殺生の道具には、時衆は手を触れてはならない。宗教者が戦場に従軍する場合のルールを定めている。専守防衛がいかなるものか、十四世紀の日本の僧侶は戦場の倫理規定を自立的に決めていたのである。宗教者と戦争の武具・武器との最低限のまもるべき線引きがここにある。

●武将を看取るときは正装し念仏を

第三条はつぎのとおりである。

歳末の別時にハ、軍陣なりとも、菰《こも》をかき解《とき》、きせし阿弥衣《あみごろも》を着して称名すへき条勿論也、然《しか》りと雖《いえど》も所によりて、水もたやすからす、食事も心にまかせぬ事あるへし、又檀那の一大事を見ル事も無力にてハ叶ましけれハ、食事ハ何時にてもあるにまかせてしたしあり、ハからすとも苦しからす、若ハ又□□□へからん所にては如法に行ふへき也

武将の死を看取る時には、阿弥衣という時衆の正装をして称名念仏すべきである。水も食事もできない時があるので、食事はいつでも取ってよいと、臨機応変の対応を定めている。

●合戦に及ぶときは往生の教えを

最後の第四条は初心わするるべからずという。

合戦に及ハん時ハ思ふへし、時衆に入し最初身命ともに知識に帰せしめし道理、今の往生にありと知て檀那の一大事をもすすめ我身の往生をもとくへき也、此旨存知せさらん時衆にハ能々《よくよく》心得やうに披露せらるべし、穴賢《あなかしこ》々々

戦争が始まったら、宗教者として入信したとき、身命ともに仏にささげた覚悟を思い出すべきである。目の前の武将の往生をすすめ、自分も往生をとげるのが入信の時の道理だと覚悟するように時衆らに説明して理解させせよという。

宗教者は檀家の死の時を一大事として、その看取りを最大に優先すべきだという。この原理は、今の宗教者も中世の時衆も同じ倫理だといえよう。戦場で死者供養に飛び回っていた中世の陣僧らの宗教意識を侮ることはできない。この史料は右手で合掌し念仏・真言を唱えながら、左手では長薙刀や鉄炮を構えて戦場に従事していた中世の仏教徒が、なにを一番大切な原点にしてきたかをよく示している。できれば、原文で味わってほしい。

僧の役割となった戦死者の看取りと供養

こうした中世の僧侶が戦場の中から創り出した宗教者の倫理規定は、室町時代の人々の心を揺さぶらずにはおかない。各地の内乱の中で、陣僧の覚悟に共感した人々が、戦死者の看取りや供養を時衆や十念聖に頼むことが多くなった。

応永七（一四〇〇）年九月二十四日、善光寺平の信濃国更級郡《さらしなぐん》で、信濃守護小笠原長秀《おがさわらながひで》軍と国人《こくじん》領主《りょうしゅ》の村上満信《みつのぶ》ら国人一揆軍が合戦に及び、多くの戦死者が出た。守護大名小笠原長秀の入国を阻止・敗北させた著名な戦争で、大塔合戦《おおとうがっせん》と呼ばれる。[21] 戦況が不利になった守護軍は、二ツ柳城にあった古寺院の大塔を要害《ようがい》として籠城し、一揆軍が包囲戦に持ち込んだ。二十二日間の籠城の末、寒さと餓えから十月十七日、最後の決戦に出て三百名以上の武将や侍名字のものが討死、自刃して果てた。守護長秀のみは、国人大井氏の仲介で一命を取りとめ京都に逃げ帰った。このときの有様が『大塔物語《おおとうものがたり》』(『信濃史料叢書』)という室町時代の軍記物に記録されてのこされている。

それによると、悲惨な戦場で籠城した大塔の人々が自害したと聞いて、善光寺の妻戸《つまど》時衆《じしゅう》と十念寺聖が急ぎ駆けつけると目も当てられぬ惨状だった。人馬の骨肉散乱し野の満草が血に染まった。縁者親族の僧侶や法師が骨を拾い、屍骸《しがい》を抱えて号泣し前代未聞の状態であった。時衆らは、散らばる屍を集めて栴檀《せんだん》の煙と為した。骨を集めて葬送して卒塔婆《そとうば》をたてて供養した。遺された武具や遺品・形見の品を見つけては妻子や遺族に送り届けた。また遠く伊那の遺族を戦死した場所まで道案内して善光寺での供養に立ち会ったとある。こうして、戦死者の追悼を大切なことする倫理観が社会に醸成されていった。

「敵も味方も区別なく弔うべし」

陣僧や聖らの活動によって、多くの武士をはじめ一般庶民までが、戦死者は敵も味方も区別なく供養すべきだと考えるようになる。それが一つの社会意識となって支配層の意識まで規制する。

応永二十三(一四一六)年十月、前関東管領《かんとうかんれい》上杉禅秀《ぜんしゅう》は、関東公方《かんとうくぼう》足利持氏《もちうじ》を攻撃したが、失敗し翌年正月に鎌倉雪ノ下で自刃した。上杉禅秀の乱は関東地方の武将を巻き込み各地で激戦状態になり、多くの戦死者を出した。

禅秀軍を攻略した関東管領上杉憲基《のりもと》は、応永二十四(一四一七)年三月三日に鎌倉円覚寺の塔頭正続院に宛てて常陸国信太荘《しのだのしょう》久野郷を寄進した（圓覚寺文書）。その寄進状にはつぎのように書かれている。

去年十月三日、同六日、同十二月十八日、同廿三日より、去正月五日、同九日、同十日に至り御方《おみかた》并御敵《おんてき》等打死、菩提のため寄進奉る所也

禅秀の乱での合戦は、応永二十三（一四一六）年十月から翌年正月まで七回に及び、いずれも戦死者が出た。ここで重要なことは、関東管領が「御方并御敵等」＝敵味方の区別なくその菩提を弔うことを命じていることである。彼は、上杉禅秀の乱で戦死した両軍の人々の菩提を弔うために円覚寺正続院に所領を寄進して供養用途《くようようと》としたのである。

神奈川県藤沢市の清浄光寺《しょうじょうこうじ》境内には、応永二十五（一四一八）年十月六日に建立された「藤沢

写真７　神奈川県藤沢市の時宗総本山清浄光寺に建つ「藤沢敵御方供養塔」

敵御方供養塔」がのこされている。塔の「南無阿弥陀佛」の名号の下には、四行にわたり造立の趣旨と僧俗・人畜を問わず十念あるべきことが記されている。「応永廿三年十月六日兵乱より、同廿四年に至る、在々所々において敵御方、箭刀のため、水入落命の人畜の亡魂、皆悉浄土に往生す、故此塔を建つ、前に於いて僧俗十念あるべき者也」と刻まれている（前頁写真7）。これも戦に敗れた足利持氏方の上杉氏定が清浄光寺で自刃してから三回忌にあたって供養塔が建立されたことを示している。[22] 江戸時代の地誌『新編相模国風土記稿』には、このあと戦死した武将十七人の名を読むことができたというが、今はその部分がない。

中世の敵味方を問わず菩提を弔うという追悼理念は、全国各地に広がっていた。豊臣秀吉が引き起こした朝鮮侵略の出兵でも、「大明・朝鮮闘死群霊のために築く所の塚」（『鹿苑日録』）が京都方広寺につくられ、慶長二（一五九七）年九月二十八日に入洛した善光寺如来の前で敵味方供養の大施餓鬼会が行われた。[23] 慶長四（一五九九）年六月には島津義弘《よしひろ》・忠恒《ただつね》父子が「高麗陣敵味方戦死者供養碑」を高野山奥之院に建立し、今も「高麗国在陣之間敵味方闘死」の銘を鮮明に読みとることができる。中世人が苦しい戦争の中から創造した倫理観こそ、敵味方を区別することなく追悼するという平等思想であった。

敵の追悼を禁じた明治政府から靖国神社へ

中世の仏教徒がつくり出した敵味方供養の哲学は江戸時代を通じて実行されたが、維新のあと明治政府によって禁止されることになった。明治元（一八六八）年一月、鳥羽伏見の戦で新政府軍と旧幕府軍との内戦が始まり、翌年五月、北海道五稜郭《ごりょうかく》の戦いで戊辰《ぼしん》戦争が終結した。ところが薩長土肥の明治新政府は、同年十一月三日、明治天皇の布令として「朝命奮戦死亡輩招魂祭」の執行を命じた。鳥羽伏見以後の戦死者を敵味方区別なく供養することを禁止し、自軍の戦没者のみを供養する法令を出したのである。

それ以降、西南戦争の内戦はもとより日清・日露戦争でも敵方を「朝敵」として一緒に追悼することを禁じ、味方の戦死者のみを「招魂社」という特別な神社に追悼することを命じた。この招魂社が再編されて靖国神社となり、太平洋戦争では天皇のために死んだ戦死者は強制的にすべて軍神として靖国神社に追悼された。戦後にはポツダム宣言受諾にもとづく東京裁判でのA級戦争犯罪人までが合祀された。

日本の支配層の内部では、ドイツとくらべても侵略戦争や植民地支配への反省という歴史認識が欠けている。近現代日本の保守政治家は、中世の仏教徒が戦争の苦悩の中から敵味方供養というヒューマニズム溢れる戦死者追悼哲学をつくり出したことをすっかり忘れている。あらためて、二十一世紀のアジア世界で平和国家として生き抜くためにこそ、平和憲法を生かし、敵味方供養塔の哲学を復活させなければならない。

寺院が鉄炮や火薬の技術を伝授した史実

信長・秀吉・家康による統一国家が成立する十六、十七世紀は、中国では清、ヨーロッパでは絶対主義国家、中近東でもオスマントルコの軍事的国家が成立する時期にあたっていた。こうした国内の軍事力が国家に独占集中させられる社会変革期に、鉄炮という軍事技術の影響が大きかったことが注目されている。日本への鉄炮の伝来は、一五四三年にポルトガル船が種子島に漂着して伝えたとする説が教科書に採用されて通説となっている。薩摩の学僧文之玄昌《ぶんしげんしょう》が一六〇六年に書いた『鉄炮記』にもとづいているが、近年は関係史料の検討によって、あらたな諸説が提起され活発に研究が深められている。

第一の異説は、ポルトガルと種子島が鉄炮伝来の源流ではないという説である。東南アジアで使われていた南蛮筒という銃が西国地方にもたらされており、複数の伝来経路が存在したとするもので、宇田川武久国立歴史民俗博物館名誉教授の学説である。(24)

第二は、鉄炮伝来は一五四二、四三年に倭寇《わこう》の王直《おうちょく》のジャンク船が種子島に漂着してもたらされたもので、ポルトガル人からの伝来ではないとする村井章介東京大学名誉教授の学説である。(25)

日本では戦国動乱の中で技術改良が重ねられ、さらに鳥類狩猟のために発達し、明や李氏朝鮮にとって軍事的脅威となり「鳥銃」と呼ばれたといい、鉄炮の技術改良をめぐる論争ともなっている。[26] 今後、諸説をめぐる論争や史料発掘を通じて研究が進展するものと期待されている。

中世の僧侶が伝えた鉄炮技術

戦国期に伝来した鉄炮の軍事技術が、僧侶によって受容され、さらに全国の諸大名によって改良・普及されていったことは意外と知られていない。

武田勝頼の騎馬隊が、天正三（一五七五）年五月に信長・家康連合軍の鉄炮隊によって三河長篠の合戦で敗北したことは有名である。その翌年五月二十一日に勝頼は、内記《ないき》宛につぎのような朱印状を発給した（諏訪文書、信濃史料一四―一六二）。

定

澤玄・秀菊・源右衛門尉・佐利次郎左衛門尉・池上蓮法・佐野惣右衛門尉・宗善三郎右衛門尉、右七人、自今以後、郷次の御普請役を御赦免なされ畢《おわ》んぬ、然《しか》らば、鉄炮玉調法の奉公疎略なき様、申し付けらるべきの由、仰せ出さるるものなり、仍《よ》って件の如し

天正四年丙子　五月廿一日　朱印　　小山田六左衛門尉 奉之

内記殿

武田勝頼は、奏者《そうしゃ》の小山田氏を介して、内記の家臣である澤玄《たくげん》・池上蓮法をはじめ秀菊《しゅうきく》ら七人に対して「郷次普請役《ごうなみふしんやく》」を免除する代わりに「鉄炮玉調法之奉公、疎略なき様」に命じた。郷次普請役とは、郷村の百姓らに課税される人夫役《にんふやく》で、戦国大名が城郭建設や道路・寺社造営・堤防工事などの際に村や郷に労役の徴発を命じた。内記配下の池上蓮法ら七人は、郷次の普請役免除の特権を公認された代わりに、鉄炮玉の製作や火薬の調合に従事して武田家に奉公するように命じられたのである。

ここで注目されるのは、七人の鉄炮衆のうち、澤玄と池上蓮法の二人が法名を名乗っており、出家した僧侶であったことである。とりわけ、池上蓮法の一門一族は、信州伊那郡の日蓮宗寺院・遠照寺《おんしょうじ》の大工《たいこう》をつとめた池上氏一門であることが判明する。

鉄炮・火薬の技術を担った人々

中央高地の長野県伊那市高遠《たかとお》城趾公園は「ひとめ千本」の桜の名所として全国から観光客を集めている。三代将軍徳川家光の弟・保科正之《ほしなまさゆき》が藩主となった名城としても著名である。山間地の大字山室に遠照寺がある。この寺院は武田信玄や勝頼の保護下にあり、戦国争乱の勝敗を決した鉄炮と火薬調合の技術を伝承していたことが最近の調査から判明した。

遠照寺の境内にある釈迦堂の来迎壁に「天文第十八酉（一五四九）六月五日癸卯日午剋」と墨書があり、建立年代が戦国時代とわかる。堂内の木造多宝小塔には、文亀二（一五〇二）年六月一日に建立したという銘文が記されている。それによると、建立の檀那は、地頭藤沢遠江守代官の尼妙因《みょういん》で六十四歳の女性であった。本願は、信濃国伊那郡山室郷の住人、吉田原豊前守法名円《えん》妙《みょう》五十九歳・妻法仁《ほうじん》五十一歳・嫡子原与四郎久吉三十一歳・遠照寺住正行房日周《にっしゅう》四十二歳・同老母妙用《みょうよう》七十六歳とある。苗字が吉田、本姓が原という一門の五人で、祖母と円妙・法仁夫婦と二人の男子の三世帯家族であった。墨書銘には「南無妙法蓮華経　南無日蓮大聖人」ともあるから、日蓮宗寺院であり、それゆえ住職も「日周」といい、原豊前守円妙の二男が遠照寺の住持職を継承していたことがわかる。

この寺院建築を手がけた大工は、「鉾持《ほこじ》住人池上左衛門大夫政清〈生年七十六才〉、嫡子若狭守貞政〈生年四十八才〉・次男四郎右衛門貞吉・三男膳次郎内政〈生年二十六才〉・同伊勢守貞吉〈生年四十九才〉、同新五郎政信〈生年二十六才〉・左衛門二郎貞清〈生年十六才〉・与三次郎政光〈生年十六才〉」と記されている（多寶塔銘文、信濃史料一〇—一四八）。

遠照寺の多宝小塔は、隣接する「鉾持」の住人である池上政清・嫡子貞政・次男貞吉・三男内政の父子と、同住人の貞吉・政信・貞清・政光らが共同で製作にあたった。いずれも池上氏を名乗る大家族制度をとっていたことがわかる。今も、鉾持神社と並んで建福寺《けんぷくじ》が建ち、山麓一帯を「番匠《ばんしょう》」といい、大工池上氏の住居跡と伝承する。

この池上氏は鎌倉時代から鎌倉将軍家の大工で、中でも池上宗親《むねちか》・宗仲《むねなか》は日蓮に帰依し、彼らが寄進した武蔵池上氏の屋敷跡地は池上本門寺の基礎となった。鎌倉時代にこの伊那谷一帯の伊那春近《はるちか》領が北条氏領になり、その政所として池上氏が赴任し公田《こうでん》の再開発に従事した。[27]このため、信濃伊那谷には日蓮門弟として池上氏や四条頼基《しじょうよりもと》が定住しており、室町期には「鉾持」の住人となった大工池上氏らが遠照寺を支えていたことがわかる。

大工とは、中世の建築士のことである。宮大工で多くの職人の統括者であり棟梁ともいわれた。和釘や長鎹《ちょうかすがい》などをつくるため製鉄・鋳物師《いもじ》・鍛冶師《かじし》から番匠・細工・石工・壁塗・瓦師・桧皮師《ひわだし》・道作・土方・池堀などの技術者集団を組織していた。それゆえ、鉄炮玉の製造や火薬の調合という最先端の戦闘技術を伝習して戦国大名に奉仕するのには、最適の条件にあったといえる。武田勝頼の鉄炮衆に組み込まれた池上蓮法こそ、遠照寺を支えた鉾持の大工池上氏一門の一人とみてまちがいない。

鉄炮・火薬の奉公を拒否した池上氏

天正四（一五七六）年五月になって武田勝頼が池上蓮法ら七人を新たに鉄炮衆に編成したのには、特別の理由があった。勝頼は前年の天正三（一五七五）年五月に、三河国長篠の合戦において信長・家康連合軍の鉄炮に敗北したばかりであった。そこで、遠照寺の住職池上日周や鉾持住人の大工池上氏一門に期待したことは、日蓮宗の身延山や武蔵池上本門寺・京都法華寺院との連絡網を活用した最先端の鉄炮・火薬調合技術の導入であった。

しかし、遠照寺と大工の池上氏は、軍事技術をめぐって一門が分裂してしまう。翌天正五（一五七七）年には、勝頼から二貫六百文の土地と屋敷地を安堵《あんど》されていた池上備前が自ら没落して浪人した。このため、勝頼は同年三月十七日に彼の跡職を井沢与次郎に与えて番匠奉公を命じた（信濃史料一四―一九六）。

このとき大工池上氏一門のうち浪人した池上清左衛門尉の一族は、高遠町山室からさらに伊那谷の山岳地帯に入った長谷《はせ》村の非持山《ひじやま》という村に落ち着いた。彼らは、勝頼の母＝太方様《おだいぼうさま》に年来奉公するようになり、天正六（一五七八）年十月十五日には勝頼から五貫文の所領をもらい「細《さい》工之御用《くのごよう》」を命じられている（池上文書、信濃史料一四―三七二）。再度、池上氏は勝頼の家臣団に組み込まれたが、ここでは「鉄炮玉調法の奉公」ではなく「御細工の御用」という伝統的な任務であった。池上清左衛門尉一族は、鉄炮や火薬調合という殺人のための奉公から逃れ、細工という木工の職人奉公に戻るために、浪人生活と山奥地への移転生活を余儀なくされていたのである。

　武田勝頼はこの四年後の天正十（一五八二）年三月、諏訪にまで進駐した信長軍に攻められて甲斐国田野《たの》で自刃《じじん》し、一族は滅亡した。代わって、高遠から伊那谷の奥地は家康と結んだ保科正《ほしなまさ》光《みつ》の領国となった。保科氏の事跡をまとめた『保科御事歴』によると、元和八（一六二二）年に建立された高遠諏訪神社社殿の大工として「池上五郎右衛門正忠」と「井澤忠右衛門次繁」の二人が見える。文禄元（一五九二）年、飯田城代篠治秀政《しのはりひでまさ》が上飯田に建立した白山社の棟梁を池上五郎右衛門尉がつとめている。江戸時代には、高遠や飯田で池上・井澤両氏が大工として存続した。中世の大工職の専門技術者の内には、鉄炮・火薬の奉公を自ら拒否した史実が存在していた。

修験者に相伝された炮術師秘伝書

　二十一世紀に入って鉄炮の普及に関する新しい史料が紹介・公開された。戦国期から江戸初期にわたる鉄炮伝書で、長野市七二会《なにあい》字守田の守田神社が所蔵する文書である。天正十九（一五九一）年の守田明神誓文《せいもん》と火薬調合次第《かやくちょうごうのしだい》、文禄三（一五九四）年に吉田盛定が屋嶋《やじま》藤三郎に与えた『鉄炮之大事《てっぽうのだいじ》』など九点、文禄五（一五九六）年の人形祭文、慶長十（一六〇五）年の不動明王祭文、元和元（一六一五）年の鳥ノ目当注文《とりのめあてちゅうもん》、年未詳『南蛮流秘伝一流』の合計十五点からなる古文書群である。(28)

これまでにわかっている鉄炮技術を記した最古の古文書は、上杉家文書にある永禄二（一五五九）年六月二十九日鉄炮薬之方并調合次第《てっぽうぐすりのかたならびちょうごうしだい》である。室町将軍足利義輝の奉行人大館《おおだち》晴光が上杉謙信に与えたものである。これ以前にも天文二十二（一五五三）年五月二十六日に将軍義輝は上野国横瀬成繁《よこせなりしげ》に鉄炮一挺を送っている。翌（一五五四）年正月十九日には大館晴光が大友義鎮《よししげ》に送った「南蛮鉄炮御進上《なんばんてっぽうごしんじょう》」の副状がのこる。これらは、鉄炮の実物とともに火薬調合の方法・技術を教えたもので、鉄炮技術の伝書そのものではない。

鉄炮の技術そのものを記述した鉄炮伝書は、文禄慶長年間になってようやく田付《たつけ》流・稲富《いなとみ》流・南蛮《なんばん》流などの炮術師の鉄炮伝書が登場した。いずれも武士層の炮術師といわれた技術者の伝書であり、江戸時代に最盛期をむかえるというのが通説である。(29)

しかしながら、守田神社の古文書群は、こうした炮術師の鉄炮伝書とは大きく異なっている。第一の特徴は、信越国境の山間地にある地方寺社の神主家屋嶋家に伝来したもので守田神社の所蔵になっていることである。「守田山別当」「モリタノ明神」の記述があるため、修験者に相伝された炮術師秘伝書とみられる。戦国大名から近世大名へと伝授されていった鉄炮技術とは別に、修験者によって鉄炮伝書が民間に相伝されたルートが存在していた。鉄炮の技術は武士階級だけではなく、民間の村の中にも伝授されていたことがわかる。

　第二に、『鉄炮打様《てっぽううちざま》之《の》大事《だいじ》』では図解して鉄炮の構え方を教えている。「鉄炮目当事」「鳥目当注文」というように、鉄炮で撃ち落とす対象によって技術や構えの姿勢を変えるという微細な内容になっている。「むふとり」「をしとり」「かも」「つる」「わし」「雀うつ玉の事」「がんの目当の事」「木鳥の目当、太身を撃つへし」「水鳥の目当の事」などが記され、鳥類を撃ち落とすために、どこを標的にして撃つかを伝授している（写真8、9）。あきらかに殺人・戦争のための技術ではないことが重要である。この鉄炮伝書は鳥類の狩猟技術としての性格が強い。

写真８　『鉄炮打様之大事』に図解されている鉄炮の構え方（守田神社蔵）

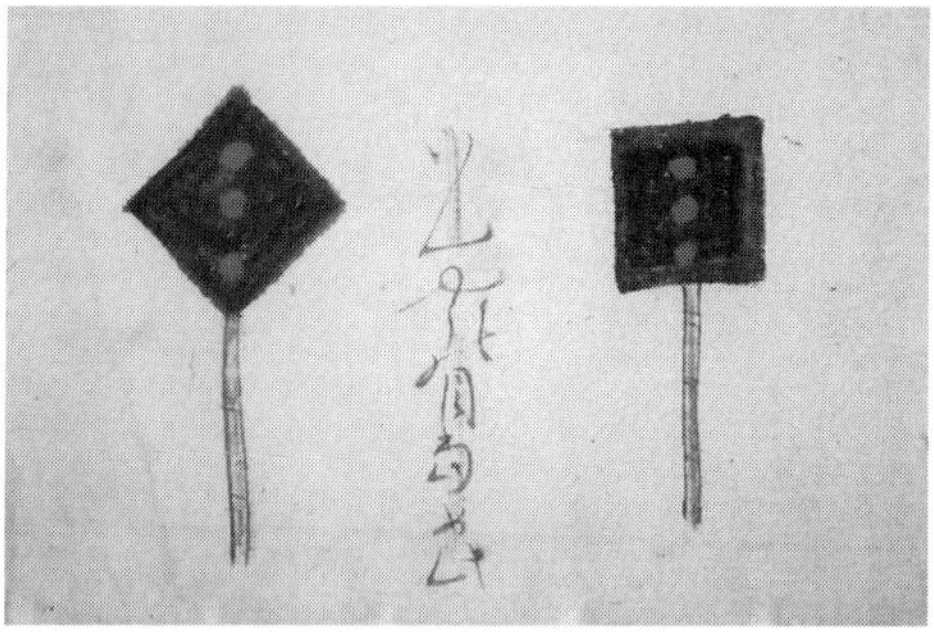

写真９　打つべき標的の例（守田神社蔵）

　十六世紀の西洋銃が、日本で狩猟用に改良されていたという指摘とよく対応する。織豊期における日本での鉄炮の技術改良は目覚ましく、中国・朝鮮では日本銃を「鳥銃」と呼んだという。言い換えれば、織豊期の日本銃の技術革新は、民間における狩猟用に改良されたものと推測される。

第三に、『鉄炮位名《くらいな》の大事』は鉄炮伝来の経過をつぎのように記述している。

> 大唐より筑紫・豊後の国にソコウという村あり、その村にて鉄炮を広めし時、彼岸和田といふ人、薩摩国の人にて候か、其時商人になり、鹿放す様を伝へ、様子を鍛錬したる故に一流口伝するについて、岸和田流とは申者なり

ここから、吉田盛定が屋嶋藤三郎に伝えた鉄炮伝書の流派は、文禄三年当時に岸和田流の一派として自覚されていたことがわかる。これまでのこる鉄炮伝書は、稲富流・田付流・南蛮流などであるが、それよりも古い岸和田流が存在したことになる。また、ここでは、鉄炮は大唐から筑紫・豊後に伝来したものと信じられ、「商人」が鹿狩りの技術として「鍛錬」し一流口伝にしたのが岸和田流だとしている。商人が岸和田流を広めたとすれば、狩猟技術が巨額な利益のために戦争の道具や技術として活用されたことも納得できる。戦争そのものが軍事科学を発展させるわけではない。科学・技術の悪用をはかる死の商人や一部の科学者が、いつの時代にも暗躍していたのである。

判明した鉄炮の撃ち方と仏教の関係

これまで知られている最古の天正・文禄年間の鉄炮伝書は、火薬の調合を記したもののみで、

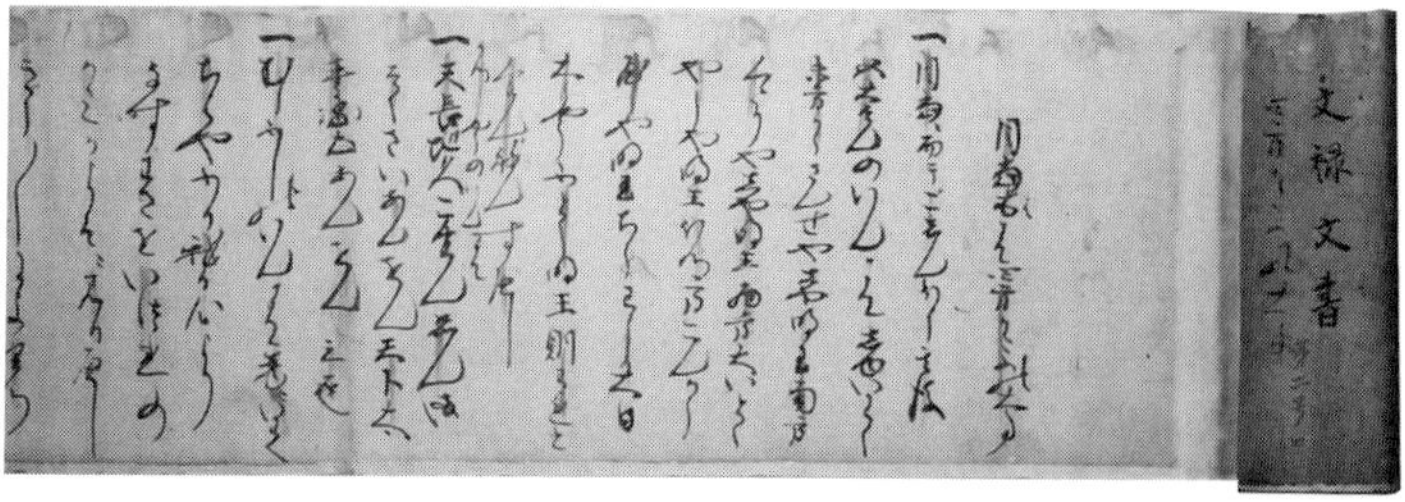

写真10　「四方固めの大事」（部分）。仏教によって鉄炮技術や鉄炮を撃つことが正当化されていたことがわかる（守田神社蔵）

鉄炮の具体的な作法や、鉄炮による殺生・殺人をどのように正当化したのかを物語るものは全く見られなかった。しかし、今回紹介された文禄三年の『鉄炮之大事』では、仏教によって鉄炮の技術や作法を正当化していたことがはじめて判明した。まず、鉄炮の作法について、その概要を要約しよう。

第一は、「四方固《しほうかた》めの大事」といって、鉄炮を構える場所を「目当場《めあてば》」と呼び、その場を決めたら「四方固め」という呪法をするように命じている。「五大尊の印によって、東方に降三世夜叉明王《ごうさんぜやしゃみょうおう》、南方に軍荼利《ぐんだり》夜叉明王、西方に大威徳《だいいとく》夜叉明王、北方に金剛《こんごう》夜叉明王、中央に大日大聖不動明王、則我と観念すへし」とある（写真10）。その後、「籤《くじ》を行い、七難即滅　七福即生」と唱えて、「四方固めを行ふならば巨難あるまじく候」と教えている。

四方固めは東西南北を守護する道教の呪術法である。平安時代から宮中では四角四境祭《しかくしきょうさい》という呪術法が密教儀礼として行われた。鎌倉幕府も法会や神事では四境祭を行っていた（『吾妻鏡』）。鉄炮を撃つ場所を、五大尊によって守護された神聖な場所とする密教的呪法が鉄炮の作法として採用されている。

つづいて、鉄炮を目当場に持ち出し、鉄炮を右手にもち、火縄を左手にもつ。「これ即《すなわ》ち、鉄炮ハ不動明王の智恵の利剣《りけん》也、火縄ハ白の縄を表する也。これによって、鬼神・悪魔も恐れをなし候也」と記す。「無精にて鉄炮を取へからず」と戒めている。鉄炮と火縄を不動明王の利剣と羂索《けんさく》になぞらえて正当化している。狩猟殺人兵器の技術を正当化するため、鬼神・悪魔を降伏・退治する呪法と同一化し、鉄炮の撃ち手自らを不動明王になぞらえていたことがわかる。「鉄炮というハ、天地和合の左伝なり、又金剛・胎蔵《たいぞう》両部の二つ也、天の廿八宿・地の三十六禽《きん》、これを表する也、又夫母の形、日月をも型どる物也」ともいう。仏教的宇宙観と鉄炮との結合関係を述べる。

> 彼鉄炮というハ、天竺の鷲宮嶽《わしのみやのたけ》に釈尊、御説法なされ候所に、大場《おおば》という者、備えをなし申さんとする時、アグラ仙人の大場を汝いかなれば、御説法に備えをなす事口惜しき次第なりとて、阿難迦葉《あなんかしょう》と問答ありて、すでに大場を百億万劫をふるとも阿鼻無間地獄《あびむけんじごく》に滞在すべきとて、怒られ給ひし時、大唐にタヒシンケンチウの里という所在り、その所に如何にも智恵長け、又ハ工夫機転四百余間に隠れなき者に無意志《むいし》という者、かの鉄炮を工夫致し、既にその以後、釈尊の御説法なられ候処へ又備えを成し候もの、彼鉄炮にて鎮め給ひけり、当代の物にてあらず、釈尊の御時より始る也

ここでは、釈尊が天竺の鷲宮嶽で説法をしたとき、大場というものに備えをさせようとしたが、阿難迦葉と問答して阿鼻無間地獄に送られた。その時、大唐の「無意志」という者が智恵と工夫

によって鉄炮をつくり、釈尊の説法の備えを行った。それゆえ、鉄炮は当代のものではなく、釈尊の時代からあるものだと説明する。鉄炮が無意志というものの工夫・製作により、昔から存続してきたという認識は、自然科学の発達を自然哲学の変遷史でもあったとする西洋の科学史とも共通する側面がある。(30)

新史料により、文禄年間という早い時期に鉄炮の技術が、その発祥や目的を釈尊の説法と結びつけて説明されながら、民間に伝承・普及されたことがはじめてわかったのである。鉄炮という最先端の技術は仏教思想によって粉飾され、民間に受容・相伝されていた。

仏教による殺人や殺生の正当化

『鉄炮之大事』では、鉄炮による殺生や殺人についてつぎのように説明している。よく注意して読んでほしい。

三千大千世界の悪といふ悪を為すもの、鎮《しず》まりければ、又世界において末世の世となり、子が親を殺し、親が子を殺し、悉《ことごと》く鎮まらざる故に又、彼鉄炮を大唐より改め今、日本大千世界の弓矢を納むる也、さるほどに、此の鉄炮に当たるものハ、人間によらず、鳥類・畜類までも皆悉く仏果に至り、即身即仏疑ひ有るまじく候

かつて鉄炮によって三千大千世界の悪が鎮まったことがある。今、世界が末世となり、子が親

を殺し、親が子を殺す世界になった。大唐より鉄炮を取り寄せ、日本の弓矢＝戦争の世界を止めさせることができる。鉄炮に当たるものは、人間・鳥類・畜類ともに往生し即身即仏すること疑いないと説く。

ここでは、鉄炮による殺生や殺人は、末世による混乱した世界を今生円満・息災安全・天下泰平・国土安全にするためであり、鉄炮で殺害された人間・鳥類・畜類は即身即仏するとして、殺人・殺生を正当化している。殺人・殺生の道具である鉄炮の使用は、中世人の社会思想に変革を迫るものであった。鉄炮の使用は末世を終結させ、殺生や殺人は即身即仏のためであるとする仏教思想によって殺人を合理化・正当化して鉄炮は普及した。

狩人の動物の殺生や武士の殺人を即身即仏・成仏のためとして正当化した思想は、中世の殺生罪業論の高まりの中で、殺生仏果論・殺生功徳論として鎌倉中後期に始まったとされる。無住《むじゅう》の『沙石集《しゃせきしゅう》』や橘成季《たちばなのなりすえ》の『古今著聞集《ここんちょもんじゅう》』、鴨長明《かものちょうめい》の『発心集《ほっしんしゅう》』などの鎌倉中後期の説話に見え始めるという（祢津宗伸）。中世仏教にも、殺生や殺人を正当化した一側面の歴史があったことを忘れるわけにはいかない。

僧侶らが導入した南蛮医術

守田神社所蔵の鉄炮伝書には、無年号の『南蛮流秘伝一流』という医書が一緒に伝来している。粘綴装《でっちょうそう》という中世の和本であり、紙や筆跡も戦国期のものとみてまちがいない。南蛮流はポルトガルの鉄炮を指すが、内容は「タマ、矢ノネ、ヌキ薬」「一ツキ疵、矢疵」についての治療法を記している。戦国騒乱での鉄炮傷や弓矢傷など戦傷者の治療技術として、鉄炮伝書とセットで南蛮流医書が相伝されたことがわかった。

一、傷繕《つくろ》い申候折り、目回すか亦《また》血など走り気悪くハ、アラキノ根を粉にして、常の薬一振ほど、飲ませて吉

三つ口、繕い様の事、一先《ひとま》ず両の腋、少しずつ切りて三ヶ所縫うて其上に、いかにも古き布塩気の無きを口の幅・長けに少し広く切って薬油を付け少し冷まし、縫うたる上に二片着せ、其上に又、良き酒を温め白布に湿し一片着せ、其上に又卵を割り、白き所ばかりを皿に移し、紙にて湿し一片着せる也、合して晒《さらし》と紙を置く也

これは傷口を縫合して薬油を塗り、酒で消毒して、卵白を紙につけて晒《さら》しで捲《ま》く方法を伝授しており、外科手術の方法である。

「エコエンテクロコウヤク」「エコエンテ白キコウヤク」「エコエンテコロリト」などは南蛮流医学でよく用いられた膏薬で、「エグデンテクロ」（黒膏）、「エグデンテコロラント」（赤膏）などに対応する。「氷砂糖」「クルカシヨ（松脂）」「アイロン」などが、新しい品物や新たに開発された医療品として記載される。(31)

こうした西洋医学知識や西洋技術を、修験者や山寺の僧侶らが鉄炮技術とともに導入していた。西洋医学と仏教思想との関係を解明していくことは今後の新しい研究課題である。

注

（1）辻善之助「僧兵の源由」（『日本仏教史第一巻　上世篇』岩波書店、一九六九年）。

（2）戸田芳実「山門強訴と公卿流罪」（『中右記―躍動する院政時代の群像』そしえて、一九七九年）。

（3）黒田俊雄「延暦寺衆徒と佐々木氏―鎌倉時代政治史の断章」（『日本中世の国家と宗教』岩波書店、一九七五年）。

（4）黒田俊雄「鎌倉時代の国家機構」（『日本中世の国家と宗教』前掲注（3）同じ）。

（5）下坂守『中世寺院社会の研究』（思文閣出版、二〇〇一年）。

（6）安田次郎『中世の奈良―都市民と寺院の支配』（吉川弘文館、一九九八年）、同『中世の興福寺と大和』（山川出版社、二〇〇一年）。

（7）法華一揆については、今谷明『天文法華の乱』（平凡社、一九八九年）。日蓮宗を戦国仏教として再評価した湯浅治久『戦国仏教』（中央公論新社、二〇〇九年）、天文法華の乱と京都復興の諸寺勧進の歴史像は、河内将芳『日蓮宗と戦国京都』（淡交社、二〇一三年）参照。

（8）東四柳史明「加賀馬場膝下の産土社―石川県鶴来町金劔宮―」（白山比咩神社編『図説白山信仰』二〇〇三年）、一向一揆については、北西弘『一向一揆の研究』（春秋社、一九八一年）。新研究としては、金龍静「加賀一向一揆の形成過程」（『日本史研究』一七三、一九七七年）、神田千里「加賀一向一揆の発生」（『史学雑誌』九〇―一一、一九八一年）、峰岸純夫「一向一揆」（『岩波講座日本歴史8　中世4』岩波書店、一九七六年）、藤木久志「一向一揆論」（『講座日本歴史4　中世2』東京大学出版会、一九八五年）など参照。

（9）信州善光寺仏の移転は、西山克「王権と善光寺如来堂」（塚本学先生退官記念論文集『古代・中世の信濃社会』銀河書房、一九九二年）のほか、田中欣一責任編集『善光寺大紀行』（一草舎、二〇〇九年）、笹本正治・土本俊和編『善光寺の中世』（高志書院、二〇一〇年）、牛山佳幸『善光寺の歴史と信仰』（法藏館、二〇一六年）参照。

(10) 景山春樹・村山修一『比叡山―その宗教と歴史』(NHKブックス、一九七〇年)、渡辺守順『比叡山延暦寺―歴史文化ライブラリー』(吉川弘文館、一九九八年)、秀吉の大仏殿建立と善光寺仏上洛については、河内将芳『秀吉の大仏造立』(法藏館、二〇〇八年)が主要な研究業績である。

(11) 安田次郎『中世の興福寺と大和』(前掲注(6)同じ)、興福寺の寺僧については、稲葉伸道「鎌倉期の興福寺寺僧集団について」(『中世寺院の権力構造』岩波書店、一九九七年)、寺僧別の所領注文や段米賦課については、川端新「寿永二年三月興福寺食堂造営段米未進注文」・「興福寺院家領荘園の形成」(『荘園制成立史の研究』思文閣出版、二〇〇〇年)参照。

(12) 永村眞「鎌倉時代の鑁阿寺経営」(『栃木県史研究』二四、一九八三年)、奥田真啓『中世武士団と信仰』(復刻版　柏書房、一九八〇年)、山本隆志「東国における武士と法会・祭礼との関係」(『東国における武士勢力の成立と展開』思文閣出版、二〇一二年)、峰岸純夫「足利樺崎寺覚書」「足利樺崎寺跡の発掘調査」(『中世東国の荘園公領と宗教』吉川弘文館、二〇〇六年)。

(13) 中島圭一「寺院長福寺の成立と展開」・鴨川達夫「長福寺の禅院化と梅津氏」(両論とも石井進編『長福寺文書の研究』山川出版社、一九九二年)所収。

(14) 小川信「山内経之の動向」(『日野市史史料集　高幡不動胎内文書編』日野市史編さん委員会、一九九三年)。

(15) 五味文彦『殺生と信仰』(角川書店、一九九七年)、苅米一志「狩人・漁人・武士と殺生・成仏観」(拙者編『環境の日本史3　中世の環境と開発・生業』吉川弘文館、二〇一三年)。

(16) 松井輝昭「鎌倉時代における仏教史受容の問題点―信瑞著『広疑瑞決集』の史的位置をめぐって」(『史学研究』一六七、一九八五年)、今堀太逸『神祇信仰の展開と仏教』(吉川弘文館、一九九〇年)。

(17) 中澤克昭「狩猟神事と殺生観の展開」(『中世の武力と城郭』吉川弘文館、一九九九年)、祢津宗伸「歴史資料としての『広疑瑞決集』」(『信濃』五四―五、二〇〇二年)、本郷恵子「鎌倉期の撫民思想について」(鎌倉遺文研究会編『鎌倉期社会と史料論』東京堂出版、二〇〇二年)、祢津宗伸「中世諏訪信仰成立史料としての『広疑瑞決集』とその意義」（『中世地域社会と仏教文化』法藏館、二〇〇九年）。
(18) 拙論「鎌倉期の諏訪神社関係史料にみる神道と仏道—中世御記文の時代的特質について」（『国立歴史民俗博物館研究報告』一三九、二〇〇八年）、祢津宗伸「中世諏訪信仰成立史料としての『広疑瑞決集』とその意義」（前掲注（17）同じ）。
(19) 今井雅晴「中世史における時衆の役割」（神奈川県立博物館『遊行の美術』展示図録、一九八五年）。
(20) 梅谷繁樹「時衆の布教と定着」（時衆の美術と文芸展実行委員会編『時衆の美術と文芸—遊行聖の世界』東京美術、一九九五年）。
(21) 稲垣泰彦「応仁・文明の乱」（『日本中世社会史論』東京大学出版会、一九八一年）、高村隆「大塔合戦研究序説」（花岡康隆編『中世関東武士の研究　第十八巻　信濃小笠原氏』戎光祥出版、二〇一六年）。
(22) 渡辺世祐『関東中心足利時代之研究』（復刻　新人物往来社、一九七一年）、永原慶二「東国における惣領制の解体過程」（『日本封建制成立過程の研究』岩波書店、一九六一年）、峰岸純夫『中世の東国』（東京大学出版会、一九八九年）、小国浩寿『鎌倉府と室町幕府』（吉川弘文館、二〇一三年）、中島丈晴「藤澤敵御方供養塔」「関東管領上杉氏寄進状」（国立歴史民俗博物館編『中世寺院の姿とくらし』展示図録、二〇〇二年）。
(23) 方広寺の高麗陣敵味方供養の塚と大施餓鬼会については、河内将秀『秀吉の大仏造立』（前掲注（10）同じ）参照。
(24) 宇田川武久『東アジア兵器交流史の研究』（吉川弘文館、一九九三年）、同『真説鉄砲伝来』（平凡社、二〇〇六年）。
(25) 村井章介「鉄砲伝来再考」・同「鉄砲伝来研究の現在」（『日本中世境界史論』岩波書店、二〇一三年）。
(26) 宇田川武久「ふたたび鉄炮伝来論」（『国立歴史民俗博物館研究報告』一九〇、二〇一五年）、村井章介「鉄炮伝来と倭寇勢力」（『国立歴史民俗博物館研究報告』二〇一、二〇一六年）。

(27)池上本門寺と池上宗親・宗仲については、福島金治「信濃国太田荘と金沢北条氏」(『信濃』五六一、一九九六年)、信濃国伊那谷の北条氏被官の池上氏については、拙論「公家新制の公田興行令と得宗領の公田開発」(『中世日本の信用経済と徳政令』吉川弘文館、二〇一五年)。

(28)『長野市誌　第12巻　資料編　原始・古代・中世』(長野市役所、二〇〇三年)、拙論「中近世移行期の『鉄炮之大事』・『南蛮流秘伝一流』にみる技術と呪術」(『国立歴史民俗博物館研究報告』一二一、二〇〇五年)。ここでは、鉄炮の伝書や技術が密教思想によって説明されていること、鉄炮伝書が武家の炮術師ではなく修験者に相伝されたと推測されること、これまで最古とされた稲富流よりも岸和田流がより古いこと、などの諸点を主張した。

(29)宇田川武久『江戸の炮術』(東洋書林、二〇〇〇年)、同『鉄炮と石火矢』(日本の美術三九〇、至文堂、一九九八年)、同『鉄砲と戦国合戦』(吉川弘文館、二〇〇二年)。宇田川は炮術師の流派として稲富流が最古だとしてとりあげていた。

(30)池内了『物理学と神』(集英社、二〇〇二年)。鉄炮伝書や兵法書が密教思想によって正当化されていた点は、近年では福島金治「戦国期における兵法書の伝授と密教僧・修験者」(同編『学芸と文芸』竹林舎、二〇一六年)も扱っている。

(31)南蛮流外科手術の導入については、東野利夫『南蛮医アルメイダ—戦国日本を生きぬいたポルトガル人』(柏書房、一九九三年)参照。南蛮流医書の膏薬については、遠藤次郎・中村輝子「室町~江戸時代初期の金瘡書・南蛮流膏薬書『春林軒膏方便覧』に見られる軟膏の色」(『日本医史学雑誌』四九—一、二〇〇三年)。

第二章
天変地異の中の寺院・僧侶

中世の人々を襲った天災

――安元の大火から元暦の大地震

栄西・能忍《のうにん》・法然・親鸞・日蓮・道元らは、仏教による人々の救済と布教に生涯をささげ、その多くが、今日の日本仏教の各宗派の宗祖となっている。なぜ、これほど、多くの宗祖が、平安末期から鎌倉時代に集中して登場してきたのか不思議である。また一方、近年の歴史学の進歩によって、この時代が自然災害の連続した時代であり、貴族・武士・百姓から下人《げにん》・所従《しょじゅう》・非人ら下層民までが社会不安の中で悪戦苦闘した稀有な時代であったことがあきらかにされてきた。

天台宗の宗祖最澄・真言宗の宗祖空海が登場した九世紀は、奈良の律令国家が解体して、東北征服戦争の兵役と平安京造営の課役によって班田《はんでん》農民が苦悩し、逃亡・没落・浮浪人となった苦難の時代である。平安・鎌倉時代も、貴族政治から武家政治への変革期、古代から中世社会への転換期であった。武士による保元・平治の乱から、治承寿永の内乱・承久の乱・南北朝内乱・戦国争乱とつづき、飢饉と疫病と内戦の三大苦の時代が展開された。こうしたことから中世は分裂の時代、戦争・武士の時代といわれる。

最近の地球環境史研究によると、九世紀以降、日本列島から東アジア一帯は、プレート移動による地震・噴火・異常気象が相次ぐ自然災害の時代であったという。[1] さらに、それにつづく一一〇〇年代から一五五〇年代にかけては、パリア海退《かいたい》という地球規模での寒冷化の中で気候変動が繰り返され、旱魃・大洪水・地震など自然災害が重なっていたことが注目されている。[2] とりわけ、平安中期~鎌倉中期という時代は、自然災害と飢饉・疫病・戦争などの社会的危機の中で生死をかけて生き抜かなければならなかった時代であったと考えられる。

　二十一世紀に入った現代社会も、阪神淡路大震災・東日本大震災や福島原子力発電所の事故がつづき、さらに地球の温暖化や気候変動に伴う自然災害の危機や地球環境の危機が叫ばれている。仏教者による宗教復興の取り組みや、地域住民の癒やしや心の平安を回復させる試みが注目されている。本章では、中世の災害・復興と中世僧侶の役割を見てみよう。

鎌倉期の大災害を克明に記す『方丈記』

　中世文学の特徴は無常観にあるといわれ、その典型例として『平家物語』と『方丈記《ほうじょうき》』があげられる。二〇一二年のNHK大河ドラマ「平清盛」の主題も『平家物語』にあった。『方丈記』は平安から鎌倉期の自然災害に翻弄される京都社会の実情を鴨長明が描いた文学作品である。

　火災が多く、「去年《こぞ》焼けて今年作れり。或は大家《おおいえ》ほろびて小家《こいえ》となる」と、安元三（一一七七）年四月二十八日夜の大火や治承四（一一八〇）年四月の辻風《つじかぜ》（竜巻）、同年六月の福原遷都、養和の二年間（一一八一・八二）の飢饉と地震を描く。作者鴨長明は当時五十八歳であり、「六《む》十《そじ》の露消えがたに及びて」五年間住みつづけた仮の庵での生活の様を、建暦二（一二一二）年三月晦日になって記録したものが『方丈記』である。この年一月二十五日には法然が八十歳で没している。長明はその四年後の建保四（一二一六）年に六十二歳で亡くなった。

思えば、法然という浄土宗の宗祖は、『方丈記』が描いた京都での大火・大風・遷都・飢饉・連続地震と源平争乱という未曾有の災害をすべて体験していた。災害と戦争・飢饉からの復興と生活再建に取り組んだ人々の社会世相を直視し、宗教活動を展開していたのである。

『方丈記』の描いた災害と復興の状況を、同時代の歴史史料を探し出して対比しながら、災害と復興の史実を見直してみよう。

まず『方丈記』の安元の大火の記述を見よう。「安元三年四月廿八日かとよ、風烈しく吹きて、静かならざりし夜、戌のとき計《ばかり》、都の東南より火出できて、西北にいたる。はてには朱雀門《すざくもん》、大《たい》極殿《きょくでん》、大学寮《だいがくりょう》、民部省《みんぶしょう》などまで移りて一夜のうちに塵灰となりにき」「火もとは、樋口富《ひぐちとみ》の小路とかや、舞人を宿せる仮屋より出できたりける」などとある（『日本古典全書　方丈記』朝日新聞社、一九七〇年）。

安元三（一一七七）年四月二十八日の京都大火は、鴨長明が二十三歳の時のことであった。『方丈記』に描写された安元の大火は、どこまで史実であったのか。この日の事実を記した歴史史料を探してみると、右大臣九条兼実の日記『玉葉《ぎょくよう》』がある。

廿八日……亥刻（夜十時）上方より火あり、樋口富小路の辺と云々。暁《あかつき》（三時頃）更に人の告げて云う、夜前の火なお消えず、京中の人屋多く以て已に焼亡す、閑院内裏《かんいんだいり》に及ぶと云々、余、騒起して之を見る、火勢は弥《いよい》よ盛んで、その焔は乾方《いぬい》（北西）に靡いて、閑院に危有るか。然《しか》して疾《しつ》が厚きに依り相い扶けること能わず。人を遣して実否を見せしむ、帰り来りて云う、閑院に於いては免れ了。然ると雖《いえど》も火勢は熾猛《しもう》にして禁中大途、焔の下となる

夜十時ごろから樋口富小路付近で火事となり、午前三時ごろになっても火災は収まらず、京中の民家の多くが焼失した。閑院内裏も被災したので、使者を派遣して被害を確かめた、内裏は全焼を免れたが、禁中の大半は炎に焼き尽くされた、というのである。兼実の日記には、禁中の被災箇所の詳細が記録されている。

「焼亡所々」として大極殿以下八省院《はっしょういん》一切がのこらず焼失、応天門・朱雀門など焼失、神祇官《じんぎかん》では八神殿《はっしんでん》の御正体《みしょうたい》焼失、民部省は図帳《ずちょう》倉のみ焼亡を免れたが主計・主税寮は焼失、式部省焼失、宮中真言院では両界曼荼羅も焼失、主水司《しゅすいし》・大膳職《だいぜんしき》・大学寮では孔子御影のみ取り出し、勧学院焼失等があがっている。

「公卿家《くぎょうけ》」では、関白藤原基房《もとふさ》の錦小路大宮邸・内大臣平重盛邸・源大納言定房邸の三軒、当時居住せず、二位大納言藤原実定の三条西洞院亭、中宮大夫権大納言藤原隆季四条大宮邸、別当権中納言藤原忠親三条堀川邸、源中納言雅頼三条猪熊邸、大宮権大夫俊盛で西京にいて不住之家、左大弁藤原俊経六角大宮邸など「已上公卿十四人云々」とある。

このほか「殿上人《てんじょうびと》以下は幾多を知らず」とし、民間の被災地については、「凡そ、東は富小路、南は六条、西は朱雀以西、北は大内、併せて以て焼亡、古来此の如き事有らず」とある。炎上の

中間で、辻風が度々吹き来たため、雑人《ぞうにん》ら迷惑、多く以て焼損。五条以南の火焔は北方の八省諸司に及ぶの条も未曾有、とある。

文学作品である『方丈記』と貴族の日記『玉葉』の記述を比較してみると驚くほど一致する。『方丈記』は公卿家の被災者を十六家とするが、関白九条兼実は「公卿十四人云々」として参議藤原俊盛まで六人のメンバーを特定している。両者の火災情報はほとんどが一致しており、違いはわずかな誤差といってよい。むしろ、立場によって被災項目への関心の持ち方が、両者の間で異なっているといえよう。

たとえば、治世の当事者である右大臣兼実は、内裏や諸官司・公卿家などの焼失箇所を詳細に把握しているが、殿上人以下の被災者については特別の注意を払っていない。

他方、鴨長明は、民間人の被災者については、「都のうち、三分が一に及べりとぞ、男女死ぬるもの数十人、馬牛のたぐひ辺際を不知」とある。人家が密集した都で三分の一が焼失して、男女死者が数十人に及び、馬牛の被害が大きかったことがわかる。都会は、牛馬の物資輸送に依存した富の集積地であったから、馬牛が多かったことに長明は注目しているが、関白になる九条兼実には民間人や牛馬の焼死者に関心がなかったことがわかる。

『方丈記』『明月記』『玉葉』から見る竜巻被害

安元の大火から三年後の治承四（一一八〇）年四月二十九日、今度は辻風と呼ばれる竜巻が発生した。まず『方丈記』を見よう。

治承四年卯月のころ、中御門京極《なかみかどきょうごく》のほどより大きなる辻風おこりて六条わたりまで吹ける事侍りき、三四町を吹きまくる間に、こもれる家ども、大きなるも小さきも、一つとして破れざるはなし、さながら平に倒れたるもあり、……彼の地獄の業《ごう》の風なりとも、かばかりにこそはとぞ覚ゆる、家の損亡せるのみにあらず、これを取り繕ふ間に、身をそこなひ片端《かたわ》づける人、数も知らず……さるべきもののさとしかなどぞ、疑ひ侍りし

一方、和歌道の歌人として著名な藤原定家の日記『明月記』にも当日の記載がこうある。

未時許（昼二時）雹《ひょう》降り、落雷先ず両三声の後、雹猛烈、北方に煙立ち揚がり、人焼亡と称す、これ飈《つむじかぜ》なり、京中騒動すと云々。木は抜け、砂石を上げ、人家の門戸、車などをみな吹上と云々、古老云う、未だ此の如きこと聞かず。前斎宮《ぜんさいぐう》の四条殿では、殊さら以てその最と為す北壷庭《きたのつぼにわ》の梅の樹木が根を露わし倒れ、件樹のきに懸かり破壊す、権右中弁二条京極家でも又此の如しと云々

さらに、同じ日の竜巻について、九条兼実の『玉葉』にはつぎのようにある。

今日、申刻（昼四時頃）上の辺〈三四条辺云々〉、廻飄《かいひょう》、忽起《こつき》す。屋を発し木を折り、人家多く以て吹き損ずと云々。同時に雷鳴。七条高倉辺に落つと云々……又白川辺に雹降る。又

西山方も同然と云々

	『方丈記』	『明月記』	『玉葉』
日　時	—	未時（昼二時）	申刻（昼四時）
場　所	京極〜六条	二条京極付近	三四条辺・七条高倉・西山
異常気象	辻風	雹・砂煙	雹・雷
被　害	家損亡・負傷	人家吹上	人家吹損

ここでも、三つの史料が、基本的にほぼ同一の史実を示しているといえよう。

四月二十九日の午後、二時から四時ごろ、洛中の西山から二条京極を経て三条・四条辺から白川・七条高倉付近にかけて、雷鳴がとどろき、雹が降り、竜巻が起きた。人家や樹木を根こそぎ巻き上げ、門戸や車などを吹き上げ、人家の倒壊被害が大きかったことがわかる。

『方丈記』だけが、家の損亡だけではなく「身をそこなひ」負傷者の多かったことを取り上げている。『明月記』には、前斎宮や二条京極家といった同じ公卿仲間の屋敷被害を心配しており、それぞれ記事内容に立場上のちがいが窺える。

この竜巻は、通常の辻風ではなく異常気象によるものであった。『方丈記』にも、「辻風は常に吹くものなれど、かかる事やある。ただ事にあらず、さるべきもののさとしかなどぞ、疑ひ侍《はべ》り」とある。列島の京都盆地のような所ではつむじ風・竜巻はあまり大規模なものは起きないにもかかわらず、今回のものは異常気象で未曾有の災害だと認識していたことがわかる。

竜巻の災害が社会不安と結合すれば政治問題となる。平氏政権も対策を検討したことが、『玉葉』同年五月二日条に見える。それによると、前大納言藤原邦綱《くにつな》が新院高倉上皇の仰《おおせ》として「暴風に対して朝家大事として御祈禱などを何様にすべきか意見を奏上せよ」と兼実に伝えてきた。権中納言平宗盛が御前に祗候《しこう》し、政府として対策を具申したので、新院の命令が出たという。

右大臣兼実は、「例えば、外記《げき》ならびに天文道の輩に問われるべし、また、御占を行われるべし。彼らの趣に随い、御祈の如き事、沙汰あるべし。常と異るは恠《かい》と謂う。辻風は常事たるといえども、未だ今度の事の如きはあらず。仍《よ》って尤《もっと》も、物怪《もののけ》の為《な》すべきか、者《てへり》」と奏上した。つまり、すぐに寺社による祈禱法を出すのではなく、まず、外記方や天文博士に意見具申を求め、軒《こん》廊《ろう》の御占《みうら》を行うべきことを意見具申した。軒廊の御占とは、天変地異や不吉な事態が発生したとき、紫宸殿《ししんでん》の東軒廊で卜占《ぼくせん》を行うことで、古代以来の伝統行事である。今回の竜巻は前例のない災害で、物怪による災いではないかと疑ったためである。

神仏への祈禱と物怪への対処法とを区別しようとする中世人の独自の論理で、合理的判断が求められていたことがわかる。

養和飢饉は源平合戦の人災だった

養和元（一一八一）年に発生した養和の飢饉について『方丈記』はつぎのように記している。

養和のころとか、久しくなりて覚えず、二年があひだ、世の中飢渇して、あさましき事侍りき、或は春、夏ひでり、或は秋、大風、洪水などよからぬ事どもうち続きて五穀ことごとくならず……是によりて、国々の民、或は地を捨てて境を出で、或は家を忘れて山に住む

これは、『方丈記』が描いた養和の大飢饉の有様である。

養和元（一一八一）年正月十四日、高倉上皇が死去すると、閏二月四日、入道相国平清盛《にゅうどうしょうこく》もづいて死去した。『玉葉』同年閏二月七日条によると、蔵人頭弁で院司の藤原経房が、右大臣兼実に安徳天皇の綸旨《りんじ》をもってきた。そこには「関東逆乱の間、天下飢饉に依り、御祈《おいのり》、期に合わず。また兵糧すでに尽きる」と記されていた。頼朝が関東で挙兵すると、平氏が追討軍を派遣し内乱状態になり、天下で飢饉が発生し、平家軍への兵糧米も尽きたという。

さらに寿永二（一一八三）年九月三日の兼実の日記につぎのように見える。

凡《およ》そ、近日の天下、武士のほか一日の存命の計略無し。仍って、上下多く片山、田舎等に逃げ去ると云々。四方皆な塞《ふさ》がる。四国および山陽道安芸以西、鎮西などは平氏征討以前、通達するに能わず。北陸・山陰両道は義仲押領《おうりょう》す。院分以下の宰吏《さいり》、一切、吏務《りむ》能わず。東山・東海両道は、頼朝上洛以前にしてまた進退能《あた》わずと云々。畿内の近辺の人領《にんりょう》、あわせて苅り取られ了。段歩、残らず。また京中の片山、神社仏寺に及ぶ。人屋《じんおく》在家、悉くもって追捕

す。その外、たまたま不慮の前途を遂げるところの庄公の運上物《うんじょうぶつ》、多少を論せず、貴賤を嫌わず、皆もって奪い取られ了。この難市辺《いちべ》に及ぶ。昨日も売買の便を失うと云々。天、何ぞ、無罪の衆生を棄てる哉。悲しむべし々々

これによれば、最近は武士のほかの住人は生き抜くことが難しく、山中や田舎に逃亡している。四国・山陽道の安芸国から九州は平氏軍が占領。北陸・山陰道は木曾義仲軍が占領。東山・東海道は頼朝軍が抑えた。畿内近国の所領は、在陣の兵糧米のために刈り取られ、京中の山や寺社の田畠にまで及んだ、在家も没収された。国衙《こくが》領荘園の年貢・運上物は、多少・貴賤を論ぜず、武士に奪取された。洛中の市も同様で、売買ができない。源平両軍の軍事占領によって京都畿内への物資輸送がストップしたため京都は飢饉状態になったのである。

『方丈記』は、「京の習ひ、何わざにつけても、みなもとは田舎をこそ頼めるに、絶えて上るものなければ、さのみやは操《みさお》もつくりあへん」と記述した。養和の大飢饉は、日照り、大風・洪水などによる自然災害・天変地異により始まったが、むしろ源平両軍の内戦による物資輸送中絶という人災が原因で都市型飢饉となったことを中世人は知っていた。

「三十歳ばかりの童、死人を食す」

安徳天皇の下で左大弁宰相《さだいべんさいしょう》となった藤原経房の日記『吉記《きっき》』によって、京都の様子を見てみよう。養和元（一一八一）年四月五日の日記によると、彼は安徳天皇の内裏を退出して邸宅に帰ろ

うと三条烏丸《さんじょうからすま》通りに出た。道路に餓死者の死骸が八体も置かれていたため、死穢《しえ》で通過できずに、道路を替えた。近頃は死骸が道路に満つる状況であった。

養和二（一一八二）年に入ると京都の飢饉はもっと深刻になる。

伝聞、五条河原の辺り、三十歳ばかりの童、死人を食すと云々。人が人を食す。飢饉の至極歟《か》。定説を知らずと雖も、珍事たるにより、これを注す。後に聞くと或る説には、その実事《じつこと》無《な》しと云々

（『吉記』二月二十二日条）

三十歳ばかりの童子《どうじ》が五条河原で死人の肉を食して生き抜いたという噂が立った。公家や権門寺社に扶養された童子・所従《しょじゅう》・下人《げにん》・奴婢《ぬひ》といわれる隷属民は、大人になっても髪を伸ばしたままの童形の姿であったから、大人でも童子といった。飢饉でまっさきに食料を入手できない最下層の貧民は、死肉を食して生き抜くしか術がなかったのである。

三月十五日には「今日、恒例の祇園一切経会《いっさいきょうえ》あるべし。而して去る頃、飢饉者、社内において餓死するの間、穢気によって延引と云々」とある。八坂神社の境内で餓死者が出たため、死穢によって予定の祇園社一切経会の開催が中止された。餓死者増加の中で死穢を忌避する社会意識が強まり、神事は事実上中止に追い込まれた。

三月二十五日「時々小雨、今夜火あり。押小路《おしこうじ》高倉なり。近日、強盗、火事、連日連夜の事なり。天下の運、すでに尽きる歟。死骸、道路に充満す。悲しむべし、悲しむべし」。飢饉の中で

強盗・盗賊とともに火付けが頻発していた。悲惨な世相が深刻になっていった。

『山槐記』に見る元暦の京都群発大地震

元暦二（一一八四）年七月九日になると、京都を大地震が襲う。蔵人頭《くろうどのとう》中将から参議・中納言にのぼった藤原忠親の日記『山槐記《さんかいき》』によって、この日の大地震を見てみよう。

> 午剋（真昼）地震。五十年已来、未だ覚悟せず。家中の上下の男女皆衆、竹原《たけわら》の下に居る。垂木《たるき》去るころより、中山の蝸舎《かしゃ》（狭い家）に居住する也。法勝寺《ほっしょうじ》九重塔、頽《くず》れ重々落ちる。以上皆、地に落ちる。層ごとの柱、扉、連子《れんじ》は相残り、露盤《ろばん》は残り、その上は折れ落ちる。阿弥陀堂幷《ならび》に金堂の東西の回廊、鐘楼《しょうろう》、常行堂《じょうぎょうどう》の回廊、南大門、西門三宇、北門一宇、皆転倒す。一宇も全《まっと》うする無し。門築垣《もんついがき》は皆壊れ、南北面が少々相残ると云々。人を遺し、見せしむの処、申す旨《むね》かくのごとし……凡そ、未曾有の震動なり。終日終夜、猶、小動あり。上下、或は車に乗り、或は屋形を構え、庭中に在り。法皇は竹屋《ちくおく》を構え、庭中に御座すと云々、目くらみ、頭痛す。心身違乱。乗船の様に肖《に》る。天下破滅已に此の時に在る歟。近年兵革、上下安《やすむ》無し。今また此の譴《とがめ》あり。濁世悪業《じょくせあくごう》、衆生苦患《くかん》、休むの時無し。悲しむべし。悲しむべし

真昼に大地震が起きた。前例のないものだ。家中の男女は皆竹やぶで寝起きしている。法勝寺

の九重塔が倒壊し、阿弥陀堂や金堂の回廊などが壊れ、南大門や北門も顚倒した。未曾有の揺れ方であった。法皇も庭中の竹屋で生活した。地震がつづき、頭痛がして心身が船酔いのようで天下破滅の状況だ。兵革が重なり、今回の咎めがあった。休みなく濁世悪業の極地だ。と、ことばの限り、世の中の歎きが書きつづられている。後白河院政の政治権力を表象していた京都・法勝寺の九重塔という天下一の高層建築物がこの地震で倒壊した。まさに天下破滅の時が来たと信じられた。

地震は収束することなく、翌年にまで群発地震が継続していく。文治元（一一八五）年八月十四日、「今日改元の事あり。去月九日大地震。以後、今に止《や》まず。よって此事あり」と余震が繰り返され被災者の不安を煽った。八月二十六日「去月九日より地震今に止まず。仍って、今月十九日より六条北、西洞院西の院御所において、仁和寺法親王、孔雀経法《くじゃくきょうほう》を修せしめ給ふ。……地震事今日に至るも四七日間一日として止まず。或は四五度、或は両三度、或は大動、或は小動、皆毎度声あり」（同書）とある。

元暦二（一一八四）年七月に始まった元暦京都大地震は、そのあとも余震や群発地震が四十七日間も連続しており、法皇や貴族は竹屋や竹薮の中に牛車や屋形を建てて住み、民衆は恐怖で声を出しながら逃げまどった。地震の被害を収めるために、後白河上皇は院御所で仁和寺の守覚法親王に孔雀経法を勤行させたが、(3) もとより、地震が収まるわけではない。天下滅亡の時と信じても不思議ではない。兼実は「天下政違乱《まつりいらん》により、天神地祇《てんじんちぎ》、怨みを成し、この地震あるの由也」（『玉葉』元暦二年七月二十七日条）とある。

鎌倉時代の中世人は、天下政治の乱れが原因で天神地祇が怨みをなして祟り、地震を起こしているると信じたのである。

天変地異・大地震は、天神地祇の怨みによるから、神仏への祈禱法会の神事・仏事の執行が国政運営の根本だと考えていた。国家は神仏によって動くという宗教国家観が一般化していたといえよう。中世人は神仏の支配下に置かれ、近代人のように神仏から精神的自立を果たしていなかったのである。これを中世人の思想面での人格的奴隷状態という。

こうした災害・飢饉の中で、復興のために中世僧侶はどのような行動にでたのか、次節で具体的に見よう。

飢饉の中で僧侶は何をしたか

――養和の飢饉と仁和寺隆暁

養和の飢饉で活躍した仁和寺の隆暁

養和年間（一一八一〜八二）には、鎌倉や信濃で挙兵した源頼朝軍や木曾義仲軍を追討するため、平家軍の大軍が北陸道と東海道の二つに分けて派遣され、源平合戦の戦闘が始まった。このため洛中は飢饉となった。農村では、百姓が軍夫（戦争の軍需物資の運搬役夫）として大量に合戦に動員され、農業の基幹労働力が不足して作付けができなくなり、「農業を棄てる」事態が全国化した。

鴨長明『方丈記』は「世の中飢渇《きかつ》して、あさましき事侍《はべ》りき、或は春、夏ひでり、或は秋、大風、洪水など、よからぬ事どもうち続きて、五穀ことごとくならず」と記述した。飢饉と気候不順が連続して、五穀が不熟となり、飢饉が深刻化する悪循環が始まった。そんな悲惨な飢饉状況の中で、一人の僧侶の活動をつぎのように紹介している。

されば、親子あるものは定まれる事にて、親ぞ先立ちける。又、母の命尽きたるを知らずして、いとけなき子の、なほ乳を吸ひつつ臥《ふ》せるなどもありけり。仁和寺に隆暁《りゅうぎょう》法印といふ人、かくしつつ数も知らず死ぬる事を悲しみて、その首の見ゆるごとに、額に阿字を書きて、縁を結ばしむるわざをなんせられける。人数を知らむとて、四、五両月を数へたりければ、京のうち、一条よりは南、九条よりは北、京極よりは西、朱雀よりは東の路のほとりなる頭、すべて四萬二千三百余りなんありける。

飢饉にあっても、親は決まって食物を子供に先に食べさせる。だから親が先に餓死する。母親が亡くなったこともわからずに、あどけない幼児が乳に吸いついている。悲惨の極地の中で、仁和寺の隆暁法印が、何人亡くなったのかもわからぬほど多くの人が死んでいくことを悲しんだ。首を見つけるごとに額に阿字を書いて仏縁を結ばせる術を始めた。人数を知ろうとして、四、五月の二カ月に、一条より南、九条より北、京極よりは西、朱雀より東の洛中の頭を集計したら、四万二千三百余人にのぼったという。

大災害で始まった死者供養法

養和飢饉での洛中の餓死者は、二カ月間で四万二千三百人余というすさまじい数であった。仁和寺の隆暁法印が、餓死者の額に阿字を墨書して仏縁を結ぶという供養の法を始めた。この方法で一人ずつ生死を確認することが僧侶の仕事となっていく。これは、歴史上、どのような意味をもつか、多面的な考察を加えなければならない(4)。

第一に、奈良・平安中期までは、都市での餓死者の大量発生という経験がなかったといえよう。仏教による死者の供養は飛鳥時代の火葬に始まるという通説がある。源信《げんしん》の『往生要集《おうじょうようしゅう》』では、極楽往生の葬儀の作法がつくられ普及した。死に直面した人の枕元に阿弥陀像を安置して、西に向かって合掌させ、仏と紐で結んで西方浄土に導くという作法が、浄土教の説く死者を供養する作法であった。これを「看取りの作法」と呼んだ。

ところが、養和二(一一八二)年にたった二カ月間で、洛中で四万三千人という大量の餓死者が集中発生するという前代未聞の事件が起きた。だれもが途方に暮れ、唖然としてなにも手につかない茫然自失の事態になった。中世という時代は、日本史の長い歴史の中でも悲惨な死と直面することが日常化していた稀有な時代であった。

仁和寺の僧隆暁が始めた作法は、大量死の発生という危機的状況の中でも、一人ひとりを仏として仏縁を結ばせるという新しい供養法をつくり出したことを意味する。ここでの供養とは人間の死を他人が確認するということである。

現代社会でも死体を確認できれば死者となるが、そうでないかぎりはあくまで行方不明者であるという区分法が定着している。その出発点が、養和の大飢饉にあった。二〇一一年の東日本大震災でも、震災直後の初動活動は、消防隊や自衛隊による救済活動といわれるが、実質的には被災地での生死の確認・遺体収容作業が主要な活動であった。警察庁の発表では、死者一万五千四百六十七人、行方不明者七千四百八十二人(二〇一一年六月二十日現在)であった。被災者や社会にとって、いつの時代も、災害や飢饉などの緊急事態では、死者の確認・遺体収容=供養という活動がもっとも重要な初動活動であったことがわかる。養和の飢饉でも、この初動活動が仁和寺の隆暁という僧侶によって展開されていたのである。

災害時には、救済・支援・復興が叫ばれる。しかし、その前に、亡き人の確認・供養がなによりも重要で、それなしに人や社会は前に進めない。身近な人の死に直面した人間ほど、その死を受け入れることが困難である。どこかで生きているのではないかと、かすかな望みにすがりつき、自分の責任を攻めつづけるから、余計に気がめいる。死を確認し受け入れることが、つぎに進む出発点になる。その原点と社会的役割を中世仏教が自らつくり出したのである。

死者の額になぜ阿字（𑖀）を書いたのか

では、先の『方丈記』にある、死体の一人ひとりの額に阿字を書き入れることがなぜ、仏縁を結ぶことになったのであろうか。阿字とは、密教で不生不滅の教えを象徴する梵語、「𑖀」のことである。

中世社会では神仏と人とが誓約することを起請《きしょう》といった。もし誓いを破ったときは神仏の罰を受けるという誓文《せいもん》を作成することを「起請文を書く」という。起請文は、寺院で配られる牛玉宝《ごおうほう》印《いん》の料紙の裏に書き付けるという慣習が存在した。東大寺二月堂の牛玉宝印は修二会《しゅにえ》の法会で参加者に配賦され、護符として自宅に掲げられた。『春日権現験記絵』には、庶民の家で病気の子供を看病する母と老女が描かれた部屋に牛玉宝印が張られている。民俗学の調査では、牛玉宝印の護符を配るときに、参詣人の額に牛玉宝印を押してくれる事例があると報告されている[5]。

人間の額は、その人の命を守る護符を押す場であるとともに、死を確認し、仏縁の阿字を墨書する場所ともなった。まさに生死一如《しょうじいちにょ》の場といえよう。死人の額に阿字を書いて仏縁を結ぶ印にするという隆暁の作法は、新しい密教式の死人供養の作法として、中世社会に広まっていく出発点になったのである。

あきらかになった隆暁と源頼朝を結ぶ姻戚関係

鴨長明が『方丈記』で描写した新しい死人供養の作法を始めた隆暁法印という僧侶は実在の人物で、『尊卑分脈《そんぴぶんみゃく》』（南北朝時代に作られたわが国の系図集）に記載されている。

父は村上源氏中院流の源師忠《もろただ》―師隆《もろたか》の子俊隆《としたか》で、太皇太后宮権亮《たいこうたいごうのみやごんのすけ》という官職にあった五位の中級貴族であった。当時の太皇太后宮とは、左大臣藤原頼長の養女で近衛天皇の皇后となった藤原多子《たし》である。中院《なかのいん》俊隆の母は政界の実力者藤原為房《ためふさ》の女《むすめ》であった。為房（一〇四九―一一一五）は白河法皇の院司《いんし》で摂関家の家司《けいし》を兼ねて、夜の関白と号された政界の実力者である。名家の公家として著名な勧修寺《かじゅうじ》一門の祖となった。俊隆の女も、崇徳天皇の中宮皇嘉門院《ちゅうぐうこうかもんいん》の別当と呼ばれる女院の女房となった。その和歌が『千載勅撰和歌集《せんざいちょくせんわかしゅう》』にのこされている。俊隆には晴俊《せいしゅん》と隆暁という二人の男子がおり、兄は延暦寺の僧侶となり、法眼《ほうげん》（法印につぐ僧位）にとどまった。隆暁の母は、左大弁藤原為隆女とある。為隆（一〇七〇―一一三〇）は為房の子で、鳥羽院政の院司として活躍し、政界の実力者であった。隆暁は仁和寺の僧侶となったあとも、母方の後見によって僧官としては最高位の法印にまでのぼりつめたのである。

実は、仁和寺の隆暁は、鎌倉時代に源頼朝の庶子《しょし》を弟子にとって養育した人物として、『吾妻鏡』建久三（一一九二）年五月十九日条に見える。この日、頼朝は自分の庶子で七歳の若君を上洛させ、仁和寺隆暁法眼の弟子として入室させた。頼朝は、庶子の若君を隆暁の下で出家させるにつき、扈従人《こじゅうにん》（家臣）として長門江太景国《ながとのこうたかげくに》・土屋弥太郎・常陸平四郎（由井七郎）などの御家人をつけ、雑色《ぞうしき》国守と御厩舎人《みやまとねり》宗重らの従者とともに上洛させた。

源頼朝は、はじめ乳母として刑部丞《ぎょうぶのじょう》成綱らを任命しようとしたが、御台所政子《みだいどころのまさこ》の嫉妬を畏怖してみな辞退した。鎌倉での養育をあきらめた頼朝は、長門の江太景国らに命じて秘かに上洛して仁和寺の隆暁に預けるように指示した。この若君は文治二（一一八六）年の生まれで、母は常陸介藤原時長の女《むすめ》とする説（『吾妻鏡』文治二年二月二十六日条）と、常陸入道《ひたちにゅうどう》（平四郎）の女《むすめ》とする説（『吾妻鏡』建久三年五月十九日条）があって、当時からはっきりしなかった。

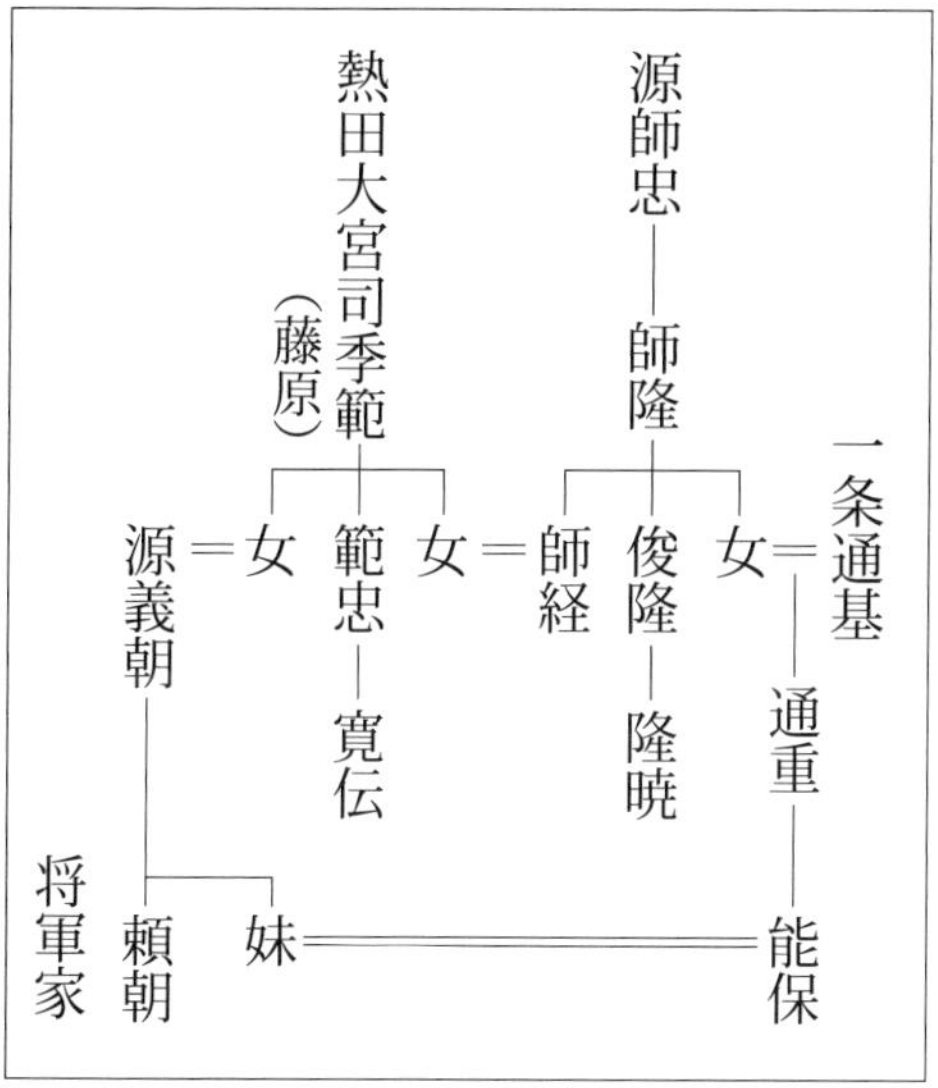

図2　仁和寺の隆暁法印と源頼朝の関係を示す系図
（参考／塩原浩「一条高能とその周辺」）

『仁和寺諸院家記』によると、頼朝の若君は「能寛」と号したが、名を貞暁と替え、鎌倉法印とか高野法印と号した。若君と隆暁とを結んだのは、一条能保《よしやす》と記されている。

一条能保は頼朝の妹を妻にしており、京都代官として一時権力をもっていたが、のちに失脚したことが知られる。公家一条家と頼朝との関係については、塩原浩の研究がある。それによると、隆暁の出身である村上源氏の中院家が、頼朝と一条家の姻戚関係の中に組み込まれていた[6]。塩原の作成した系図に、隆暁の関係者を加えると図（前頁図2）のようになる。

これによれば、一条家の通基《みちもと》は、源師隆女《もろたかのむすめ》を妻としており、その孫が一条能保にあたる。源師隆女の兄が隆暁の父俊隆であった。隆暁にとっては叔母の孫が一条能保ということになる。彼の叔父師経は、熱田大宮司藤原季範《すえのり》の女を妻にしていた。その姉妹が源義朝の妻になって頼朝を生んだ。隆暁の叔父の妻の実家が、頼朝の母の実家と同一なのである。しかも、一条能保の妻が頼朝の妹であった。

こうしてみれば、隆暁の出身母体である村上源氏の中院家と一条家の源氏と熱田大宮司家と頼朝の家が姻戚関係でつながっていたことがわかる。正室の政子にかくれて藤原時長女（あるいは常陸入道女）に産ませた若君を、母方の叔母の嫁ぎ先・中院家の息子である隆暁に養育を頼んでいたことが判明する。頼朝は、母方の姻戚関係にあった熱田大宮司家・一条家・中院家を頼りにしていたのである。

仁和寺の法印であった隆暁は、正治元（一一九九）年正月十三日、大僧都になるとともに東寺長者に補任された。時に六十八歳で、上臈《じょうろう》の僧侶がいたにもかかわらず、特別昇進で東寺長者に補任するための後鳥羽天皇の宣旨が下った（『東寺長者補任』）。この異例の出世は頼朝の後見によるものではないか、と考えられる。

頼朝は、不思議なことにこの年正月十三日に落馬して死去したことになっている。両者の日付が一致する。だれもが不自然な死に方だと思ってきた。北条氏によって編纂された『吾妻鏡』には多くの虚構があるといわれる理由の一つである。

隆暁は元久三（建永元・一二〇六）年二月一日、七十二歳で死去している。[7] 隆暁の叔父中院家の源師経は、頼朝の母の姉妹を妻にしていた。この姉妹が尾張国三宮熱田大宮司季範の娘であった。頼朝が正治元年に死去すると、大宮司家の嫡男範忠の五男で頼朝の従兄弟にあたる式部（額田）僧都・寛伝《かんでん》は、三河国滝山寺で頼朝の菩提を弔う法会を営んだ。彼は、奈良仏師の運慶・湛慶に造像を依頼した。滝山寺惣持禅院には運慶作の聖観音菩薩・梵天・帝釈天の三立像が重要文化財に指定されて現存している。

なぜ『方丈記』の記述は正確なのか

こうしてみてくると、『方丈記』は中世文学といいながらも、文献史料によって裏付けがとれるほど正確な事実が書かれていたことになる。

これまでの研究では、鴨長明が正確な情報を入手できた理由は、賀茂神社の神官が正確な史実の社務日記をつけていたため、と考えられてきた。事実、養和の飢饉については『養和二年記』という下級貴族の日記がのこり、宮内庁書陵部にのこる柳原本という書写本は、江戸期の学者柳原紀光《もとみつ》によって『賀茂定平朝臣記《かものさだひらあそんき》』と名付けられている。賀茂神社の禰宜《ねぎ》賀茂定平が『養和二年記』という社務日記をつけており、同じ鴨社の禰宜であった鴨長明も、それら社務日記を利用できたというのである。方丈記研究という国文学の世界では、それが通説になっていた。(8)

ところが、陰陽師の歴史研究者である山下克明が、一九八七年に「『養和二年記』について」という論考を『日本歴史』四六九号に発表した。日記の記述内容を詳細に検討し、登場人物を特定する作業をつづけ、権大夫《ごんのだいぶ》＝安倍泰親《あべやすちか》、大輔《たいふ》＝安倍泰茂《やすしげ》、掃部頭《かもんのかみ》＝安倍季弘《すえひろ》、大舎人頭《おおとねりのかみ》＝安倍業俊《なりとし》であることを指摘し、日記の作者は陰陽頭《おんみょうのかみ》で天文博士・大舎人頭になった安倍泰忠《やすただ》であったという新説を提起した。『賀茂定平日記』ではなく、『安倍泰忠日記』とすべきだという。(9)

確かに、安倍泰親は養和二年四月二十六日小除目《こじもく》で陰陽頭に補任され、大膳権大夫《だいぜんのごんのだいぶ》をそのまま兼任した。右大臣九条兼実は、この人事について、日記に「専不当也」と批判している。

『養和二年記』では、泰親は後白河院の法住寺殿御所《ほうじゅうじどのごしょ》、泰茂は建礼門院平徳子亭や三位中将亭で泰山府君祭《たいざんふくんさい》・招魂祭《しょうこんさい》・土公祭《どこうさい》の御祈《おいのり》に参じている。山下氏は三位中将を「藤原頼実か」とするが、このとき三位中将に該当する候補者は、三位権中将平維盛・藤三位中将頼実・源宰相中将通親・五条宰相中将実宗・実守など数多い。『玉葉』の同年八月十五日条にも「平三位中将重衡」とあるから、安倍一門が奉仕していた「三位中将亭」とは、むしろ故清盛五男の平重衡とすべきであろう。安倍泰忠の一門である泰親・泰茂らが平氏嫡流である平重衡家の陰陽師をつとめていたことがわかる。

陰陽師の『安倍泰忠日記』の発見により、ほかにも安倍氏一門の中に日記をつけていた人物が存在した可能性が高くなる。事実、黒川春村が編纂した『歴代残闕《ざんけつ》日記』（臨川書店、一九八九年）

を探すと、『安倍泰親朝臣記』が収められている。永万二（一一六六）年正月から十二月まで一年間の天文密奏《てんもんみっそう》の勘文《かんもん》がのこされている。星や月など天文の変異や地震など自然現象の変化を天皇に報告した文章である。自然現象を観察する中世の天文学者の目で、社会現象をとらえた日記が、安倍泰忠の『養和二年記』や『安倍泰親朝臣記』であったといえる。

文献史学における史料批判学の進展によって、『方丈記』と『賀茂定平日記』との関係は否定された。

『方丈記』の作者鴨長明が京中の正確な情報をどのように入手していたのかという問題は振り出しにもどり、新しい方法によって今後も探求されなければならない。しかしながら、養和の飢饉や自然災害の中で、新しい時代に即応した死者の追悼作法をつくり出した僧隆暁が、実は源頼朝や熱田大宮司藤原季範・範忠父子や一条能保などと姻戚関係にあった中級貴族の出身者であったことが判明した。仁和寺の僧侶らにはそうした社会階層の出身者が多かったのである。

自然災害の復興を指揮した僧侶

——浜の復興開発と東大寺僧

中世の気候変動は今より大きかった

最近になって樹木のセルロースの酸素同位体比から地域ごとの降水量の経年変動を復原できるようになって、新しい古気候学という研究分野が活発化してきた。そこでは、⑴江戸時代はこれまでいわれてきたように気温が低い小氷期であったこと、⑵中世では、九世紀から十二世紀半ばまでは徐々に気温が低下する気候変動期であったこと、十二世紀半ばに一気に気温が上がったものの、十五世紀にかけて数十年周期で気温の乱高下で気候変動が激しかったこと、⑶旧説では北半球の十〜十一世紀は「温暖期の頂点」とされていたが、東アジアの平均気温データでは「寒冷化に向かう時代」と評価すべきであること、などが指摘されるようになっている。[10]

言い換えれば、中世という時代の自然環境は、現代と比較しても気候不順・大風・大雨・干天・旱魃・少雨などの気候変動が予想以上に激しかった。河川の河口地帯や中流域の氾濫原や後背湿地などの水辺・河辺では洪水によって帯水池が広がり、山間地では土石流が起き、水田や畠が流され、「河成《かわなり》」（洪水などで河原になった田畠）や「損田《そんでん》」（年貢をかけられない田畠）が多かった。日照りや旱魃では水不足から凶作になり、海辺では乾燥化が進む。いつの時代も自然環境の厳しさと恩恵は二面性をもっており、中世民衆が生き抜くための知恵は、新しい富の源泉を見つけ出すことであった。

一例をあげれば、海岸線の後退は陸地の乾燥化を伴うから、水辺や海辺が減少して漁業の富は減少する。反面で砂州《さす》や砂堆《さたい》を利用して「浜田《はまだ》」を造成し、新しい水田を生み出していく。室町期北陸の海岸線では、「砂成《すななり》」や「砂山成《すなやまなり》」と呼ばれる小砂丘の形成が進み、寺社を砂丘に勧請し、朝市を開いて商業・流通活動から富をつくりだした。民衆の歴史は、災害と復興の繰り返しの歴史であったとさえいえる。

本節では浜辺を襲った災害と、その復興の中で活躍した東大寺の僧侶や鴨社の神官らの活動を見てみよう。

発掘調査で解明された大物遺跡の海岸線

一九八〇年代から今世紀にかけて、列島改造論の掛け声とともに新幹線・高速道路・空港建設が推進され、地域開発に伴って埋蔵文化財の発掘調査が全国各地で実施された。海岸平野といわれる水辺環境での発掘調査が進展し、古代中世の遺跡が姿をあらわした。

たとえば、海岸平野部の低湿地帯に建設された高知空港の開発では、田村遺跡という中世前期からの遺跡が出現した。新潟平野の北陸自動車道建設に伴う発掘調査でも古代や鎌倉期・室町期の遺跡が出土するなど、全国各地で新史実が報告されるようになった。古代から鎌倉時代までの列島の海岸線は、現在の海岸線よりもはるかに内陸部まで海進していた。時代とともに後退し、室町・戦国期を経て江戸時代になってほぼ現在の海岸線が生まれたらしい。新しい研究の一例を兵庫県の尼崎市大物《たいもつ》遺跡に見よう。

淀川河口は大阪湾であり、淀川左岸と中島川・神崎川の西淀川区までが大阪市である。中島川の左岸が尼崎市長洲《ながす》で、新旧の左門殿川《さもんどがわ》が蛇行して大阪湾に注ぐ沖積地帯に大物遺跡が位置する。一九九五年に尼崎市の市営住宅建て替え工事に伴う発掘調査で、十二世紀初頭の院政期から十三世紀の鎌倉時代の中国陶磁器が大量に出土した。神崎川上流部の内陸部にあたる豊中市庄本《しょうもと》遺跡でも、二〇〇二年には水路・船入江・町場の井戸・掘立柱建物などが出土し、鎌倉時代の遺跡であることが確認された。

大阪平野では、鎌倉時代の海岸線は現在よりも内陸部にあり、阪神尼崎駅付近まで海が入り込んでいたことなど、古い時代の地形が復原されるようになっている（次頁図3）。とりわけ、鎌倉期には町場が形成され、十棟あまりの掘立柱建物跡や井戸が検出された。水路や船入江の多い一帯に、住人が定住化して町場が生まれて浜辺の開発が進展していたことが発掘調査であきらかになってきた(11)。

「山川藪沢」に住み着いた人々

では、発掘調査の所見と、文献史料による日本史学の研究成果とをつき合わせて地域の歴史像を組み立ててみよう。

淀川・神崎川・猪名川《いながわ》などの河口付近の尼崎一帯は、奈良・平安時代には長洲《ながす》・猪名《いな》と呼ばれ、海辺の低湿地で浦と呼ばれる海辺にあたっていた。孝謙天皇は天平勝宝八（七五六）年に、「長洲」の地を東大寺に寄進した。海辺の葦原や浜辺で乱流する川の氾濫地帯であったから、律令法では「山川藪沢《さんせんそうたく》」といい、無主地《むしゅち》の共同利用地としていた。

長徳四（九九八）年になっても「野地百町、浜二百五十町」といわれ、久安三（一一四七）年には「河浜二百五十町」とある。十二世紀になっても開発の遅れた「野地」「浜」「河浜」などの地目のままで「然るに海辺・湖浜は敢えて地の利益無し」といわれた。水田稲作や農地には不適地で、洪水被害の大きな危険地帯でもあった。その反面、無税地であったため、「浮浪人」らが定住した。彼らは、大物浜《たいもつはま》・尼崎浜《あまさきはま》に住み着き、「住人」「在家」「捕魚《ほぎょ》の輩《ともがら》」などと呼ばれ、河や浜の魚や海草をとって暮らしをたてる庶民生活が始まった。屋敷地を構えた住人らに対して、地権者の東大寺は、屋敷地の税として「地子《ちし》」を納

図3　尼崎の復原地形。古地形の復原と遺跡の位置（『津々浦々をめぐる』橘田正徳作成図に加筆）

税させる代わりに、在家としての身分を認めた。こうして長洲浜・大物浜・尼崎浜一帯は、東大寺領長洲御厨《ながすのみくりや》と呼ばれるようになった（平安遺文二六三三・二六三四）。

浮浪人出身の在家・住人らの中から一部の富裕者が登場すると、彼らは検非違使庁《けびいしちょう》の雑役《ぞうやく》を負担する義務を負う反面で、検非違使別当の保護を受けるようになった。一方で有力な住人の一部は、二条関白藤原教通《のりみち》家の散所《さんじょ》（雑役に服する地）となって輿舁《こしかき》や交通雑役を負担する契約を結び、その保護を利用して検非違使庁の管轄から逃れた。関白教通の散所の権利は、皇太后宮職領《ぐうのしき》として女歓子《むすめかんし》に伝領された。摂関家の権力が律令官衙《かんが》である検非違使庁の雑役徴収権を凌駕した。こうして摂関家の皇太后宮職領長洲荘《ながすのしょう》が生まれた。

他方、朝廷は賀茂御祖社《かものみおやしゃ》に修造料として寛仁二（一〇一八）年に山城国栗栖郷《くりすのごう》を寄進していた。鴨社では、応徳元（一〇八四）年になると、山城栗栖郷の田七町八段余の水田を、摂関家の皇太后宮職領長洲荘の散所と物々交換した。鴨社は長洲御厨の在家から、新鮮な魚や海産物を鴨社の御贄《みにえ》＝神饌として進上する体制を整備しようとした。この結果、長洲にいた捕魚の輩のうち、皇太后宮の旧散所三十八人が、鴨社の「供祭人《くさいにん》」「神人《じんにん》」となり、鴨社に供祭物《くさいもつ》を貢進することになった(12)。

山野河海《さんやかかい》の幸をとることのできる河浜の長洲御厨では、浮浪人が定住して在家・住人が増加する中で、在家の敷地に課税される地子を東大寺に納入する一方、鴨社供祭人となった三十八人の在家は鴨社へ神饌《しんせん》を納入して、複数の権門寺社の保護を受ける特権を確保した。長洲御厨の住人は、東大寺領として地子を納入するものと、鴨社の供祭人となって御贄を京都に運上するものとに分裂し、他の権門寺社の保護を受ける住人も登場し始めた。

平安時代は、縄文時代と並んで比較的に温暖な中で気候変動が繰り返された。旱魃の年は西日本では凶作になる代わりに、湿田の多い東日本では豊作になるといわれ、陸奥での奥州藤原氏の栄華が華開いた。

成就しなかった荒野の堤防と水田開発

元永元（一一一八）年になると、長洲御厨の在家は「神人三百人、其のほか間人《もうど》二百人云々」（平安遺文二六二八）といわれ、この地域では人口が増加するほどの好景気になった。大阪湾周辺の海辺や浜辺・川辺では、魚捕りや海産物のとれる御厨として東大寺領や鴨社領となって寺人・神人となる在家の定住が進んだ。いずれも洪水被害の地帯であるから、河船や牛車などの運搬業の日雇いや交通雑役など不安定な生業活動で生き抜こうとする住人が増加した。

免税を望む住人や浪人らが集住して、久安三（一一四七）年には「近年、数千家に及び、神人・寺人、其の輩を相分られるべき也」（平安遺文二六二三）とか、応保二（一一六二）年には「今在家ほとんど千家に及ぶ」（平安遺文三二一三）といわれ、東大寺の寺人や鴨社の神人などの在家や住人が千家にも及ぶようになった。

しかし、一一〇〇年をピークにして、気候は地球規模での寒冷化が始まり、旱魃と湿潤・寒冷な風雨の天候とを繰り返す気候変動が多くなった。鎌倉時代からは稲作を中心とした農業が困難な時代に突入した。

摂津国長洲御厨でも、平安末期から鎌倉時代にかけて海岸線が後退し始めた。入り江であったところが乾燥化し、漁業での魚捕りが困難になった。大物浜《だいもつはま》の「内江」は「潮出入の場」であった。承安五（一一七五）年には、海岸線が後退し潮の出入りが少なくなったが、時折、大潮や台風のときは潮が出入りして災害が発生した。御厨の中に「潮出入《しおでいり》の跡」（平安遺文三六七二）が多くなり、自然災害の原因となり荒野が拡大することになった。

鴨社の御厨下司《げし》になっていた橘行遠《たちばなのゆきとお》は、長洲と大物浜の間の荒野で、潮出入り跡に堤防を築いて水田を開発する計画を立てた。彼は、潮出入の跡を「開田の便宜あるべし」と考え、水田開発のために堤を築いて東堺を流れる「小河」から灌漑用水を引く土木工事を立案した。

問題は土木工事を営むための開発資本を探すことであった。下司行遠は、神饌を鴨社に貢納《こうのう》していた関係から、鴨社禰宜賀茂《かも》祐季《まさすえ》に相談した。禰宜祐季は現地を実検して調査した結果、「築堤の功労」が必要で、「祐季の私能米《わたしのうまい》三百石」を投入し二十町余の堤ができれば開田が可能になると判断した。禰宜祐季は、具体的な開発計画として、⑴長洲荘の敷地は東大寺領であるため、毎年の地子米は反別五升を東大寺に弁済し、そのほかの管理権はすべて鴨社の禰宜祐季の進退にする、⑵開発耕地の作人には鴨社供祭人をあて、身体への雑事は免除して鴨社に供祭の納入を義務づけ、開発耕地の領主職は祐季子孫が知行すること。この条件で関係者と契約状を作成した。そして彼は承安五（一一七五）年正月十六日に東大寺に開発許可を申請した（平安遺文三六七二）。

鴨社禰宜が長洲・大物浜の開発資金とした能米三百石とは、今の金額に換算すれば約三千万円に相当する。鴨社は全国各地に末社や荘園をもっていたので、巨額な年貢米を投資・運用することができた。鴨社の禰宜からの開発申請を受け取った東大寺は、この申請書を今に至るまで保存してきたが、許可したか否かは不明である。ただ、祐季は安元元（一一七五）年に、延暦寺西塔衆の悪僧《あくそう》弁円と相論《そうろん》（訴訟事件）を起こした。弁円は延暦寺の悪僧らを動員して神官祐季の住宅を襲撃し、双方の私戦がつづいた。このため、後白河上皇は、同年八月二十三日、祐季の禰宜職を解任し、神官の身分を召し下し、相手の悪僧弁円を山門追放処分にした（平安遺文三七〇三）。喧嘩両成敗の法が適用された。

長洲・大物浜の水田開発を計画した鴨社禰宜祐季は、東大寺に開発申請した七カ月後に、鴨社の禰宜職を後白河院によって解任されてしまったのである。神官すなわち鴨社の資本投資による水田開発はほとんど成果をみなかったと考えられる。ふたたび、長洲・大物浜は、荒廃化と風水害の被害が連続するようになった。

「弁才天の秘法」とされた土木技術

中世では、災害防止の土木技術についての専門知識は仏教徒がもっていた。天台僧光宗《こうしゅう》（一二七六―一三五〇）が三十七年間にわたり収集・編纂した『渓嵐拾葉集《けいらんしゅうようしゅう》』には、栄西・忍性が唐瓶《からへい》子《じ》に砂金や如意宝珠《にょいほうじゅ》を入れて地中に埋める行法を「弁才天の秘法」と呼び、地の神を鎮める法を創出したとして『弁才天縁起』をまとめた[13]。その具体例を見よう。

良達房上人が淡路国成相寺《なりあいじ》において荒野を開き水田約三百町を開発した。「山間の谷を突き切り水池に成す。奈良より瓦焼《かわらやき》を召下して樋《とい》を瓦でつくり、堤の下に伏せた。池底には八方に石を立て八大龍王《はちだいりゅうおう》を勧請《かんじょう》せる。初に池の辺に八方に壇を立て八大龍王の法を勤修せらる。即ちこれ弁才天の秘法也。既に龍神現身に影向す。其池水今に漏絶《たえ》ざると云々」（『渓嵐拾葉集』）とある。

ここには第一に、水田開発に必要な築堤における土木技術の革新が見える。腐食しやすい木製の樋よりも奈良の瓦職人による瓦製樋を採用した。陶磁器の焼成技術を灌漑用水技術に適用したものである。池底の取水口の周辺に立石をする技法は、樋口《とひぐち》や導水口をゴミから保護する新しい合理的技術である。

第二に注目すべきは、池底の立石を依代《よりしろ》にして八大龍王を勧請して池辺で大壇をつくり八大龍王法を修することで、新しい仏教的地鎮法である。仏教の聖教の一つである『渓嵐拾葉集』は弁才天の秘法を栄西・忍性らの創出とするが、歴史上の史実では、東大寺再建で著名な勧進僧重源《ちょうげん》が大阪狭山市の狭山池を修復した事例がある。重源は狭山池の土木工事で唐僧三人の技術を動員していたことが知られている。(14)

日宋交流の中で中国の最新技術が導入されると「弁才天の秘法」として栄西・忍性ら禅律僧の技術に仮託され、民間僧によって布教・流布され普及したものといえる。今でも全国各地で堤に樋を通す際には、弁才天や八大龍王、龍神を水神として祀る事例が知られている。『遊行上人絵伝』でも、敦賀気比神社では海辺からの参道の土木事業を僧侶が推進した姿を描いている。

このように土木工事や樋を通す堤の技術が、「弁才天の秘法」として弁才天や八大龍王を祀る新しい仏教法会の呪術とともに、『渓嵐拾葉集』によって全国に広められた。弁才天の秘法・八大龍王の祈禱は、中国伝来の灌漑技術革新の導入をむしろ推進させる役割をもっていた。その開発技術と呪術とが一体になって、聖《ひじり》と呼ばれる中世僧侶によって築堤開発が主導されたのである。

人口減少の中での東大寺僧による水田開発

では、鎌倉時代の東大寺領であった摂津長洲御厨（荘）において、自然環境の困難と闘いながら、水田稲作や畠の開発と経営はどのようになされたのであろうか。

建保二（一二一四）年五月の時点で、長洲御厨の在家注文によると、在家は六百八十七軒と登録されている。応保元（一一六一）年当時に「一千家」といわれた人口増加の地が、六割強にまで人口減少を余儀なくされていた。鎌倉期の日本列島の史料を見ると、平安時代と比較して農業生産は縮小再生産という景気後退期に入っていたと思われる。

建保二（一二一四）年という年を見ると、四月には延暦寺の衆徒と園城寺の衆徒とが蜂起して、延暦寺悪僧が園城寺に火をかけ、金堂以下の堂宇が焼失する事件が起きた。政情不安の中で、京都は八月中、大風雨がつづき、鎌倉では大洪水が起き、滑川《なめりがわ》が氾濫した。十月に入ると鎌倉で大地震が起き、余震が連続していた。

このような災害が連続し、人口減少が進展する中で、長洲御厨からの得分をめぐって東大寺と鴨社の争いも激しくなった。建保五（一二一七）年には東大寺と鴨社はそれぞれが地子徴収権と在家役徴収権を主張して、後鳥羽上皇に提訴して裁判に及んだ。このとき、勅問に応えた右大臣藤原道家が引用した記録所勘文《かんもん》には「格文に任せ、開墾人《かいこんにん》を以て地主《じしゅ》と為せ」とある（東大寺要録、鎌倉遺文二三三二）。現地では、災害にも抗して開墾が進められ、開墾人は地主となる道が、公家法でもルールとなっていた。海辺・浜辺から出発した「無主の地」といわれた大物浜・尼崎浜でも、東大寺は地主としての権利を求めて、畠地の開発や浜田などの水田開発にこれまで以上に積極的に取り組むようになった。

文永三（一二六六）年十一月、東大寺衆徒申状案（東大寺文書、鎌倉遺文九六〇二）に引用された成仙阿闍梨重申状《せいせんあじゃりかさねてもうしじょう》には、大物浜・尼崎浜における開発事業が在家住人によって推進され、その子孫が東大寺僧になっていた歴史が語られている。

東大寺僧侶で、一身阿闍梨《いっしんあじゃり》となった成仙阿闍梨の父は妙禅《みょうぜん》、祖父は道舜《どうしゅん》といい、三代にわたって東大寺僧になってきたが、その先祖は猪名為末《いなためすえ》といったという。

猪名為末は開発地主《かいほつじぬし》為り、住民を進退の間、長洲御荘の内たるを以て又当寺に寄進の剋、申請状に云く、本庄の例に任せて、敷地の所当《しょとう》に於いては寺庫に弁納し、住民のうち捕魚の輩、引網垂釣《ひきあみすいちょう》を以ての上分は鴨社に備進すべし、但し開発の奉公を以ての地主職に於いては寺家御計《おんはからい》に依り代々相伝し違乱なく宛賜うべきの旨契約す　（東大寺文書、鎌倉遺文九六〇二）

猪名為末という人物が、長洲荘の「住人」「在家」「捕魚の輩」を指揮・動員して長洲荘内の「開発地主」となる契約状をつくった。在家の敷地からの畠所当は東大寺の寺庫に納入し、住民のうち網や釣で魚を捕った輩は上分として水産物の御贄を鴨社に納入する契約とする。その代わりに、開発の奉公を行う地主職は猪名為末の子孫が代々相承するという開発計画を立て、東大寺と契約を結んで開発を進めた。為末の子息・末貞の代に「開発地主」に成り上がり、東大寺から「地主職」を安堵された。その子孫の代には出家して道舜―妙禅―成仙という法名を名乗って代々東大寺僧侶を勤めた。とりわけ、僧成仙は自分の代で、真言密教での一身阿闍梨の僧職を朝廷からもらったのである（東大寺文書、鎌倉遺文九六〇二）。

一身阿闍梨とは、已講《いこう》・内供奉《うちぐぶ》とともに有職《うしき》と呼ばれ、朝廷によって補任される僧職の地位で、僧綱《そうごう》（僧尼や法務を統括する僧官）につぐ僧侶身分となっていた[15]。成仙の家は、東大寺に歴代出仕して天皇から阿闍梨位をあたえられた有職の家柄になった。長洲荘の開発地主の中から地方僧侶が出て、東大寺に代々出仕して、三代目には有職という特権僧侶にまで成り上がったのである。

猪名為末の子孫成仙のような事例は、長洲荘の中でほかにも見られたらしい。長洲荘では「長洲庄畠に至りては、以往より皆在家敷地の古跡也」といわれ、在家の敷地跡を利用して畠の開発が進められ、「庄畠」に登録され「畠所当」として段別麦一斗を東大寺に支払うようになっていた。長洲荘の「法橋行春《ほっきょうぎょうしゅん》」は、長洲荘預所である東大寺僧の賢舜《けんしゅん》と相談して「畠地沙汰人」に補任された。彼は文永四（一二六七）年九月、毎年長洲荘から畠所当として銭四貫文を沙汰することで僧行春の子孫が代々沙汰人職を相伝するとの宛行状《あてがいじょう》の発給を、預所賢舜から勝ち取っている（東大寺薬師院文書、鎌倉遺文九七七二）。

平安時代に始まった大物浦・尼崎浜の歴史を見直してみると、海辺や浜辺に定住した浮浪人の中から、運輸業や漁業に従事して神人や供祭人となる在家・住人が生まれた。鎌倉時代に入ると、気候変動や海退現象が激しくなって、漁民は生活難となり、入り江跡に堤を築いて水田開発も進めたが、自然災害の繰り返しの中で水田が乾燥地となることが多かった。ようやく鎌倉中期になって、在家の敷地跡に畠を開発し麦を栽培して東大寺に畠所当を納入する開発地主という地域の指導的な社会階層が出現するようになった。富裕な開発地主の子孫が地域に密着した僧侶身分を獲得し、東大寺僧から阿闍梨や長洲荘の沙汰人職を獲得する人々の歴史がこの地にもかくされていた。[16] 大物浦一帯での地域開発が僧侶らによって主導されていた歴史がみてとれる。

地震・自然災害時に朝廷がしたこと
——卜占と僧侶の祈禱

二〇一一年の東日本大震災と福島第一原発事故以降、熊本地震や阿蘇山噴火、鳥取地震などがつづき、天変地異と人災の複合災害に市民の関心が集まっている。列島やプレート移動など地殻変動の活動期には一定の周期性があるのではないかといわれる。地震学の分野では、歴史の中に埋もれた地震を掘り起こす研究が重要になっている。

貞観六(八六四)年五月の富士山噴火につづいて、貞観十一(八六九)年に陸奥でマグニチュード9規模の大地震と津波が襲って内陸部の多賀城までが被災した記録がのこされている。プレート移動に伴う巨大地震は、貞観地震以来の千年に一度とか、四百年に一度説など周期性が話題になっている。本節では、中世の天変地異と宗教や僧侶との関係をとらえ直し、自然災害の中で人々が生き抜く力をどのように獲得してきたのか見てみたい。

天変地異に弱かった中世の農業

天変地異に対する社会の抵抗力は、時代とともに進歩するという単純なものではなく、自然条件や社会条件によって時代差が大きかったことがわかってきた。古代の律令国家では、国司《こくし》や郡司《ぐんじ》の第一の行政的任務は「農桑を勧《すす》め課《おお》す」という勧農《かんのう》政策であった。奈良時代は、律令政府が国司や郡司を指揮して水田耕地を共同でつくりあげ、用水路や耕地の整備も国家の責任で整備して班田制《はんでんせい》を敷いた。班田農民は国家の支給する耕地の口分田《くぶんでん》を利用して水田稲作を営んだ。郷里《ごうり》制《せい》の下では里長《さとおさ》や村主《すぐり》が村の鎮守を中心にして共同労働と出挙《すいこ》（種籾や農料の貸し付け）を行い、田植えを共同で行って、秋の収穫で利子をつけて返却しながら租庸調《そようちょう》を納税した。稲作は一粒の籾から約三百粒に増加したので、平年作だと生産力が著しく高かった。農民が春に種籾や農料を借りても、秋に三〜五割の利子を支払うことは容易であった。班田農民が共同労働で収穫した米は役人の管理下に置かれ、租庸調の税金や借用した種籾や農料の出挙米《すいこまい》を返しても、たくさんの収穫があった。水田稲作は、国富のみならず、民の富ももたらした。稲作は福や富を生み出すものという福富信仰を生み出した。

ところが、九世紀から十世紀には地震や火山の噴火が増加し、それに伴う気候変動が起き、不作や凶作が繰り返された。平城宮の造営や蝦夷征服戦争に動員された班田農民が死去したり、租庸調の運搬や用役の人夫らが行き倒れて死亡する事例が頻発した。さらに、承平・天慶の乱が輪をかけた。九〜十世紀には律令制の班田制が崩壊し、農民は水田耕作地での農業を放棄して逃亡民や浮浪民となり生まれ故郷を離村することが激増した。

ついに十世紀には班田制の耕地は放棄され、荒田や荒廃田となって徴税できない損田が飛躍的に増加した。「山川藪沢《さんせんそうたく》」という自然の大地は公私共有の原則が生きていたので、浪人や流民らは山野河海《さんやかかい》に入り込んで定住するようになった。当時の史料では「山野河海を以て住宅と為す」とか「山野に入る」という記述が増加する。山間地に小屋を立てて住み、沢水を利用した山田や治田《ちでん》という小規模な水田や野畠・畑地を開発し、林や簗場《やなば》などをつくり、山野河海の幸を食料にして家族を養育し、命をつないだ。

十一世紀には「山野《さんや》は開発《かいほつ》を以て主となす」という慣習法が生み出された。郡司に申請すると「開発地主」や「郷百姓《ごうひやくしょう》」としての身分を認められ、官物《かんもつ》や地子を納入することで開発地を家族子孫に相伝することが公認された。(17) こうして郷百姓や田堵《たと》と呼ばれる中世の百姓が登場し始めた。彼らの相伝私領は治田や棚田・地発《ちおこし》などと呼ばれる小規模なもので、公民共有の山野河海の山の幸・海の幸・野の幸を主要な食料にして生活せざるをえなかった。洪水や旱魃の被害を受けやすく、災害と隣りあわせであったが、もはや国司や郡司らによる行政的な支援は期待できなくなった。中世農業は、天変地異に抵抗力がきわめて弱かったのである。

災害は人間の罪とする護国思想と仏教

中世社会では、山野河海は開発地になって山の幸・海の幸をもたらす富の場であるとともに、洪水や旱魃の被災を受けやすい場でもあるという二面性をもっていた。中世人にとって山野河海という自然は、人力が加えられた二次的自然であり、天変地異による災害は山の神や天の神が生み出し貧困の原因になると信じられた。自然の恵みには神仏への崇拝や信仰が不可欠なものという中世的世界観が普遍化した。

養和元（一一八一）年十月、安楽寿院《あんらくじゅいん》領和泉国長泉荘《ながいずみのしょう》では、下司《げす》中原家憲《なかはらいえのり》が実情を領家につぎのように報告した。「去年は天下一同の旱魃（養和大飢饉）であり、今年の旱魃は去年の二倍ほどひどい。荘内の荘田は国中の八カ郷に分散しているが、収穫のできる得田《とくでん》が無い。旱魃の被害は国衙領でも荘園でもだれがみても明白だ、百姓は年貢米を納入する力もない、昨年はそれでも三分一を納入する旨言上したが、当年は皆損亡したので、去年の納入分の半分を米でなく布などで納入したい」と申請した（歴博所蔵高山寺文書、平安遺文補遺四〇三）。

この荘官の申請が認められたかどうかは、史料がなくてわからない。ただ、旱魃被害の中での年貢納入を通常の年貢米の三分一や六分一納入でその場をきり抜けようとしていたことがわかる。

正治元（一一九九）年八月、殿下御領《でんかごりょう》但馬国伊由荘《いゆのしょう》百姓等（兵庫県朝来町伊由谷川）は、水害と旱魃を理由に年貢の軽減を摂関家に求める申請書を提出した。六月二日から八月六日まで六十六日間、旱魃がつづいた。さらに八月十八日子剋（零時）から十九日午剋（真昼）にかけて洪水にも襲われた。川が二十町（約二キロ）ほども長くなり、東の境川では山際の洪水で水深が五丈（約十五メートル）にもなった。平地の在家や桑・漆・柿・胡桃などが根こそぎ流された。のこった作物も損害がひどく、今年は餓死もなす方ない状態である。どうか実態を調査する「検見の御使《おつかい》」を派遣してほしい、と要請した。災害で被災した損田の面積を本所の検注使《けんちゅうし》によって認定してもらい年貢減免を求めた。その中で百姓はつぎのように述べている。

日神、水神に一期の財産を奪い取られ了、先生《せんじょう》の業因《ごういん》か、又今生《こんじょう》の貧□《ひんこん》かを知らず。或いは百姓、先ず流浪する所を思い、声を揚げ大いに蹄《ふ》む、たとえば蹄み叫《さけ》ぶこと地獄の如し、食を求め得がたきの輩、喰物を貪《むさぼ》る事、餓鬼に異ならず

（永昌記裏文書）

中世の旱魃や洪水による災害で貧困になるのは、日神・水神が一代の財産を奪い取るのだと信じ、百姓は、前生の業や今生の罪による罰かもしれないと考えていた。災害は人間の罪とする思想が底流にある。

中世人は太陽神や風神雷神・水神などの怒りや祟りが天変地異の原因で、自分の業や罪によるものだという災害観・自然観・自己責任観をもっていた。それゆえ、神の前で読経し法楽《ほうらく》することで神のちからによって五穀豊穣・天下安穏が実現できるとする宗教観・世界観が社会常識となっていたのである。こうした中世人の災害観は、仏教の経典の教えるところでもあった。護国三《ごこくさん》部経《ぶきょう》といわれる『仁王般若波羅密陀経《にんのうはんにゃはらみつだきょう》』にはつぎのように見える。

この経を講読すれば、汝国土中の百部鬼神あり、これ一に一部また百部あり、この経を聞き楽しむ、この諸々の鬼神は汝の国をまもらん

『仁王般若波羅密陀経』を読経すれば、国中にいる鬼神が法楽して聞き楽しんで、鬼神の力で護国が実現されるという護国思想《ごこくしそう》を説いている。日神・水神の怒り・祟りが災害だという百姓の災害観は、仏典の護国思想と一致している。仁王経は、法華経と並んで中世百姓の日常の法会でも

っともよく読まれた仏典の一つである。(18)仏典の護国思想が中世百姓層の通俗道徳となっていた。神々の怒りや祟りで天変地異が頻発すると信じられたから、逆に神前読経によって神が喜び、護国が実現され除災招福をもたらすのが僧侶や仏教の役割と考えられた。これが中世顕密仏教《けんみつぶっきょう》の原理であった。

鎌倉や京都を襲った寛喜の大飢饉と地震・大火

朝廷や幕府は、天変地異の報告があると、それが鬼神の祟りによるものか否かを陰陽寮《おんみょうりょう》に命じて占わせ、勘文《かんもん》を出させた。神社・寺院に御祈《おいのり》を行わせるか否かを審議する議定《ぎじょう》（公卿の会議）を開いて勘文を討議した。朝廷の陰陽寮には陰陽師・陰陽博士・天文博士・暦博士らの専門学者が所属した。吉凶を占い、天文と暦による占いや先例調査によって天皇・将軍家の御慎《おんつつしみ》＝謹慎を命じ、御祈禱や仏教法会を神社・寺院に命じる慣行になっていた。御祈の命令は朝廷では宣旨《せんじ》、鎌倉幕府では御教書《みきょうしょ》・関東下知状《げちじょう》で、寺院や僧侶に命じられた。(19)具体例を見てみよう。

寛喜二（一二三〇）年六月から七月には寒冷異常気象が全国各地を襲った。幕府の小御所《こごしょ》（将軍の居所）に白鷺が集まる異常な現象が起きた。幕府は陰陽師を集めて吉凶の占いを命じた。六月九日に武蔵で雷と雨混じりの雹《ひょう》が降った。同日、美濃の蒔田荘《まきたのしょう》では夏なのに白雪が降った。八月八日から大風雨となり、冬気の如くで草木の葉が枯れ、穀物は損亡した。十月十六日、陸奥の柴田郡では石が雨のごとく降り落ち、その石一つが将軍家に送られた。十一月十八日、冬なのに雨と雷が起き天変変異がつづいた（『吾妻鏡』）。翌年から全国各地で飢饉となった。これが寛喜の大飢饉である。

田舎での生活ができなくなると、浮浪人や乞食らが都市へと流れ込む。鎌倉と京都は人口密集地となり、貧富の格差が拡大し衛生状態や治安が悪化する。

寛元三（一二四五）年十二月十三日には鎌倉で地震が発生、二十日にも大地震となった。建長元（一二四九）年三月、京都で大火が起き、蓮華王院などが焼失した。幕府は、建長二（一二五〇）年三月十六日、鎌倉の保々《ほほ》の奉行人らに「無益の輩」の名前を注進させ、田舎に送り農作に従事させる人返し令を発布した（『吾妻鏡』）。都会の人口を農村に帰し、農業に従事させるという封建的政策が始まった。建長三（一二五一）年二月十日には鎌倉で火事となり、甘縄《あまなわ》から東は若草大路・南は由比浜《ゆいがはま》、北は中下馬橋、西は佐々目谷《ささめがやつ》まで焼失した。二十日には葛西谷《かさいがやつ》口の山が崩落して土石流が発生した。五月二十七日にも南風の中、由比ヶ浜の民家から出火、幕府御所南まで延焼した。同年十二月三日、幕府は鎌倉中での小町屋や売買の棚店の設置できる地区を大町・小町・米町・亀ヶ谷辻・和賀江《わかえ》・大蔵辻・化粧坂上の七箇所に限定する法令を出した。

建長四（一二五二）年正月二十七日、由比浦から和賀江島《わがえじま》にかけて波濤の色が紅のようになった。諸人みんなが怪《あや》しんだ。二月二十八日にも腰越《こしごえ》の海上から和賀江津にかけて海の水が血のごとく染まり、広さ三丈ほど（約九メートル）になり、晩になったら消滅した（『吾妻鏡』）。

災害に際して僧侶の祈禱を判断した陰陽師

では、鎌倉時代、中世人は天変地異をどのように合理的な判断に結びつけ、単なる自然現象と祈禱の必要な天変地異とをどのように区別したのであろうか。

建長四(一二五二)年に起きた由比浜から和賀江島にかけて海が紅色に染まったという現象は、今日でいう赤潮の発生を指す。鎌倉の人口増加とともに由比ヶ浜の豊栄養化によってプランクトンの異常発生が起きたのである。鎌倉時代にも、そのことを知っていた漢学者がいた。『吾妻鏡』にはつぎように記録されている。

変異の事により御祈禱あるべきの由仰《おお》せ下《くだ》さると雖《いえど》も、常度《じょうど》の変、あながち御沙汰に及ぶべからざるの由、司天《してん》等これを申す
(『吾妻鏡』建長三年閏九月十七日条)

天変地異だから寺社で御祈禱をすべきだとの将軍の命令が下されるというが、司天=天文学者は「常度の変」=通常の自然現象であるから特別な措置は不要だと申状を出したというのである。「司天」とは天文博士の唐名である。陰陽道は、中国伝来の陰陽五行説によって天文・暦数《れきすう》・卜《ぼく》占《せん》などをあつかう法術であった。天文道は、陰陽寮に属し、天体の観測や自然現象について天皇に意見具申を行う天文奏と暦の作成を職務とした。陰陽道と天文・暦道は賀茂氏と安倍氏の二家が家業として世襲し、二家が独占した(20)。中世の陰陽師は天文道や易学に通じた専門知識をもった自然学者と占い者の二面性をもっていた。

三河前司教隆、勘文《かんもん》を進むと云々、漢家《かんけ》の例あるの上、去建保年中以後、此の境において此

変、度々に及ぶと云々　（同書、建長四年二月二八日条）

将軍家に仕える儒者で漢学者であった三河前司清原教隆《みかわぜんじきよはらのりたか》が、御祈は不要だとする勘文（調査意見書）を作成した学者であった。赤潮の前例は中国本土でも見え、漢籍に記録がある、建保年間にも由比浦では「此変」＝赤潮が繰り返し発生した事実を言上した。彼は、関東に出仕した明経《みょうぎょう》得業生《とくごうしょう》であり、大学寮の学生のうち経書《けいしょ》を専攻して任官した。安貞元（一二二七）年から三（一二二九）年まで朝廷で外記《げき》をつとめた地下官人《じげかんじん》の漢学者であった。明経道《めいけいどう》とは、論語・孝経と尚書・周易・礼記・周礼・詩経・左伝・儀礼などの経書を学ぶ儒者の道である。外記は朝廷で文章の作成・先例調査・勘文や宣旨の作成などを行う機関で、漢籍・漢学の知識はもとより歴代天皇の事跡や歴史・国史に通じた。朝廷内部の出来事を「外記日記」に記載して先例調査の台帳としていた。彼らが、漢学・儒学の知識を基礎に、観察を積み重ねて先例調査にもとづき合理的判断をしていたことがわかる。(21)

このように明経道に通じた儒者・漢学者の清原家・中原家や、天文道に通じた賀茂家・安倍家が博士家として、天変地異に対する合理的な判断を、幕府や朝廷に導入していたのである。

一二五一、五二年に鎌倉で大火事や赤潮の発生が連続したことから、最終的に幕府は「関東安全の御祈」を神社・寺院に命じた。幕府の最高権力者であった得宗《とくそう》の北条時頼亭で如意輪法《にょいりんぽう》の密教法会を行わせた。ここで、三井寺（園城寺）から関東に下向した密教僧隆弁《りゅうべん》が活躍した。

中世では天変地異が起きると、陰陽師の安倍家や天文博士で暦道の賀茂家、明経道の儒者清原家らが所見を具申し、政策決定の下で顕密仏教の僧侶が御祈禱を行うという宗教者・専門学者の役割分担が慣習となっていた。

地震の原因は天下の治政か龍神か

天変地異の中で関心の高いものが地震である。火事や津波と連動して被害が大きくなる。中世人はなぜ地震が起きるのか、自然現象に対する合理的認識を少しずつ変化させていった。公家政権で関白をつとめ源頼朝から信頼の厚かった九条兼実は地震の原因について、日記につぎのように記している。

> 天下政違乱《てんかのまつりいらん》により、天神地祇《てんじんちぎ》、怨みを成し、この地震あるの由也
>
> （『玉葉』元暦二年七月二七日条）

天皇の治政が乱れると、天神地祇の神々が怨みをなし地震を起こすのだという。徳のある政治を営むことが、天神や地神が法楽するもとであり、「徳政」がないと天神・地神の怒り・怨害により地震をなす、という儒教的政治思想にもとづく自然観を身につけていた。中世の治世者が身につけるべき中国の儒教的徳政の世界観である。

これとは別に、地震は龍が原因だとする自然観が中世には存在したことが知られている。黒田日出男東京大学名誉教授は、行基図《ぎょうきず》（奈良時代に行基が作ったとされる古式の日本地図）

には列島の周囲に龍の図が描かれていることに注目する。陰陽師や密教僧らが、列島は龍によって守護された独鈷《とっこ》形をしており、龍が降雨や大地を振るう地震をも支配する表象として認識されていた、と説明している。[22] 中世人の自然観や国土観について、興味深い問題提起である。

室町時代に入ると、龍の原因説を批判する見解が登場する。興味深い史料を紹介しよう。文明九(一四七七)年七月五日に土御門内裏の東陣で火事があって、さらに十月にも度々変異が起こって内侍所《ないししょ》でも鳴動《めいどう》が起きた。不吉なことが心配され、どの外典祭《げてんさい》を行うべきか、後土御門天皇が審議を命じた。

仏教の経典を内典《ないてん》と呼び、それ以外の漢籍などを外典と称した。後土御門天皇は、天下の儒学者といわれた清原宣賢《きよはらせんけん》(一四七五―一五五〇)やその父吉田兼倶《かねとも》(一四三五―一五一一)の新しい吉田神道を支持した。[23] このときも、公卿議定では陰陽師の土御門有宣《ありのぶ》卿が百怪祭《ひゃくかいさい》を行う予定であった(『親長卿記』文明九年十月十七日条)。

しかし、三位吉田兼倶の提案で、十九日に禁裏の内侍所《ないしどころ》神前で別に安鎮祭《あんちんさい》を行った。天変地異に伴う祭祀の執行をめぐって、吉田神道と陰陽道との間で意見の対立があり、宗教家による競争も激化し、朝廷では両方の祭事を執行した。

ところが、十一月六日には大地震が起き、三日後の九日にも「亥剋許(夜十時ころ)地震ある事　大動也」と、余震がつづいた。禁裏でも、安鎮祭や百怪祭の効果がないと議論になった。前権中納言で正二位の甘露寺親長《かんろじちかなが》は、日記『親長卿記《ちかながきょうき》』につぎのように記した。

在盛《ありもり》卿、龍神動くの由これを申す。有宣《ありのぶ》卿は、天王動くの由これを申す。相違如何

（『親長卿記』文明九年十一月六日条）

天文道の従三位賀茂在盛は龍神が動いて地震になったと主張。陰陽道の三位土御門安倍有宣は天王が動いたと説いた。室町時代には、地震の原因を龍神とする説と天王説の二つが対立しあった。後者の天王と地震との関係に言及した文献が管見にはいらない。

いずれにせよ、室町期には、天文暦道・陰陽道らの学者間で、地震の原因について龍神説と天王説が対立しあっていた。中世の世界観は、なにごとにも相対立する二元論が生きており、諸家が家説をめぐって見解を異にし、論争を繰り返した。そのため、物事を一つに決め付けず、相対的・批判的にみる考え方が育成されていたといえよう。

農山村の災害復興と寺院・僧侶

平安期から鎌倉期の農村の危機管理

天変地異や災害によって社会生活が危機的状況になったとき、都と田舎では、対応策が異なっていた。ここでは、あまり知られていない田舎での対応を見よう。

保延二（一一三六）年の飢饉では、中御門《なかみかど》右大臣藤原宗忠《むねただ》の日記『中右記《ちゅうゆうき》』に「天下大飢饉・飢餓」と記されている。平安京の公卿も、天下の大飢饉という認識をもっていた。他方、この年、田舎の興福寺領大和国の荘園では、荘官の下司《げす》が興福寺に当てた注進状に「荘下人《しょうのげにん》ら他国に越し山野をもって住所となす、是食物無きのゆえ也」（造興福寺記裏文書、平安遺文補五六）とある。荘園の下人ら貧困民衆は、飢饉になると農業を放棄し、生まれ故郷を離れて他国に流浪するしかなかった。山野を住所としたのは、食物を確保するためであった。

同じ年、東国の信濃国宮田《みやだ》村でも村司《そんし》の平家基の書状には「飢渇疫疾《きかつえきしつ》の間、件の郷民ら逃・死亡多々也」（兵範記裏文書、平安遺文二三四三）とある。平安期の飢饉に際して田舎では、郷民や荘下人らが農村を離れて山野に食料をもとめて流浪するという共通の行動パターンが見られた。

鎌倉期の一二三〇〜三一年に起きた寛喜の大飢饉では、伊豆国仁科荘《にしなのしょう》の土民等が「飢饉により餓死に及ぶの間、意ならず農業の計をなげうつの由武州御方（北条義時）に愁い申す」（『吾妻鏡』）とある。災害時の非常事態で、伊豆の農民も意思に反して農業を棄てて山野に流浪した。中世の農民は、飢饉や流浪するほど困窮したときには、山野に食料を求めたのである。中国の宋でも、貧賤の民は草沢《そうたく》＝草の生い茂った湿地を住む場所にしたといい、日中共通の生活スタイルであったという(24)。

鎌倉幕府法の中にも「諸国飢饉のとき、遠近侘傺《たくさい》（困窮すること）の輩、或るいは山野に入り、ヤマイモ・トコロノイモを取る、或るいは江海に臨み魚鱗《ぎょりん》・海藻を求む、この如き業《なりわい》を以て活計を支える」（鎌倉遺文八三四六）とある。

天変地異の旱魃・災害や飢饉という非常事態に陥ったとき、中世の百姓は、山野河海に入り込み、イモ・山菜・木の実や魚・海草を食物にして生き延びていた。では、彼らはこうした生き抜くための智恵を、いつごろ、どのようにして会得したのであろうか。

なぜ山寺ができ山間に人が住んだのか

『今昔物語』には、九、十世紀の平安時代の山寺に関する説話を数多く記している。一例を見ると、盲僧妙昭が七月十五日のお盆に『法華経』を読むために郷内をまわっているうちに、奥山に迷い込み、山寺を見つけた。住職は用事で郷に出てしまうが、帰宅したら汝を郷に届けると約束した。しかし、五日経っても三カ月経っても住職は帰らず、米を食べつくし仏前の木の実・草を食べてすごした。十一月には寒く雪も積もり餓死するかと思ったが、大風で梨・柿の木が倒れ、その実を食べ倒木を燃やして冬を越した。年が明けて二月になると、郷の人々も山に入るようになり、郷人から住職が七月十六日に亡くなったと聞かされた。盲僧が助かったのは日ごろ『法華経』を読んでいたご利益であったと記している。

　人里離れた奥山に山寺ができると、郷の人も春夏秋には山仕事に入るし、お盆での読経を通じて山寺の僧侶と農村に交流が生まれる。しかし、冬から春先までは交流が断絶したことが描かれている。

　奈良時代の七世紀に官僧の中から山岳修行をする者が登場し、八世紀に最澄が比叡山、空海が高野山を開くと山岳修行が流行した[25]。九世紀に律令政府は、官僧の山岳修行は国衙に届け出て郡司の許可を得るように法令を出した。平安時代中後期には山岳修行と密教が結合した。学僧よりは身分の低い禅衆・堂僧らが各地の霊地霊場を廻国遊行することを「山林斗藪《さんりんとそう》」といった。諸国の霊山《れいざん》を参籠《さんろう》・籠山《ろうざん》修行して験力《げんりき》を修めて加持祈禱の功験《こうげん》あるものを行者・修験者・聖などといった。摂関政治の道長期から院政期にかけて、金峰山《きんぷせん》・大峰山《おおみねさん》・熊野・彦山《ひこさん》（福岡・大分県境の英彦山）などの霊山で修験道が興隆した[26]。

　事実、平安期の山寺と山間地の農村との関係を示す遺跡や遺物が出土し報告されている。一九八〇年代の列島開発によって山岳地帯での高速道路・新幹線建設が進むと、全国各地で行政発掘という遺跡発掘調査が実施された。その結果、関東・山梨・長野・新潟・北陸・東北などの山間地帯で、九〜十世紀、平安期の竪穴住居址が発掘調査で大量に出土した。岩手県御所野《ごしょの》遺跡では山中に縄文時代と奈良平安時代の住居址が多数出土して国指定史跡となった。滋賀県六反田《ろくたんだ》遺跡でも縄文後期と平安期の竪穴住居址が多数出土した。考古学研究者の中には、奥深い山間地の住居址を「山棲《やまず》み集落」「山地居住民」と呼ぶ研究者もいる。[27] 山間地に住み着いた郷人こそ、天変地異で山野に逃げ込み、食物を求めて生き抜いた民衆であった。

では、山間地の山奥に住居を構えた百姓や郷人と山寺の住職とは、どのような関係にあったのか。文献史料を探し出してみよう。

権門寺院が山寺を営んだ目的と百姓との対立

『類聚国史《るいじゅこくし》』は寛平四（八九二）年に勅撰で菅原道真《すがわらのみちざね》が編纂した国史であるが、九世紀前後に天変地異があまりに多かったので、損田・旱魃・地震・疫疾・三合歳《さんごうのとし》（三の厄が重なる大凶）の事件を「災異部」という史料群にまとめている。こうしたことからも、九世紀には自然災害が集中していたことがわかる。また、山野に住みついた住人と山寺との興味深い事例が、寛平八（八九六）年四月二日、太政官符（『類聚三代格』巻十六）に見える。天変地異がつづいた山城国相楽郡《そうらくぐん》で、洛中から逃亡した人民が山野を開墾して住み付いた事実を伝えている。木津川上流の山間地の奥地＝京都・三重・奈良の県境の山岳地帯に流民・飢民が入り込み、水草をおひ（追）て川に沿って山をひらき群居雑居した。山中に口分田や治田《はりた》を開き、家地をつくり、子々孫々が相承して居住した。郡司に申し出て「郷百姓」の身分を獲得し、「大川原・有市《ありいち》・鹿鷺《かさぎ》」という郷名をもらったという。[28] 同じころ、被災した東大寺・元興寺・大安寺・興福寺が相楽郡内に堂塔の修理用材木をとるための杣《そま》を選定して山岳地帯に進止《しんし》した。小さい杣では五・六町、大きな杣では千余町に及ぶ寺院領の杣ができた。はじめこれらの権門寺院は山間地の郷百姓に「地子《ちし》」を課すことはなかった。しかし、仁和年間（八八〇～八八九）に元興寺が寺領の杣ではじめて郷百姓から地子を徴収すると、興福寺や東大寺も地子を賦課し始めた(29)。困った郷百姓らは「愁状《うれいじょう》」を相楽郡司に提出して、大寺院の杣の不当性を裁判に訴えた。相楽郡司は問民苦使《もんみんくし》の平季長《たいらのすえなが》を介して太政官に提訴した。政府は大寺院の地子徴収を禁止、郷百姓の苦難を救済したとある。

九世紀には住人らが奥深い山野に住み込んで家地や治田を開墾して中世村落をつくり、郷百姓の身分を郡司から公認されたことがわかる。同時期に被災した大寺院も修理用の材木を確保するために杣を営むようになった。用材の確保と杣の経営のため、寺院の下層僧侶を奥山に送り、山林修行を奨励するとともに山寺を営んだ。行者や修験者・聖は峰々につくられた山寺を渡り歩き、杣の材木を管理した。摂関家でも大和の信楽《しがらき》杣や近江国の山岳地帯に久多《くた》・針幡《はりはた》などの杣を設置し、山寺を営んだ。最初、両者は並存していたが、次第に杣による地子徴収をめぐって山間の郷民の焼畑や川漁撈《かわぎょろう》の利害と対立し、紛争や訴訟事件が引き起こった(30)。

古代人は自然を「山川藪沢《さんせんそうたく》」と呼び、公私共有が原則であるという古代的自然観を有していた。中世になると、大寺院や公家は材木需要のために杣や荘園を開き、管理のために山寺を建立し、行者や修験者・聖など下級僧侶を山岳修行として山間地に派遣した。飢饉で飢民や浮浪人らが山《さん》野《や》河《か》海《かい》に食料をえて定住したことから、両者が利害対立や紛争を起こした。中世の人々は開発の人手が加えられた二次的自然を「山野河海」と呼び、そこが新しい富や財産を生み出す源泉であることを認識した。これを中世的自然観と呼ぶ[31]。民衆や山伏・聖たちが山野河海の幸を獲得するための技術と智恵をつくり出した。

いかにして山寺はつくられたか

では、峰々を山林修行して渡り歩く禅衆・行者・堂衆・山伏・聖は、どのようにして奥深い無主の山地を切り開き山寺をつくっていったのか、具体的な史料で見よう。

紀伊国名草郡《なくさぐん》三上院《みかみのいん》重野郷《しこねごう》（和歌山県海南市重根周辺）は、院政期には三上荘、室町時代には重野荘と呼ばれ、国境の山間地に開かれた所領であった。最初、紀貞正《きのさだまさ》という紀伊の伝統的豪族の相伝私領《そうでんしりょう》であった。紀氏は未返済の負債が多額にのぼったために、在庁官人の秦宿禰守利《はたのすくねもりとし》に重野郷を譲り渡した。秦守利は「三上院司散位《いんしさんい》秦宿禰」と名乗り、国衙の役人で三上院の院司をつとめる年貢徴収役人であった。彼は、税の未納者から負債のかわりに吉礼《きれ》郷・安原郷などの所領を取りあげて財産を築いた。重野郷での納税を未納した紀貞正から、負債のかわりに郷の管理権を奪い取ったのである。

ところが、彼も請け負った納税額を国衙へ納入する時になって手元の資金が不足して、僧湛慶《たんけい》から「熊野御僧供米《くまのみそうくまい》千六百石」を借用した。その債務が弁済できなくなると、守利は久安元（一一四五）年十一月一日に私領売渡状《うりわたしじょう》案（間藤家文書、平安遺文二五六六）をつくった。私領三上院の十二郷の権利を僧湛慶に譲り渡して、負債を帳消しにする契約を結んだ。この結果、今度は僧湛慶が重野郷の新しい私領主となった。

僧湛慶は、熊野御僧供米（熊野社への年貢米）を守利に貸し出すことができたことから、熊野御師《おし》・先達《せんだつ》と呼ばれる修験者でもあったことがわかる。入手した重野郷の山中の深山《みやま》を切り開いて一宇の伽藍を建立し別所とした。住僧らを招き据えて、字名を「三瀧別所」と名付け「願成寺《がんじょうじ》」を建てた（願成寺文書、平安遺文二八〇九）。こうして紀伊の奥地に院政期に山寺が誕生した。その開発資金として熊野社の僧供米からの借金が投資された。

彼は、山寺を根拠地に、寺人らをつかって里田を切り開き、四町の水田を寺田《じでん》とした。僧侶の「食物」に宛てるため、「寺田」を免税にするように紀伊国衙に申請した。三瀧別所の四至境《しいしさかい》は、東が峰道《みねのみち》、西は衣笠山《きぬがさやま》、南は瀧上《たきがみ》の黒山《くろやま》、北は大野界《おおのかい》より古田口《ふるたぐち》であった。「黒山は切り掃う人をもって主とし、荒野は開発をもって主とするのが世間の常習也」という慣習法を根拠に、山寺周辺の開発地を自分の荘園として公認するように要求した。久寿二（一一五五）年正月、彼が切り払い開発した黒山の東西十六町、南北十六町の山中を、三上御荘という荘園名で寺領とすることが認められた。三瀧別所を弟の中納言君宗顕《ちゅうなごんのきみそうけん》の名義にして、別所の長吏職に補任・寺務を執行させた。こうして僧湛慶は、願成寺の本願上人になった（願成寺文書、平安遺文二八〇九）。

彼は三上荘の安定した存続を期すために、縁者を介して鳥羽上皇の皇后美福門院《びふくもんいん》御願の歓喜光《かんきこう》院《いん》に寄進した。自らは地頭職《じとうしき》をもって本家に壇供料《だんくりょう》を京上し、荘務を知行する体制をととのえた。彼は鳥羽上皇の女院美福門院に上分米《じょうぶんまい》を寄進することで、三上院の地頭職という財産権を保護してもらった。また彼は子供がいなかったので、保元元（一一五六）年十一月二十一日には弟の僧宗顕に私領の財産を譲る遺産相続の手続きを終えた（願成寺文書、平安遺文二八五七）。宗顕は中納わかる。

言君という君名《きみな》を称していたから、母方か父方に中納言に昇った貴族の縁者がいたらしいことが

願成寺の二代目住職となった僧宗顕は、安元元（一一七五）年八月十九日になって、寺の周囲にある所領の山地をすべて子息侍従殿《じじゅうどの》に譲与・相続する譲状《ゆずりじょう》を作成した（願成寺文書、平安遺文三七〇二）。それによると、宗顕は所領三上院の保司職《ほししき》を知行してきたが、田四町を伽藍のために寄進するかわりに、子息侍従殿の妨害をしてはならない、彼の門弟を選んで別所の長吏《ちょうり》に採用して寺務を取り仕切るようにせよ、と置文《おきぶみ》をつくった。僧侶集団が大きくなり、住職としての侍従殿の指導権と門弟への相続権を保障させたのである。山岳寺院の紀伊願成寺は、僧湛慶―弟僧宗顕―子息侍従殿と三代にわたって住職が相承された。この山寺は永く存続し、今も海南市重根《しこね》の日方川《かたがわ》上流の別所に寺地を占めている（154頁写真11）。

平安時代に山寺がどのように建立されたか、その史実が判明した。名もない熊野修験者の僧湛慶が、「熊野御僧供米千六百石」を院司秦守利に貸し付けたことによって、負債の質物として守利の私領を自分の財産にして山寺を切り開いた。重野郷の奥山中にできた山寺・願成寺は、水田がわずか四町にすぎず、住僧らの食料で終わってしまうほどであった。しかし、東西南北十六町四方、二百五十六町歩という広大な山林が寺領になったため、山岳寺院の経済基盤は水田・畠地よりも山林原野におかれた。しかも、彼は三上荘を鳥羽上皇の中宮美福門院に寄進して、財産相続の権利を地頭職として保護してもらったのである。

熊野社を富ませた熊野御僧供米の実態

ところで、この経過の中で不思議な疑問点がある。彼が久安元（一一四五）年に院司秦守利に貸し付けた「熊野御僧供米千六百石」は、現代の貨幣に換算すれば、一億六千万円相当にのぼる。そんな巨額な動産がなにゆえ紀伊の農村で必要とされたのか、それが僧湛慶個人の財産とは到底考えられないから、他に出資者がいたと考えざるをえない。

長承・保延年間（一一三二〜四一）には、長承・保延の飢饉といわれる天変地異がつづいた。借財の前年、天養二（一一四四）年四月に、備前では大洪水で水田が池になった（平安遺文二五七七）。畿内では旱魃で雨が降らず、被害が広がった。天養元（一一四三）年五月二十六日にも京都で大暴風、諸国で大風で被害が出たとある。[32]

農村で災害が起きると、納税義務を負った名主・百姓らが逃亡してしまう。その場合、彼らの未進年貢《みしんねんぐ》分を、荘官・院司・郷司や在庁官人らが国衙や中央官司に対して代納する義務を負っていた。三上院二十五郷の院司であった秦守利も巨額な納税額を代納することができずに、僧湛慶から「熊野御僧供米千六百石」を借用したものと考えられる。

では、「熊野御僧供米」とはなにか。平安時代に熊野信仰が貴族の中に大流行し、白河・鳥羽・後白河の上皇は盛んに熊野参詣に出た。[33] 熊野神社の末社が全国各地に勧請《かんじょう》された。東国・関東・東北では熊野社領の荘園がつくられて膨大な年貢が熊野社の宮津《みやのつ》に輸送され、廻船業の請負人は海賊ともなり活発に活躍した。熊野新宮の別当湛増《たんぞう》が海賊衆を統括して源平争乱で活躍したのは有名である（『吾妻鏡』、『平家物語』）。熊野社に送られる年貢米が「熊野僧供米」とか「熊野山日《くまのさんひ》御供米《みくま》」と呼ばれた。輸送の途中で他の荘園や農村の出挙米《すいこまい》や高利貸に貸し出され、利子を増殖して、熊野社の財産は膨れ上がった。

永仁三（一二九五）年八月の「熊野山日供米配分状」（『紀伊続風土記付録』鎌倉遺文一八八九八）によると、熊野社領上総国畔蒜荘《かずさのくにあびるのしょう》から新宮《しんぐう》の津まで年貢米を運搬する運賃の雑用米四百九石五斗が、途中の三河国碧海荘《あおみのしょう》内の占部郷《うらべのごう》・大友郷など十七郷に出挙米として貸し付けられていた。熊野社の僧侶は、碧海荘内十七郷に貸し付けた供米《くまい》配分状を作成して、熊野本宮に報告する義務を負っていた。[34] 中世の農村では、種籾の借用や農作業の経費のために熊野僧供米を借用する慣行が広がっていたのである。

農山村の災害復興を支えた山寺の経済活動

農村で天変地異や災害などの非常事態が起きたときに、災害復興や年貢米の立て替え払い資金が不足した。こうした農村の非常事態に際して、伊勢御師《いせおし》・日吉神人や熊野修験が、伊勢上分米・日吉上分米や熊野僧供米を農村に貸し付けて投資したのである。それを資金にして荘園や御厨《みくりや》が開発されたのだが、伊勢神宮の禰宜や延暦寺の僧侶や熊野社の先達らは、巨額な開発資金の負債を返済するかわりに荘園・御厨を「要用あるによって」寄進させて荘園年貢を支払う契約に切り替え、自ら領家《りょうけ》や下司を相伝した。伊勢の禰宜・日吉神人や熊野先達らは、寺領荘園の荘官や百姓らを伊勢信仰・日吉信仰や熊野信仰に組織して、檀那や道者《どうじゃ》に編成して、伊勢参詣・延暦寺参詣や熊野詣に案内した。とりわけ、熊野宮曼荼羅や那智参詣曼荼羅は、熊野信仰を布教するために盛んにつくられた。

たとえば、弘安九（一二八六）年、陸奥岩崎郡（福島県いわき市）の岩崎資親《すけちか》と舎弟二人は、熊野先達に案内されて冬の十一月二十三日に金成村《かんなりむら》を出発し、十二月三日に京都、十八日に熊野本宮、十九日新宮、二十日那智に参詣した。帰路は「先達之縁」で遠江河村荘東方（静岡県菊川町）に逗留して陸奥に帰った（秋田藩採集文書、神奈川県史一〇六七）。

北陸地方の山伏たちも参詣路のための山道を独自に開発した。弘長二（一二六二）年、越中石黒荘では「私の建立といえども北陸道の習、山臥通峯《やまぶしつうほう》の時、便宜により宿に定めしむは先例也」（鎌倉遺文八七七五）とある。私に建てられた山寺も、山伏が峯々を通るときは宿舎に利用する慣習法になっており、「山寺の沙汰」という独自の行政法が機能していた。

東大寺・興福寺や熊野社・日吉社・伊勢社などの末社となった山寺が、熊野僧供米や日吉上分米・伊勢上分米など大量の年貢輸送米を、農村の災害復興や臨時支出、さらには荘官・農民への融通を目的として投資するための窓口になっていた。しかも、先達として荘官や百姓らを、神々の聖地や見知らぬ世界に案内する役目も担っていた。山伏や修験者は、修理材木や年貢輸送、出挙米の貸し借りと聖地巡礼を通じて、山里や農村のくらしを支えていたのである。

今にもつづく平安時代に建立された山寺

平安時代にできた山寺・願成寺は、今も和歌山県海南市重根《しこね》別所に存続している。急斜面に長い石段の参道がつづき、昇りきった山腹に国重要文化財の十一面千手千眼観音菩薩像を本尊にした本堂が建っている（写真11）。二〇一二年十二月二日に訪れたとき、住職はおらず、管理人が町にいるという話であった。寺辺を流れる日方川上流に、大滝・唐滝・下滝の三つの滝があったことから三瀧別所と呼ばれたという（『紀伊続風土記』）が、地元の人に聞いても滝の話は知らないといっていた。

写真11　湛慶上人建立の山寺、願成寺が現存している（和歌山県海南市重根）

平安時代に建立されて広大な山林をもった奥山中の山寺は、今も全国各地にのこっている。二〇一一年十月、私は京都府綾部市の光明寺を訪ねた。山城・若狭の国境にある君尾山《きみのおさん》（五百八十二メートル）の中腹にある山寺で、延喜年中、聖宝《しょうぼう》が建立したと伝承された真言寺院である。二王門は仁治三（一二四二）年に着工し建長五（一二五三）年に完成したもので国宝である。寺所蔵の鑿《のみ》が中世のもので、歴博が借用して展示に供している。昔から檀家はないが、奥上林《おくかんばやし》地区に五十町歩ほどの広大な山林があり、この山林経営で寺を維持している。公共交通手段がなく、七十五歳の楳林《ばいりん》老師が車で迎えにきてくれたが、庫裡までつづく二キロほどの自動車道は、営林署に頼んで寺の私財で造成したという。二王門から山中の本堂・大師堂につづく本来の参道は、山の峯筋につくられた山道で険しく長い道である。

平成に入って寺百姓をつとめた人々もいなくなり、山林経営は森林組合や営林署にお願いしている という。

平安時代から現代にまでつづいてきた千年を超える山寺は、全国各地で国宝や重要文化財に指定された仏像や建造物をもっている。私が歩いた百八十六カ所の寺院のうち、山岳寺院とされ、今も山里離れた山中に敷地をもつ山寺は、いずれも真言宗や天台宗寺院が多く、いわゆる江戸時代にできた墓檀家をもっていない。大半が広大な山林を経済基盤として修験者・勧進聖と少数の寺百姓が支えてきた寺院である。全国各地の中小の山岳寺院が今、山林経営や森林組合の危機のために、山村とともに、経営危機や後継者難で苦難に立たされている。山寺存続の危機は山村全体の危機である。国土の七割を占める山林地帯を現代人の宝物とする智恵を、二十一世紀の市民が中世人と同様に見つけ出すものと期待したい。

災害できわだつ都市寺院の役割と差別の史実

京都鴨川の氾濫と社会不安

異常気象が都市を襲うと、必ず市中の河川が氾濫し、大きな被害をもたらす。本節では、中世都市での天変地異と僧侶との関係を見よう。平安・鎌倉時代の都市は、京都と鎌倉に限定されていた。

平安時代は気候が寒冷化に向かいながらも温暖期を繰り返していた。古代から中世への移行期の社会変動とも重なったので、飢民・浮浪人・乞食・病人・捨て子・非人らの社会的弱者が都市に集中し、鴨川の堤《つつみ》周辺や河原や西山・東山の山野に定住するようになった。

藤原道長が摂政の職を子息頼通に譲った長和六（一〇一七）年が改元して寛仁元（一〇一七）年になったこの年、六月から長雨の天候不順がつづいた。七月一日も降雨となったので、摂政頼通は頭弁《とうのべん》（官房長に当る）源経頼《つねより》を呼び、天下霖雨《てんかりんう》の愁《うれい》が深刻であるから、上卿《しょうけい》（担当大臣に当る）に命じて神祇官・陰陽寮に霖雨の祟りを卜《うらな》うように命じた。神祇官の卜は「賀茂上下社か伊勢太神宮の祟り」という。陰陽寮の卜では「巽坤方《たつみこんかた》の神社の神事違例による祟りか、四方《よも》の神社辺に死骸が置かれた祟り」と出た。長雨や疫病・飢餓などで、あちこちの神社の敷地に死骸が放置されたことがわかる。検非違使庁官人（警察庁の役人）を派遣して実検することになった。

翌二日も雨がつづき、夕方にはついに鴨川が氾濫して大洪水となり、洛中の富小路以東が海の如き状態になった。悲田院《ひでんいん》の病者《びょうしゃ》が三百余人も洪水で流され行方不明になったという伝聞が届いた。夕刻には斎院《さいいん》に群盗が入り込み、御蔵《おくら》を破り人々の曹司《ぞうし》（御用部屋）に入って雑物を奪い取った。朝廷はこの夜から瀧口武者《たきぐちのむしゃ》等に宿直《とのい》するように命じた（『左経記』寛仁元年七月二日条）。

ここから、京都では天下霖雨や長雨になると、鴨川流域が氾濫して富小路以東の洛東が水没したことがわかる。悲田院が鴨川流域に存在していたので、入院中の病者が三百余人も収容されており、病院ごと流されて水死する事態になった。どの時代でも災害の第一被災者は病人など社会的弱者であった。しかも、災害とともに盗賊が増えた。『論語』のいうごとく、食物足らざれば盗賊増すという事態になった。為政者の問題である。

諸寺院が支えた悲田院の役割と差別

藤原道長が万寿四（一〇二七）年十二月五日に死去した。その前日に「悲田病者并六波羅蜜《ろくはらみつ》坂下之者の数を注《ちゅう》せしむ、悲田三十五人、六波羅蜜十九人」（『小右記』同年十二月四日条）とある。悲田院の病者と六波羅蜜の「坂下之者」の人数を調査させたところ、三十五人と十九人と判明した。道長死去の当日には「悲田・六波羅蜜病者・乞者等に米・魚類・海藻等を給う」（『小右記』同年十二月五日条）とある。長元四（一〇三一）年八月二十一日条にも「悲田并鴨河堤病者等に少しの米を給せしむ」(『小右記』)とある。道長死去に伴って故人の積善《せきぜん》のために病人や非人ら社会的弱者への非人施行《ひにんせぎょう》が行われた。事前に病者や坂下之者・乞食らの人数を調査し、食料を支給していたことがわかる。鴨川流域の六波羅蜜寺付近や清水坂《きよみずざか》や堤などに病人・坂下之者・乞食などが住み着いていたのである。

鎌倉時代になって建久二(一一九一)年三月二十八日、公家新制では病者や捨て子を禁じ、道路に棄てられた病者・孤児は悲田院と施薬院に送るように命じた。飢饉の激しかった寛喜三(一二三一)年十一月三日の公家新制でも繰り返された。社会のもっとも貧しい人々の住居が自然災害の集中地帯にあったから、社会矛盾が集中する場所になっていた。

悲田院の淵源は平安京の造都に際して孤児・病者の収容所として洛南につくられた東悲田院・西悲田院である。京職《きょうしき》の配下で京中路辺の病人・孤児を収容した。彼らは当初、病気や貧窮の平民であったが、十世紀以降には「穢《けが》れた非人」として排除・差別され始めた(35)。院政期から鎌倉時代には両機関とも廃絶し、東悲田院が三条京極の薬王院に移ったことが、仁安三(一一六八)年・建保元(一二一三)年などの焼失記事(『百錬抄』、『明月記』)から知られる。弘安七(一二八四)年閏四月には一遍が「三条悲田院に一日一夜」を送ったとみえる(『一遍聖絵』)。三条悲田院とは別に、安居院《あぐい》悲田院があったことが正応六(一二九三)年の梵鐘勧人願文などから知られる。今の大宮通上立売北・前ノ町付近の地名を安居院といった。中世の社会的弱者のための生活養護施設とされた悲田院は、どのように機能を維持していたのであろうか。

嘉元二(一三〇四)年、後深草院死去に伴う五十七日忌に、泉涌寺《せんにゅうじ》長老による非人施行が東悲田院と安居院悲田院や蓮台野《れんだいの》・獄舎・清水坂・大籠・散在・散所で行われた。安居院悲田院では「一貫文　温室料」、東悲田院では「非人施行　百五十人分」と「一貫文　温室料」が支給された（泉涌寺文書、『公衡公記』）。

鎌倉時代になっても、上皇が死去したときに、積善として京中の東悲田院・清水坂・蓮台野・獄舎などで非人施行が臨時に実施された[36]。その数を集計すると、非人だけで二千二十七人にのぼっている。中世の悲田院は病者・孤児だけではなく、むしろ非人が多くなっていたことが判明する。都市における差別の社会構造が浸透していた。中世の非田院と施薬院は医療養護施設だったが、それとともに、悲田院は非人が警吏や葬送などの雑事を行う寺院でもあった[37]。

その後、文明三（一四七一）年正月三日に後花園天皇の火葬が泉涌寺末寺悲田院仏殿で行われた（『親長卿記』）。現在、堀川上御霊前の大応院に隣接して宮内庁管轄下の後花園天皇火葬塚があることから、室町期の悲田院は堀川周辺に移ったとされる。悲田院が律宗泉涌寺の末寺になり、火葬に従事する非人集団が所属していた。律宗寺院の泉涌寺が、中世の医療擁護施設として悲田院を維持管理していたことになる。

洛中にはこれ以外にも悲田院が存在したことが最近、服部英雄九州大学名誉教授によってあきらかにされた[38]。義堂周信《ぎどうしゅうしん》は、永徳元（一三八一）年十二月二十一日に「僧録《そうろく》命を承り、悲田院棟牌之銘を書す、実は永徳元年十一月十日を以て而して之を建つ、化主は牛僧と号す者、名は元聖、字は無己《むき》」（『空華日用工夫略集』）とあるという。五山の禅宗寺院を統括する僧録であった禅僧義堂が、悲田院の棟上式の銘文を作成した。悲田院住職は「無己元聖」といい「牛僧」と号した。

斃牛馬《へいぎゅうば》処理に従事する非人集団と禅僧とが密接な関係にあったことが判明する。

　禅僧の非人に対する差別意識は根強く、一休宗純の『自戒集』の漢詩や瑞渓周鳳の『臥雲日件《がうんにっけん》録跋尤《ろくばつゆう》』では、河原法師の肉食を批判する偏見がつよかったと指摘されている。(39) 禅宗寺院は、悲田院を支えるとともに差別する側の二面性をもっていた。

　さらに『洛中洛外図屏風』に室町五条坊門に「ひんでんじ」が描かれ、公家の中御門宣胤《なかみかどのぶたね》が永正元（一五〇四）年閏三月八日に因幡堂に参詣したとき「悲田院辺に餓死者多数」（『宣胤卿記』）とみえるものに相当するという。この年は三月に「大飢饉」（『熊野年代記』）といい、和泉国日根《ひね》荘《しょう》では蕨《わらび》の粉を盗んだ寡女《かじょ》と十七、八歳の男子と年少の子らが盗賊として殺害された（『政基公旅引付』）。六、七月には甲斐で雪が五回も降って作毛《さくもう》が被害にあった（『妙法寺記』）。京都では「世間鬼病」という伝染病が流布していた（『政基公旅引付』）。

　こうしてみると、中世都市では食料難と洪水と疫病が鴨川や桂川流域の氾濫原に集中しており、また、病者や孤児・困窮民の収容施設であった悲田院が、次第に差別視され、非人集団も依拠したことがわかる。他方で、悲田院はたえず薬王院・泉涌寺・因幡堂・大応院など中世寺院の末寺やその関係施設となって支えられており、中世寺院が悲田院や施薬院を支援・経営する社会慈善事業の役割を果たしていた。明治維新から大正年間になると、安藤精軒が施薬院の復興に尽力したことが知られる（八木聖弥『近代京都と施薬院』思文閣出版、二〇一三年）が、その出発点は中世寺院にあったのである。

河川の洪水地帯に定住した非人集団

六波羅蜜坂下とは、現在の六波羅蜜寺から六道珍皇寺を経て清水坂に至る一帯であり、坂と河原の二つの地目に分けられる。まず、坂に定住した集団を見よう。六波羅密寺は空也が立てた鴨川東岸の西光寺を継承した寺院とされる。清水坂をのぼると清水寺から東山区西大谷一帯が「鳥《と》部《べ》野《の》」と呼ばれ、洛東の火葬場・葬送地となっていた。鴨川の氾濫地帯で多くの死体が遺棄される場が、火葬場かつ葬送地につながっていた。

清水坂には非人集団が定住しており、寛元二（一二四四）年前後には清水坂長吏職をめぐって非人集団同士の訴訟が展開された。清水寺の寺僧や丹波国金木宿の筑後法師らが、清水坂先長吏《さきのちょうり》を追放した。追い出された先長吏は越前小浜宿長吏若狭法師や奈良坂長吏らを味方にして清水坂に一旦は還住したが、その後も、長吏同士の対立から殺害事件が繰り返され、紛争が長期化した(40)。山城の清水坂長吏や大和の奈良坂長吏は、それぞれ国内の宿の非人集団を統制下において相互に対立しあった。坂非人は葬送による権益をもっていたが、南北朝時代以降には、律宗寺院や禅宗寺院・時衆の道場などが荼毘所を経営して、河原者や三昧聖らが葬送に従事するようになり、利害対立が複雑化した(41)。

文安二（一四四五）年八月に清水坂非人は東寺地蔵堂と置文を結び、葬儀に際して三昧輿・綱・簾の免分や火葬の経費は東寺が坂に支払うこと、幕や馬鞍など道具類は「坂の沙汰所」に引き渡すこと、などを契約している(42)（東寺百合文書）。清水坂の非人長吏は、東寺の三昧方が行う葬送の際に一定の得分を確保することができた。中世の坂下という場は葬送地となったことから、中世寺院と結んで独自の権益や富の源泉をつくりだして、集団として生き抜くための経済基盤を確保していたことがわかる。

被差別の民と河原法師の共同生活

洛中の鴨川・桂川の河原に住むことを強制された住人を「河原者《かわらもの》」「河原ノ者」といった。こうした差別構造は、律令体制が崩れて中世社会に移行する九、十世紀から十二世紀に徐々につくられたという。平安京では九世紀ごろから、死穢《しえ》を忌避する観念が洛中で流行し、人間や牛馬の死体を屋敷地ではなく、特定の河原や坂や山中などに遺棄するように指定された。

　貞観十三（八七一）年、太政官は百姓の葬送地を葛野《かどの》郡島田河原の五条から六条付近の洛西と紀伊郡石原の十条から十二条付近の洛南の二カ所に限定するように命じた。政府が都市住民の死体処理の場を桂川の島田河原と石原という地に固定化しようとした。そのことは、拙著『史実中世仏教　第1巻』（二六六頁、興山舎、二〇一一年）でも指摘した。

　河原者が斃牛馬の死体処理を専門に行った初見史料が、『左経記《さけいき》』の長和五（一〇一六）年正月二日条である。ある人が飼育していた牛一頭が死んだ。河原人等が来て牛の皮を剥ぎ取り、腹わたの中に黒玉があったのでこれを取り去ったという話を頭弁源経頼が聞いた。彼が早速、「件《くだん》の河原仁《かわらのじん》を尋ね召し、勘責《かんせき》を加えて件玉を見」ると薬剤になる牛黄《ごおう》であった。「感悦尤も深々」「之を見せしむ人は希有也」と日記に記した。

　ここから、洛中で牛馬が死ぬと、河原者が公家や官人の邸宅を訪問してもらい受けて、牛馬の皮を剥ぎ取り、腑《はらわた》や肉類を取り去る権利をもっていたことがわかる。貴重な薬剤になる牛の胆石である牛黄も、河原人が取得していた。稀有な貴重品だったので、天皇の秘書官である頭弁までが牛黄を見たがったことが判明する。

さらに、『兵範記《ひょうはんき》』仁平四（一一五四）年四月一日条には、「河原法師」が貴族の家政職員の「下部」の遺体処理に従事した事例がある。去月二十二日に法性寺殿下《ほっしょうじ》（関白藤原忠通家）の御堂の承仕《じょうじ》の妻が寄宿舎で死去した。死穢が法性寺殿に波及した。承仕と死体を引き具した河原法師等を召して検非違使庁で陰陽博士藤原業倫《なりみち》が尋問して、穢の甲乙の次第を勘申《かんじん》して、結局、三十日穢と定められた。

十二世紀には、賀茂川の河原者の中に河原法師もいて、牛や馬などの死体処理や河原に死体を放棄して葬送にする習慣ができており、最下層の被差別の民とともに仏教徒の河原法師が共同生活をしていたのである。

平安中・後期には、鴨川・桂川の河原一帯が、死人や牛馬の死体が遺棄され、解体処理されて皮革なめし業や牛黄など薬材を取り出す場であり、肉の生産・売買が行われる場になっていた。しかも、洛東の鳥部野の清水坂、洛北の蓮台野の一帯、洛西の嵯峨野一帯は、火葬場・葬送地として葬儀に伴う葬送の輩が集住する地帯になった。

ここで問題なのは、都市の差別構造がなぜつくられたのか、その実体論については未解明であることだ。わずかに、丹生谷哲一大阪教育大学名誉教授が、律令体制社会の移行過程で賤視された葬送や餌取《えとり》などの業務に従事した者が検非違使庁の統轄下に置かれた影響を重視すべきだとする見解を出している。[43]

それによると、『律令』の「厩牧令《きうもくりょう》」に「凡そ官の馬牛死すれば、各の皮・脳・角・胆を取れ、もし牛黄を得れば別進せよ」とある。斃牛馬の皮・脳・角・胆とりわけ牛黄が、皮革業と薬業のために貴重視されており、政府の牧では牧子《ぼくし》の義務であった。律令体制が崩壊すると、この職掌がどのようになったかが不明となる。延長五（九二七）年に編纂された法令集『延喜式《えんぎしき》』「神祇臨時祭」条に「凡そ鴨御祖社《かもみおやしゃ》南辺は、四至の外に在るといえども、濫僧《らんそう》・屠者《としゃ》等、居住するを得ず」とある。これは『三代実録』貞観八（八六六）年九月二十二日条に賀茂御祖社の近隣を理由に神楽岡辺の地での葬斂《そうれん》（葬送のこと）を禁じたから、葬送に関連する濫僧・屠者（禽獣などを屠殺するもの）の居住を制限したという。「屠者」こそが牛馬の死体処理とともに葬送にも従事した人々と考えられる。

十世紀に編纂された『和名類聚抄《わみょうるいじゅしょう》』には「屠者」に関連して「屠童《とわらべ》〈和名・恵止利〉牛馬肉を屠《と》り、鷹鶏《たかにわとり》の餌《えさ》を取るの義也、殺生及び屠牛馬肉を取り売る者也」とある。古代では鷹狩りは親王ら貴族のもので、餌取も主鷹司《しゅようし》に属した品部《しなべ》で名誉ある職能民とされた。しかし、九、十世紀、密教とともにゾロアスター教・マニ教など諸教混淆の唐訳経典の流入とともに、あらたに浄穢観《じょうえかん》という価値観が日本社会に導入された。死者や老人・月経や出産・排泄・血など人間の生理活動を穢《けが》れとみる世界観が定着したことは、拙著『史実中世仏教　第2巻』（興山舎、二〇一三年）で論じた。牛馬の死体処理や牛黄などの薬や動物の肉類を販売し、皮革のなめし業に従事する者も穢れと見なされ、差別され始めた。

醍醐寺所蔵の文書目録に「検非違使下文一通二枚　餌取付寺家事、承暦四年六月十四日」（『醍醐雑事記』巻十四）とある。これは、貞観十七（八七五）年に撰進された「検非違使式」の逸文とされる（和田英松纂輯『国書逸文』一九七九年）。ここから、検非違使庁という治安警察機構の「餌取」二名が醍醐寺の下部として寄付された。醍醐寺では彼ら二名を「清目《きよめ》」と呼んだ。「清目、障泥《しょうでい》を進む事、執行《しぎょう》（寺務を行う僧職）一代に一懸之を出す、清目二名、片懸これを出すと云々、又掃治、七月十五日、九月九日、歳末に之を為す、各に食之を下す、長尾御輿路、彼役本、之を為す、近来はこれを為さず、又裏無、時々之を召す歟、行延執行之時、障泥これを進ずと云々」とある（『醍醐寺雑事記』）。

ここに見える「障泥」とは「馬具の一つ、毛皮などでつくり馬腹の両脇にかけて泥よけにしたもの」（『日本国語大辞典』）である。「あおり」ともいった[44]。醍醐寺に移った清目は馬革《うまかわ》を進上した。彼ら二人は、七月十五日の盆供、九月九日節供、歳末行事に掃除役をつとめた。寺側からは食事が支給された。長尾御輿《ながおみこし》の路作《みちつくり》の掃除も彼等の本役であった。中門から三昧堂を経て鎮守長尾天神社に奉幣《ほうへい》する道路の掃除役が、清目の職掌であった。

河原や道路に捨てられた斃牛馬の死骸を片付け、狩猟のための餌の肉類を扱う餌取が、洛中洛外の治安維持や道路・橋の確保や清掃を業務とする検非違使庁の管轄下におかれ、権門寺社に寄付され、場を清浄に浄める職掌を担って清目と呼ばれたことがわかる。死穢を忌避し、清浄と穢《あい》悪《あく》の区別を強調する価値観が高まるとともに、死者や斃牛馬の処理に関与する下層民に対する差別観が強化されていた。

東寺の場合には、文保二（一三一八）年九月二十八日、後宇多法皇が寺辺の「散所法師」十五人を東寺に「掃除料」として寄進した（東寺百合文書せ）。その前年八月に八条烏丸散所法師らが東寺の催促に従わず抵抗する事件があった。東寺でも政府から派遣された散所法師が牛馬の死体処理・掃除・参詣路の道作り・足駄《あしだ》や裏無《うらなし》（僧侶・女性のぞうり）や輿の準備など清目の職掌をつとめていたことがわかる。

処刑場となった鴨川流域と河原法師

本来『律令』や『延喜式』では、奈良時代には犯罪人の処刑は東西の市《いち》で執行され、弾正《だんじょう》と左右衛門府官人のもと、牛頭《ごず》（獄卒）が囚人をつれだし、物部《もののべ》が剣をとって斬首した。市場が処刑の場所であった。

康平四（一〇六三）年二月十六日に前九年の役で謀反人とされた安倍貞任《さだとう》・経清《つねきよ》らの首は粟田口から洛中に入ったときは、検非違使が四条京極間でその首を請け取り、着駄人《ちゃくだにん》（足かせをつけた囚人）が鉾《ほこ》に首を差し替えてもち、看督長《かどのおさ》二人と放免《ほうめん》十人が行列をなして洛中を公開行列した。四条京極の河原から西行して朱雀大路を北上して西獄門《にしごくもん》に首を曝《さら》した（『水左記』）。十一世紀には、処刑の場が市から四条河原に移転しており、囚獄司の獄囚・物部らが行っていた行刑役や路・橋作り・宮城の掃除・汚物・厠・溝の掃除なども検非違使庁の着駄長・放免・非人・河原者の職掌に変化していた。(45)

確かに、南北朝期の貞和元（一三四五）年三月二十日にも「伝聞、今日六条河原に於いて悪党八十余人頸を切ると云々」（『師守記』）とあるから、河原が処刑場となっている。室町期の河原者の所在地を確認すると、つぎの表のようになる。

名前	年次	典拠
六条河原三郎二郎	応永三（一三九六）年	『教王護国寺文書』二―七四一
五条河原・河原者	応永二十八（一四二一）年　勧進僧と喧嘩騒動	『看聞日記』
河崎・河原者宅	嘉吉元（一四四一）年九月十日	『建内記』
四条河原・河原者	同　九月二十一日	『師郷記』
四条河原虎菊	文明年間	『自戒記』
三条河原者	延徳二（一四九〇）年二月十三日	『実隆公記』
千本赤・河原者	同　三月	『北野社家日記』
一本杉・河原者	同	同
帷之辻河原者	永正十四（一五一七）年十二月二十四日	『大日本史料』九―七

鴨川流域の三条河原・四条河原・五条河原・六条河原、鴨川と高野川の合流する河崎、桂川の帷辻河原《かたびらつじかわら》という河川の氾濫場所が、河原者の定住地として強制されていた。洪水の常襲地帯であるとともに、処刑場所で牛馬の死体が遺棄される場である。斃牛馬処理とともに掃除や道作りなど土木工事を職掌としていた。河原者が検非違使庁に組織される一方で、醍醐寺の清目や東寺の

散所法師のように寺院の掃除料や馬具・足駄・輿の調達、参詣路の道作りのために奉仕を強制される社会体制がつくられていた。しかも、河原法師とも呼ばれるように、彼らと行動をともにする仏教僧侶の出家者がいた。

中世仏教は河原者に対する救済機関であるとともに、差別する側としての二面性をもっていた。災害や社会矛盾が集中する場で日常生活を余儀なくされた被差別の民が、新しい社会的機能を職掌としてたくましく生き抜いた歴史が隠されていた。

もとより、かかる差別の歴史の責任は今日の仏教者も重く受けとめるべきことである。

注

（1）宇佐美龍夫『最新版　日本被害地震総覧』（東京大学出版会、二〇〇三年）、保立道久『歴史のなかの大地動乱』（岩波書店、二〇一二年）。

（2）磯貝富士男『中世の農業と気候』（吉川弘文館、二〇〇二年）、西谷地晴美『日本中世の気候変動と土地所有』（校倉書房、二〇一二年）、中塚武「気候変動と歴史学」（平川南編『環境の日本史1　日本史と環境』吉川弘文館、二〇一二年）、拙者編『環境の日本史3　中世の環境と開発・生業』（吉川弘文館、二〇一三年）。

（3）仁和寺御室の守覚法親王（一一五〇―一二〇二）は後白河院の第二皇子で、仁和寺御流の法脈を継承し、聖教類の編纂につとめた。平清盛のために六波羅亭で孔雀経を修してもいる。仁和寺紺表紙小双紙研究会編『守覚法親王の儀礼世界』（勉誠社、一九九五年）参照。

（4）『方丈記』については国文学の分野で研究が進展しているが、歴史学の分野では、わずかに日本思想史として大隅和雄『方丈記に人と栖の無常を読む』（吉川弘文館、二〇〇四年）が見えるにすぎない。治承・養和の都市型飢饉と源平争乱で平宗盛が官軍の大動員や朝廷儀礼で突出した活動をしたことは、前田英之「治承・寿永内乱期の戦時体制と平宗盛」（『ヒストリア』三九、二〇一四年）参照。

（5）千々和到「東大寺文書にみえる牛玉宝印」（『南都仏教』三九、一九七七年）、黒川直則「東寺の起請文と牛玉宝印」（『京都府立総合資料館紀要』八、一九八〇年）。

（6）塩原浩「一条高能とその周辺」（井原今朝男・牛山佳幸編『論集東国信濃の古代中世史』岩田書院、二〇〇八年）。

（7）本節の初出は月刊『寺門興隆』（二〇一二年五月号、興山舎）であった。その後、僧隆暁については、上川通夫「隆暁法印の餓死者供養に思いめぐらせる」（『本郷』一二〇、二〇一五年）がある。上川通夫『平安京と中世仏教』（吉川弘文館、二〇一五年）参照。

（8）講談社学術文庫安良岡康作『方丈記』（一九八〇年）は、『養和二年記』を『賀茂定平日記』として評注を加えており、『方丈記』と『賀茂定平日記』との類似を指摘している。

（9）『日本歴史』の山下論文はのちに山下克明『平安時代の宗教文化と陰陽道』（岩田書院、一九九六年）に所収。

（10）中塚武「高分解能古気候データを用いた新しい歴史学研究の可能性」（『日本史研究』六四六、二〇一六年）。田村憲美「自然環境と中世社会」（『岩波講座日本歴史第9巻　中世4』岩波書店、二〇一五年）も参照。

（11）『尼崎市史第1巻　通史編原始古代中世』（第四章第3節「町の景観と住人」尼崎市、一九六六年）、高瀬一嘉「大物浦・尼崎周辺の考古学的調査」（兵庫・岡山・広島三県合同企画展実行委員会編『津々浦々をめぐる』展示図録、二〇〇四年）、益田日吉「大物遺跡と流通」（『図説尼崎の歴史』尼崎市、二〇〇七年）。

（12）細川亀市「摂津国長渚御厨の研究」（『日本仏教経済史論考』白東社、一九三二年）、小島鉦作「賀茂御祖神社の摂津長洲供祭人の研究」（『神社の社会経済史的研究』吉川弘文館、一九八七年）、田中文英「摂津国　猪名荘・長洲御厨」（網野善彦ほか『講座日本荘園史7』吉川弘文館、一九九五年）、熊谷隆之「摂津国長洲荘悪党と公武寺社」・久野修義「嘉暦年間における長洲訴訟記録について」（勝山清次編『南都寺院文書の世界』思文閣出版、二〇〇七年）。

（13）田中貴子『渓嵐拾葉集の世界』（名古屋大学出版会、二〇〇三年）。

（14）狭山池調査事務所編『狭山池　埋蔵文化財編・論考編』（狭山池調査事務所、一九九四・九六年）、GBS実行委員会編『論集　鎌倉期の東大寺復興—重源上人とその周辺』（法藏館、二〇〇七年）。

（15）一身阿闍梨や有職については、岡野浩二『平安時代の国家と寺院』（塙書房、二〇〇九年）参照。

（16）開発領主とは異なる「浜の開発地主」については、拙論「中世の生業・開発・技術」（同編『環境の日本史3　中世の環境と開発・生業』前掲注（2）同じ）参照。

（17）拙論「生業の古代中世史と自然観の変遷」（秋道智彌編『日本の環境思想の基層』岩波書店、二〇一二年）。
(18)『仁王般若波羅蜜陀経』については、辻善之助『日本仏教史第一巻』（岩波書店、一九四四年）、難波俊成「わが国における仁王経受容過程の一考察」（『元興寺仏教民俗資料研究所年報』一九七二・七三年）、堀一郎「一代一講仁王会」（『上代日本仏教文化史上巻』大東出版社、一九四一年）、瀧川政次郎『律令と大嘗祭』（国書刊行会、一九八八年）、拙論「王権と儀礼―天皇一代一度と田舎の仁王会」（『中世の国家と天皇・儀礼』校倉書房、二〇一二年）参照。
(19)赤澤春彦『鎌倉期官人陰陽師の研究』（吉川弘文館、二〇一一年）。
(20)山下克明『平安時代の宗教文化と陰陽道』（岩田書院、一九九六年）。
(21)中原俊章『中世王権と支配構造』（吉川弘文館、二〇〇五年）、遠藤珠紀『中世朝廷の官司制度』（吉川弘文館、二〇一一年）。
(22)黒田日出男『龍の棲む日本』（岩波書店、二〇〇三年）。
(23)吉田兼倶による後土御門天皇への神道講義については、拙著「中世禁裏の儀礼と知の集積」（『中世の国家と天皇・儀礼』前掲注（18）同じ、三八六～三八九頁）。
(24)日本古代の山川藪沢については、拙論「生業の古代中世史と自然観の変遷」（前掲注（17）同じ）参照。宋の山野河海利用については、入谷仙介『中国古典選　宋詩選上』（朝日新聞社、一九七九年、上五九頁）。
(25)逵日出典『奈良朝山岳寺院の研究』（名著出版、一九九一年）、奈良時代の山林修行から、平安時代の行者・行人・山伏への移行について、最新の研究に岡野浩二「平安時代の山岳修行者」（『国史学』二二一号、二〇一七年）がある。
(26)和歌森太郎『修験道史研究』（河出書房、一九四三年）、村山修一『山伏の歴史』（塙書房、一九七〇年）、中野豈任『忘れられた霊場』（平凡社、一九八八年）、宮家準『熊野修験』（吉川弘文館、一九九二年）、新城美恵子『本山派修験と熊野先達』（岩田書院、一九九九年）、戸川安章『出羽三山と修験道』（岩田書院、二〇〇五年）、首藤善樹『修験道聖護院史辞典』（岩田書院、二〇一四年）、時枝務『霊場の考古学』（高志書院、二〇一四年）。
(27) 桐原健「平安期にみられる山地居住民の遺跡」（『信濃』二〇―四、一九六八年）、能登健「山棲み集落の出現とその背景」（『信濃』三七―四、一九八五年）、宇野隆夫『律令社会の考古学的研究』（桂書房、一九八九年）、坂井秀弥「律令以後の古代集落」（『歴史学研究』六八一、一九九六年）、狹川真一編「中世の納骨信仰の霊場」（『季刊考古学』一三四、雄山閣、二〇一六年）。
(28) 史料解釈について、義江彰夫・小山靖憲「初期中世村落」（歴史学研究会・日本史研究会編『講座日本史　第2巻』東京大学出版会、一九七〇年）は、在地百姓の周辺山間地への入居とみる。拙論「中世における生業とコモンズ」（秋道智彌編『日本のコモンズ思想』岩波書店、二〇一四年）は浮浪・逃亡民の山間地入居と評価する。
(29) 丸山幸彦「九世紀における大土地所有の展開―特に山林原野をめぐって―」（『史林』五〇―四、一九六七年）。院政期から鎌倉初期にかけて大寺社造営・修造のために建築・修理材木の需要が大きく、杣の開発が進展し、王家領・御願寺領荘園が増加したことについて、守田逸人「中世成立期の社会編成と富の生成・分配の構造」（『歴史学研究』九五〇、二〇一六年）参照。
(30) 戸田芳実「山野の貴族的領有と中世初期の村落」（『日本領主制成立史の研究』岩波書店、一九六七年）、保立道久「中世における山野河海の領有と支配」（朝尾直弘ほか編『日本の社会史　第2巻　境界領域と交通』岩波書店、一九八七年）。
(31) 拙論「生業の古代中世史と自然観の変遷」（前掲注(17)同じ）。
(32) 平安末期から織豊期までの天変地異や洪水・旱魃などは藤木久志編『日本中世気象災害史年表稿』（高志書院、二〇〇七年）に詳しい。
(33) 五来重『増補高野聖』（角川学芸出版、一九七五年）、戸田芳実『中右記』（そしえて、一九七九年）、小山靖憲『中世寺社と荘園制』（塙書房、一九九八年）、同『熊野古道』（岩波書店、二〇〇〇年）。

(34) 拙論「幕府・鎌倉府の流通経済政策と年貢輸送」（『中世日本の信用経済と徳政令』吉川弘文館、二〇一五年）。
(35) 丹生谷哲一『検非違使』（平凡社、一九八六年）、網野善彦「古代中世の悲田院をめぐって」（『中世の非人と遊女』明石書店、一九九四年）。
(36) 木村茂光「中世の諸階層・諸身分の闘争」（青木美智男ほか編『一揆3　一揆の構造』東京大学出版会、一九八一年）、散所、散在非人については脇田晴子『日本中世被差別民の研究』（岩波書店、二〇〇二年）参照。
(37) 新村拓『日本医療社会史の研究』（法政大学出版局、一九八五年）。
(38) 服部英雄『河原ノ者・非人・秀吉』（山川出版社、二〇一二年）。
(39) 丹生谷哲一「中世河原者のくらし」（『身分・差別と中世社会』塙書房、二〇〇五年）。
(40) 網野善彦『中世の非人と遊女』（前掲注(35)同じ）、山田洋子「中世大和の非人についての考察」（『年報中世史研究』四、一九七九年）、大山喬平「奈良坂・清水坂両宿非人抗争雑考」（『日本中世農村史の研究』岩波書店、一九七八年）、細川涼一『中世の身分制と非人』（日本エディタースクール出版部、一九九四年）。
(41) 細川涼一『中世寺院の風景』（新曜社、一九九七年）、三浦圭一『日本中世賤民史の研究』（部落問題研究所出版部、一九九〇年）、田良島哲「大徳寺の葬儀と蓮台野」（『京都部落史研究所報』五五、一九八二年）、高田陽介「時宗寺院の火葬場と三昧聖」（『史論』六〇、二〇〇七年）、大石雅章『日本中世社会と寺院』（清文堂、二〇〇四年）。高田陽介「中世の火屋」（細川涼一編『生活と文化の歴史学7　生・成長・老い・死』竹林舎、二〇一六年）。
(42) 馬田綾子「中世京都における寺院と民衆」（『日本史研究』二三七、一九八二年）、島津毅「中世後期の葬送と清水坂非人・三昧聖」（『日本史研究』六二五、二〇一四年）、中澤克昭「市場・網場・狩場・墓場の力―富の源泉としての「庭」・ナワバリ―」（拙者編『生活と文化の歴史学3　富裕と貧困』竹林舎、二〇一三年)。

(43) 丹生谷哲一『増補検非違使』(平凡社、二〇〇八年)。

(44) 源城政好「皮づくり」(京都部落史研究所編『中世の民衆と芸能』阿吽社、一九八六年)。

(45) 丹生谷哲一『増補検非違使』(前掲注(43)同じ)。

第三章

中世僧侶にとって戒律とはなにか

日本仏教の戒律の受け止め方

僧侶とは、出家して修行・布教を目的として行動する仏教徒＝出家衆である。これに対して、同じ仏教徒でも、世俗社会で生活して仏教を信仰する人々を在家衆という。

出家衆が僧伽《サンガ》集団《しゅうだん》となって修行生活を送るうえで守るべき規則が戒と律であり、インド仏教以来重要な規定とされた。

日本では『四分律《しぶんりつ》』『十誦律《じゅうじゅりつ》』『根本説一切有部律《こんぽんせついっさいうぶりつ》』『パーリ律』などが知られる。他方、在家衆が守るべきものは、「五戒」「八斎戒《はっさいかい》」「菩薩戒」「十善戒」など多様な種類があるものの、いずれも戒のみである。

出家衆は戒と律とをあわせて守るべきものとされるが、在家衆は、僧伽で生活するわけではないので律はなく戒のみとなる[1]。したがって、僧侶と在家の受戒や持戒問題はおのずから区別して論じなければならない。在家の受戒問題は、後の章で取り上げることとし、以下、本章では、中世僧侶の戒律問題に限定して検討しよう。

現代僧侶の戒律については、明治政府が、明治五（一八七二）年四月二十五日に太政官布告一三三号を出し、「今より僧侶の肉食・妻帯・蓄髪は勝手たるべき事、但し法要の他は人民一般の服を着用しても苦しからず」と命じた。現代の日本国憲法でも「宗教・信仰の自由」を基本的人権としているので、国家による僧侶への統制はなくなった。戒律問題は、各宗派の自己規律問題にとってかわった。

もともと日本仏教の中でも、浄土宗・浄土真宗の宗祖法然や親鸞は、「持戒・誦経・誦呪・理観等ノ行」を退け、末法の世では戒律は意味をなさず、悪人でさえ阿弥陀の本願を信ずることで往生できる、と説いた。そのため、浄土真宗では、僧侶と在家の区別がボーダーレスになっており、僧侶の受戒・持戒は他宗派と大きく異なり、僧侶の妻帯も早くから進展した。他宗派では、江戸後期の慈雲飲光（一七一八―一八〇四）が「正法律《しょうぼうりつ》」の興隆運動を展開し、浄土宗管長福田行誡（一八〇六―一八八八）らによる戒律護持運動が起き、女犯や不婬戒など僧侶の妻帯禁止は近世・近代社会でも存続してきた。しかし、明治三十年代には真宗以外の他宗派でも、多くの出家僧に事実上の妻帯が一般化した。現代仏教においては、僧侶の肉食・妻帯・蓄髪は、各宗派の自主的戒律によって規定され、宗派内部では宗教的問題として論じられることはほとんどない。

他方、東南アジアや中国では今なお出家僧の戒律問題が厳守されており、現代日本仏教のように出家僧の妻帯が一般化しているところは国際的には見られない。仏教史研究者の学界では、現代僧侶の戒律軽視を批判的に論じる研究者がいる一方で、「戒律軽視は日本仏教の特徴の一つ」と指摘する研究者のほうが多い(2)。

現代日本仏教の戒律軽視の問題は、僧侶と在家のちがいをなにに求めるのか、という根本問題とも関連して大きな宗教問題である。仏教学や仏教史学のみならず、仏教の各宗派でも活発な議論が求められていることはまちがいない。中世寺院や僧侶の戒律問題について史実にもとづいた正確な知識をもっておくことが必要になっているといえよう。

国が定めた『僧尼令』と仏教戒律との差異

古代では仏教が国教であり、国家仏教と呼ばれた。古墳を造営していた地方豪族は、大和政権の政策転換による仏教の採用によって、古墳造営から寺院建造に切り替えた。寺院は氏族が先祖を供養する先祖崇拝と結合して建立したもので、その管理者である俗別当《ぞくべっとう》や僧侶集団は、その氏族の子弟から選抜された。地方豪族の国造層《くにのみやつこそう》は、律令国家の下で郡司《ぐんじ》や国衙《こくが》の郡雑任《ぐんぞうにん》などに任じられたから、各氏族の氏寺は郡寺《ぐんじ》や国家から定額寺《じょうがくじ》として認定され、官寺《かんじ》を兼ねることが多かった。地方寺院の俗別当や僧侶は、仏教思想に共鳴して出家し寺院生活に入るというよりは、氏族の存続や勢力維持のために僧籍を国分寺や治部省《じぶのしょう》などから獲得するものが多かった。このため、古代では、仏教の信仰に自発的に目覚めて世俗世界から出家して、僧伽集団として修行したうえで官僧《かんそう》になるための認定試験を受けて仏教を実践するという宗教体験をもちえないものが大半であった。

律令政府は地方の氏寺を郡寺や定額寺に認定して、その別当や僧侶に対して上から僧侶統制を強化する政策を実施することになった。律令法では、治部省玄蕃寮《げんばりょう》と僧綱《そうごう》という政府機関が僧侶統制を行う規定であった。国家が決めた僧侶統制の法律が、大宝律令に規定された『僧尼令《そうにりょう》』である。現存するものは、養老二（七一八）年に藤原不比等《ふひと》らが編纂し、天平勝宝九（七五七）年に藤原仲麻呂《なかまろ》が施行した養老律令の『僧尼令』であり、二十七条が今に残っている。その内容を見てみよう。

第一条では、僧侶が天文現象や吉書を論じ百姓を妖惑したり、兵書を講じたり、殺人、男女密通、窃盗することを禁じている。違反者には官司《かんじ》の裁判による罪科を科している。第二条では、吉凶や医術を施すことを禁じ、罰則は還俗とする。第四条では、朋党を組んで徒衆《づしゅう》を擾乱《じょうらん》し、寺主《じしゅ》など三綱《さんごう》に逆らってはならないとする。罰は「百日苦使《ひゃくにちくし》」である。第五条では、僧侶が寺院の外で道場を建て民衆を教化することを禁じ、精進修行のための乞食《こつじき》も申請・許可制で午前中のみとされた。第六条では、僧尼の生活雑務のため、近親の郷里から童子や女をとって供持させる。第七条で飲酒・肉食・五辛の摂食を禁止し、違反者は還俗とした。第九条では、音楽・博戯《はくぎ》の禁止、第十一条には僧房に婦女同宿禁止などを決めている。第十三条では山中修行も三綱の申請によって、京都では僧綱、地方では国司か郡司が許可する制とした。第十四条では、僧正・僧都・律師からなる僧綱の任命方法を規定した。第十八条では、僧尼の家財・生産・出息（金融行為）への関与を禁止し、第二十一条では、僧尼令を犯したものは「還俗」を命じている。(3) 仏教思想に共鳴した出家僧が自由に民衆への教化活動を行うという行為は一切禁止されていることがわかる。

模範とした唐律令には右のような規定がなく、『僧尼令』は、唐の国教である道教を統制した「道僧格」の規定を日本で活用したものであった。僧綱という統制機関も唐にはなく、僧正・僧都という職名は南朝の梁や陳で定められたもので、隋唐より以前のものを継承した。

『僧尼令』による僧侶・尼僧への行動統制が、どのような戒律に準拠していたかについては、井上薫・石田瑞麿・二葉憲香・平川彰らによって検討されてきた。『梵網経《ぼんもうきょう》』の四十八軽戒、『四分律』の比丘・比丘尼戒、『根本説一切有部律』などが挙げられている。(4)しかし、それらは律蔵の知識をもっている後代の研究者だから指摘できることである。当時の七、八世紀の僧侶がどの程度、律や戒について深い知識をもっていたかについては、不明なことが多い。

たとえば『根本説一切有部律』は小乗律部で、唐義浄《ぎじょう》の訳であるが、空海が日本に請来したものである。日本ではむしろ律蔵の中の「毘奈耶《びなや》」や「毘奈耶雑事」など制戒の説話集が相伝され、「衣相略要《えそうりやくよう》」という袈裟衣の規制書が広がり、江戸時代に慈雲飲光が撰書にしたものがよく知られている。(5)

『四分律』に至っては、中国版のまま鎌倉極楽寺によって出版されたのは正安四（一三〇二）年が最古のものである。鎌倉極楽寺長老栄真によるもので、神奈川県立金沢文庫にのこされている。つまり、日本における律蔵の本格的普及は鎌倉期を待たなければならない。

もともと『僧尼令』と仏教の律蔵としての戒律とは、本質的に異質なものである。しかし、そのことが、日本古代社会では国家にも僧侶にも理解されていなかったものと考えられる。

宗教学として仏教の戒律を体系的に研究した平川彰東京大学名誉教授によると、原始仏教では修行のためにサンガで共同集団生活を行ううえで戒律を必要としたという。サンガの集団結合は出家した仏教徒の自発的修行力で、釈迦の教示を受けながら修行生活を共同で送るために必要とした規則が戒と律であり、もっとも重い罰則が波羅夷《はらい》＝教団追放刑だったという。(6)サンガ集団の自発的戒律と律令国家法としての『僧尼令』を比較すれば、その大きなちがいに驚かされる。本来修行集団がもつべき自発的規律の思想が『僧尼令』には見られないという。

第一に『僧尼令』では僧伽の集団生活が必要とされておらず、すべて個人としての僧侶・尼僧の行動規制のみである。第四条で「朋党を合《あわ》せ構《かま》へ、徒衆を擾乱し、及び三綱を罵《ののし》り辱《はずか》しめ、長宿《ちょうしゅく》を凌《しの》ぎ突《つ》けらば、百日苦使」とある。僧侶や尼が集団生活を組むことは、寺主・維那《いな》ら三綱や長老への批判行動に結びつくものとして禁止事項になっている。

第二に、本来仏教の戒律では波羅夷法=教団からの追放刑がもっとも重いものであった。しかし、僧尼令では、裁判官吏による行政刑・刑法による刑罰が僧尼に課せられる。第二条や第五条・七条など民衆への仏教布教禁止や飲酒や男女の宿泊違犯などへの罰則は「還俗」であるから、波羅夷法といえる。だが、第一条で「官司に付《さづ》けて罪科《つみおほ》せよ」、第三・四・九・十一条では「三十日苦使」や「百日苦使」など刑法による苦役刑が課せられている。第二十五条では、百日苦使が三度つづいたら「改めて外国《げこく》の寺に配せよ、仍《よ》りて畿内に配入すること得じ」として畿内からの追放刑となっている。

こうしてみると、古代仏教の戒律としての『僧尼令』は、自律的な僧伽集団からの追放刑を骨子とした波羅夷法=仏教思想の原理からは全く異質なものであった。日本仏教の戒律は、出発点から国家による僧尼に対する刑罰法として登場していたのである。官僧自らが僧侶集団としての自発的な内部規律を信仰上の問題として内面化しようとする問題意識をもちえなかったといえる。

戒律の知識が欠落していた古代僧侶

奈良時代の仏教界を歴史学の方法で分析・研究した最初の学者は、戦前・戦後の辻善之助東京大学教授であった。彼は、奈良仏教の特徴をつぎのように指摘した。第一は、養老年間から「浮《ふ》浪得度《ろうとくど》」といって百姓が浮浪し課役を忌避し、王臣に仕え、得度を求めたことである。僧尼の禍福を説いて人民妻子を剃髪するなど、私度僧《しどそう》が流行した。第二は、寺院による蓄財・寺田開発・借銭活動など寺院僧侶の堕落が進行し、道鏡らによる仏教政治の弊害が顕著になったことである。桓武天皇は平安京に遷都して「教界革新」を行った。それに対応して、新興の天台・真言宗では戒律の重要性が自覚された。最澄の延暦寺ではようやく『梵網経』による「菩薩戒」を授ける戒壇が新設され、天台宗の年分度者《ねんぶんどしゃ》二人は受戒ののち、四分律抄・二部戒本の読誦や暗誦が求められるようになった。しかし、平安末期の仏教界は、僧侶の妻帯・肉食・自由出家が流行し、「寺院僧侶の腐敗堕落」が顕著になった。僧侶の妻帯・肉食・自由出家は、古代中世から近世・明治までその都度出現した歴史事象であり、寺院僧侶の堕落と新興仏教の革新が繰り返されてきたとする。とりわけ、江戸時代の仏教界は「仏教の衰微と僧侶の堕落」であったとし、民心は仏教を離れ、排仏論が起きた。明治時代に仏教の覚醒や復興の気運が起きたが、なお寺院僧侶の文化は外の社会より五、六十年遅れていると根本的に批判した。(7) こうして日本仏教徒の頽廃という歴史像は、今日でも教科書や市民の中に定着してきた。

しかし、寺院僧侶の腐敗堕落や戒律軽視という歴史像は、各時代の寺院や僧侶がどのような戒律知識をもっていたのかについて、具体的な調査・研究がなされないままにつくられたものである。仏教学における戒律の意義についても、本格的研究がなされたのは近年のことである。日本仏教史研究の中で出家僧侶の戒律問題が論じられているのは、中世仏教史を除いてほとんど見られていない。

最近、二十一世紀の前後から、日本近世仏教史研究の分野でも、ようやく辻善之助説への学説批判や近世仏教衰微史観に代わる新しい歴史像の構築を目指そうとする研究動向が生まれ始めた(8)。再度、各時代の寺院・僧侶がどのような戒律知識を学んでいたのか、史料に即して検討してみよう。

まず、古代僧侶が出家に際して戒律を学んだのか、古代僧侶の出家・得度の試験制度から検討してみよう。

古代の養老年間（七一七〜七二四）、僧侶は、⑴僧侶が得度したときは「度縁《どえん》」という公式認定書＝公験《くげん》を受け、⑵僧侶が受戒したときは「戒牒《かいちょう》」という公験をもらい、⑶僧侶が叙位を授かったときは「告牒《こくちょう》」という公験を受けた（『律令』五四六頁）。

実際に得度を受けようとして官に申請した書類を見てみよう。正倉院文書に天平四（七三二）年三月二十五日、僧智首解《そうちしゅのげ》という文書がのこっている（『大日本古文書一』四四七頁）。美濃国多芸《たぎ》郡垂穂郷《たるほのごう》三宅里《みやけのり》に住む戸主秦公麿《はたのきみまろ》の戸口《ここう》の秦豊足《はたのとよたり》（二十九歳）が、仏教の基礎的教養を獲得し浄行三年以上の実績になったとして、師僧の智首《ちしゅ》が彼の得度を申請した。そこには、秦豊足が身につけた仏教の基礎的教養の能力をつぎのように記載している。

読経—法華経・最勝王経・方広経《ほうこうきょう》・弥勒経・涅槃経の各一部・雑経十五巻
誦経《ずきょう》—薬師経一巻・観世音品・多心経
誦呪《じゅじゅ》—大般若呪・羂索呪《けんさくじゅ》・仏頂呪《ぶっちょうじゅ》・大宝積呪《だいほうしゃくじゅ》・方広呪・十一面呪・金勝呪・虚空蔵呪・支波
　書呪・七仏薬師呪・水呪《すいじゅ》・結界文
唱禮具《しょうれいぐ》・浄行八年

ここで興味深いことは、文字を見る読経や声を出す誦経など経典を読誦《どくじゅ》する力よりも「誦呪」が重視されていることである。「誦呪」とは、呪文を唱えて祈禱する作法であり、天台・真言の密教が入る以前は雑密《ぞうみつ》と呼ばれていた。密教が入ると陀羅尼《だらに》・真言などが増加して、祈禱のための秘密の作法が激増した。中国では、呪の原義は神に告げる言葉からまじないの言葉となり、道術とか呪術といった。梁の仏教では、七仏安宅神呪、十八龍王神呪経など神秘的な呪文の仏教経典が多数編纂されていた（梁僧祐『出三蔵記集』）。日本でも、七三二年当時に大般若呪から七仏薬師呪などの呪文と、灌頂水や結界のための呪文などの習得が重視されていたことがわかる。とりわけ、「唱禮具」とは法会での仏具のことで、「浄行八年」とは、寺院での修行期間が八年に及んだことを示している。

以上から、七三二年には、経典や呪などの専門知識と修行期間の習得を理由に、師僧が弟子の出家・得度を申請したことが判明する。だが、ここには戒律についての学習が全く見られないことがわかる。八世紀の僧侶は、得度までに戒律の学習を全くしていなかった。

では、他の史料でもこの史実は裏付けることができるであろうか。『続日本紀』の天平六（七三四）年十一月二十一日条をあげよう。太政官奏《だいじょうかんそう》では「此の頃、出家は学業を審《つまびらか》にせず、多くは嘱請《しょくしょう》による、甚だ法意に背けり」として、今後は「挙《きょ》する所の度人は、唯『法華経』一部、或は『最勝王経』一部を暗誦し、兼ねて禮仏を解し浄行三年以上ならん者を取って得度せしめば、学問弥《いよい》よ長じ嘱請自ら休まらん」と定めている。

この年以前の僧侶・尼の出家は、仏教の学業によらず、関係者の「嘱請」＝依頼（『大漢和辞典巻二』一一九〇頁）によって実現できた。それではあまりに律令の法意に反するとして『法華経』一部と『最勝王経』一部の暗記と禮仏・浄行三年の修行経験だけで得度を公認し、これによって、仏教に関する学業が成長して推薦や依頼による恣意的な出家・得度が少なくなることを目論んで改革案を実施したという。

この太政官奏は『類聚三代格《るいじゅうさんだいきゃく》巻二』の「年分度者事」の規定であり、「天平六年（七三四）十一月廿日太政官謹奏」として全文が引用されている（『国史大系　類聚三代格　前編』七五―七六頁）。しかしながら、この年の制度改革でも、戒律の律蔵の知識は、僧侶の採用基準に入っていない。驚くことに、古代僧侶や尼僧の出家・得度には戒律の知識が欠落していたことが実証できた。

出家得度で戒律知識が必須となったのはいつか

では、古代仏教史の中で、僧侶の出家・得度の基準として戒律がどのように登場してくるのか、見直してみよう。これまでの研究によると、崇峻天皇元（五八八）年に善信尼《ぜんしんに》が百済に留学して戒を請けて帰朝したことが『日本書紀』に見え、日本律宗の初見とされる。天武天皇の代に道光律師（生没年不詳）を中国に派遣して律宗を学ばせたのが律宗の第一祖。天平八（七三六）年に唐の僧道璿《どうせん》（七〇二―七六〇）が来朝して律宗を講じたのが第二祖。天平勝宝六（七五四）年の唐僧鑑真《がんじん》（六八八―七六三）の来朝が第三祖とされる（『日本仏教史』一四三頁）。

こうした律宗の移入は、律令政府にとって国家仏教導入のための官僧養成が国家的課題であり、そのための戒律の導入が目的だった。したがって、ここでは僧侶集団の共同修行のための戒律遵守や戒律思想の内面的理解は後回しにされている。仏教における戒律遵守の重要性や倫理的思想としての受容は、平安仏教や中世仏教の課題として持ち越されていたのである。

九〜十一世紀には律令国家が動揺して、王朝国家に変化した。平安京の権門寺院での官僧登用試験が制度化され、戒律問題が必須になる。顕密仏教八宗は国家が認定した宗派であったことから、毎年、所定の経論について試験に合格した修行僧に得度を認め、官僧に年料を支給する制度が必要になる。これを年分度者と呼んだ。延暦十七（七九八）年には、僧綱と治部省が年分度者の試問を行う制度になった。任用試験問題の内容を、延暦二十五（八〇六）年正月二十六日太政官符（『類聚三代格』巻二、七四頁）で見よう。

華厳宗・天台宗・律宗では各二人、三論宗・法相宗では各三人、合計十二人の年分度者の年料支給を公認した。その任用試験では「各、本業の疏《そ》に依り、法華・金光明二部経の漢音及び訓で読み、経論の中から大義十条を問ひ、五以上に通じる者、すなわち得度を聴《ゆる》せ」とする。八〇一年以降、僧侶は『法華経』『最勝王経』を漢音と訓で読経し、経学の知識が求められた。さらに

「受戒の後に皆先に必ず二部戒本を読誦して、一巻羯磨四分律抄を諳案《あんあん》することが求められ、「本業に通じると雖《いえど》も、戒律を習わざれば、任用を聴《ゆる》さず」と規定した。平安の権門寺院での「立義複講《りゅうぎふくこう》」や「諸国講師」は、『戒本』と『羯磨《かつま》四部律抄』の暗誦《あんしょう》と試験によって採用された。ここでいう『戒本』とは「戒律の基本となった文献」で梵網経や瑜伽師地論《ゆがしじろん》など大乗戒の聖教をいう。『羯磨《こんま》四分律抄』は、四分律による小乗戒の戒律知識である。

したがって、平安期の九世紀になってやっと、顕密八宗の年分度者という官僧の得度・受戒に際して大乗戒と小乗戒の両方の戒律の知識を学ぶことが義務づけられ、試験制度で採否が決定されたことが判明する。

中世官僧の任用・昇進制度の様相

平安仏教で生まれた年分度者の試験任用制度は、かつては十世紀には有名無実化して、院政期・鎌倉時代に延暦寺をはじめ権門寺社は悪僧の巣窟となったとみられていた。しかし、近年の研究では、十二、三世紀にも試験制度による僧侶身分の任用・管理制度が生きていたという見解が示されている。中世の僧綱制も変質しながら南北朝期ごろまで機能していたという。(9) その骨格部分を整理するとつぎのようになろう。

承和二（八三五）年から、真言宗年分度者は僧綱・治部省の試験によらず、金剛峯寺での試験で任用される制度となった。これを契機に、陽成天皇の御願寺《ごがんじ》である元慶寺《がんぎょうじ》（天台宗）をはじめ、園城寺（天台宗）・円城寺（真言宗）・醍醐寺（真言宗）・勧修寺《かじゅうじ》（真言宗）などの御願寺・定額寺などでは、勅使の派遣を受けた国家法会での「竪義《りゅうぎ》の場」（経典をめぐる論議の場）で試問を行って官僧を任用する試験制度を朝廷に求め公認された。延暦寺でも康保三（九六六）年から、六月会・霜月会の法華会で「広学竪義の場」が勅許され、探題による論議の勝者となった修行僧を任用したり、僧位の昇進を認める制度ができた。

さらに、延久三（一〇七三）年、後三条上皇は円宗寺の法華会での仏典論義の場で勝った天台学僧を昇進させるルートを設定し、公認した。承暦二（一〇七八）年には白河天皇が法勝寺《ほっしょうじ》大乗会での「論議の場」を勅許し、永保二（一〇八二）年には円宗寺最勝会での「論議」に勝った天台・真言の学僧を権律師《ごんのりっし》・大法師・阿闍梨に昇進する制度をつくった。こうした試験による僧侶の昇進の機会を「北京三会《ほっきょうさんえ》」「南京三会《なんきょうさんえ》」と呼ぶようになった。「論議の場」で官僧の昇進が決まる試験制度は、十二世紀に入ると尊勝寺結縁灌頂《そんしょうじけちえんかんじょう》（一一〇四年）、仙洞最勝講《せんとうさいしょうこう》（一一一三年）、東寺結縁灌頂（一一一四年）、最勝寺結縁灌頂（一一二二年）、法勝寺御八講《ごはっこう》（一一三一年）、仁和寺観音院結縁灌頂（一一四〇年）など権門寺院に拡大していった。こうして鎌倉期には、四箇大寺や顕密八宗の僧侶が、天皇・院・女院らの御願寺などの「広学論議の場」とか「竪義の場」で試問を経て僧官・僧位を昇進する官僧登用制度が定着し、戦国時代までつづいている。(10)

戦国期の一例を示せば、永正六（一五〇九）年六月六日に権大僧都《ごんのだいそうづ》の源栄《げんえい》が、延暦寺法華会の広学竪義の探題職の正員三人・副二人のうち、正員の探題職に補任され、そのための官宣旨《かんせんじ》（左《さ》弁官下文《べんかんくだしぶみ》）が出された。(11) 実際は蘆山寺と金剛院に吹挙してもらい、任料三貫文を支払って補任されたので、実質的にはもはや僧侶の試験制度による任用ではなくなっている。ただ、延暦寺法華会の探題職の「広学論議の場」が勅許であったから、官宣旨によって補任される制度は、十世紀から十六世紀まで一貫して共通していたことがわかる。中世の官僧は、広学竪義の場での一種の試問制度によって昇進が決められる建前にあったといえる。

栄西からわかる中世僧侶の戒律思想

では、つぎに中世僧侶の戒律思想について見よう。出家した僧侶が遵守すべき戒律は、『四分律』に定められた具足戒《ぐそくかい》（二百五十戒）・沙弥戒《しゃみかい》（十戒）と規定されていた。それらが中世寺院の僧侶生活で遵守されるべきだという戒律思想が出てくるのは、院政期の中世仏教になってからである。

たとえば、戒律の一つに「不非時食戒《ふひじじきかい》」がある。正午以降は食事をしないという戒で「持斎《じさい》」とも呼ばれた。古代仏教の『僧尼令』には第十二条に飲食・動作を慎み、身を浄めることの「斎戒《さいかい》」の言葉が見えるが、「持斎」の規定はない。「持斎」が知られるようになるのは院政期からで、戒律思想の内面的受容がどのように進展したか、見てみよう。

院政期から鎌倉時代になると、日本から海を渡って中国仏教に直接触れようとする「渡海僧」＝入宋僧《にっそうそう》が多くなった。反対にモンゴルの大移動に伴い宋や元の僧侶の中からは日本に渡る「渡来僧」も増えた。このため、宋における中国仏教の戒律思想が中世寺院の修行僧の中に取り入れられるようになった。

宋の仏教寺院では、禅院・教院・律院の三院を規範として僧伽集団がつくられ、修行生活が実施された。毎日朝昼の食事を欠かさず、出家衆は朝粥と午飯の二度の僧食を僧侶集団で共同会食し、午後には食事をとらないで集団生活を営むことが寺院生活のリズムとなっていた。禅院や律院での「持斎」を中国で体験して日本に輸入した最初の人物が栄西《ようさい》《えいさい》（一一四一―一二一五）であった。

栄西は、備中吉備津宮《きびつのみや》の神官の子として生まれ、比叡山で出家・修学し、仁安三（一一六八）年四月、二十八歳ではじめて宋に渡った。短期の留学で帰国後、天台座主明雲《みょううん》に天台の新章疏《しんしょうそ》三十余部六十巻を献上したが、明雲は源平争乱で失脚・死去した。彼は平頼盛《よりもり》の支援をえて再度文治二（一一八六）年に入宋し、禅院の虚庵懐敞《きあんえしょう》に学んで五年間の修行生活を送った。ここで共同の修行生活で守るべき戒律がなにかを体験して身につけた。

彼は、南宋の禅院での僧伽集団の作法を学んで帰朝し、建久九（一一九八）年に著した『興禅《こうぜん》護国論《ごこくろん》』で「禅院の行儀」を定め、「禅戒一致《ぜんかいいっち》の禅《ぜん》」を主張した。禅と戒律との一致した集団修行の作法である。また『出家大綱』を著し、僧侶の修行生活にとって出家受戒が重大な問題であることを主張した。この著作こそ、日本人僧侶が自覚的に寺院の集団生活に戒律遵守を導入した最初の書物といえる。

能忍《のうにん》とともに朝廷から弾圧された栄西は、京都を追われて鎌倉に入り、鎌倉将軍頼家の帰依を受けて建仁二（一二〇二）年、京都に建仁寺を造営した。これによって、禅院と真言・天台の三宗を兼学する寺院生活が、国内ではじめて可能になった。

栄西は、『興禅護国論』の「第八禅苑の施設行儀の式目についての門」において、中国寺院生活の戒律を禅院でも行うように定めている(12)。

建仁寺の寺院生活については、栄西の弟子・退耕行勇《たいこうぎょうゆう》が初代住持となった高野山金剛三昧院《こんごうさんまいいん》の住持次第に「当寺は建仁寺本願僧正の素意に任せ、禅教律《ぜんきょうりつ》により興すべし」「寺中規式、僧家法則、大概、彼寺定置かるるに準拠せしめ畢」(高野山文書刊行会「金剛三昧院文書」三七九号)とある。建仁寺・金剛三昧院が、栄西の教えた「持斎梵行之寺」であったことが確認できる。京都建仁寺での僧侶たちは、日本ではじめて戒律にもとづく共同修行を実践することになったのである。

それでは、中世の集団生活でまもるべき戒律はなんであったか。『興禅護国論』から、遵守すべき式目を要約しよう。

一、寺院では比丘尼・女人・雑人《ぞうにん》・凶人の夜宿は制止。
二、禅宗の受戒は大乗戒・小乗戒によらず、持戒梵行《じかいぼんぎょう》(清浄な道を行ずること)を尚《たっと》ぶ。
三、戒律を護ること(護戒)。
四、学問による禅宗興隆。
五、非時に食するなく、一日一夜の式によって修行生活を送る。
六、威儀(規律に合った振る舞い)を守る。
七、衣服《えぶく》は法服(中国の僧服)とする。
八、戒律・智慧を備え、無退心の人が徒衆(弟子の集団)に入るべし。
九、少欲知足《しょうよくちそく》を以て事と為す。
十、夏安居《げあんご》(四月十五日~七月十五日の修行期間)・冬安居《とうあんご》(十月十五日~正月十五日の修行期間）懈怠《けたい》することなし。

以上の十カ条が建仁寺の戒律であり、それは寺院での集団生活の規範であった。寺院生活は、第五条の「一日一夜の式」で、きわめて具体的に決められていた。

黄昏《こうこん》　　　　—仏前に灯火を捧げ焼香礼拝　　人定《じんてい》（午後八時〜十時）—坐禅
三更（十二時）・四更（二時）—眠って床に臥す　　五更（午前四時）—坐禅
卯時《ぼうじ》（午前六時）—仏前に灯火・焼香・礼拝　　天明《てんめい》（明け方）—朝粥
辰時《しんじ》（午前八時）—読経・学問・長老陞座《ちょうろうしんぞ》　　禺時《ぐうじ》（午前十時）—坐禅
午時《ごじ》（正午）—飯食　　未時《みじ》（午後二時）—沐浴等
哺時《ほじ》（午後四時）—坐禅　　酉時《ゆうじ》（午後六時）—晩参を放免

これ以外に「禅院の中、一廻《いちえ》の行事十六あり」として、年中行事の仏事が年間十六行事として決められていた。寺院生活では年中仏事と「一日一夜の式」を営むことで、自動的に妻帯・肉食・蓄髪の禁止など戒律を遵守するシステムになっていた。

栄西はとくに「衣食」と「行儀」の作法の改革を重視した。「二食の法」では、欲衣《よくえ》を蓄えるようなことをしないで、中国式の法衣（覆脇衣《ふきょうえ》）を着るようにすすめた。「二食の法」では、僧団で共同食事をする「請食《しょうしょく》」と、十三種の衣をまとって托鉢して食を乞う「乞食」の二つが斎戒《さいかい》に沿った食事とする。明け方の朝粥を「小食」、正午の飯食を「中食《ちゆうじき》」という。こうして栄西は集団で食事をする「共浄食」＝請食の重要性を説いたので、食堂《じきどう》という建造物が不可欠になった。宋仏教の修行集団生活の作法が具体的に導入されている。第五条に「行儀、謂く、僧は長斎・節食・持戒梵行悉く仏語に順ずるのみ」とあり、僧侶は非時に食事を貪ることなく、持戒して清浄な行をなし、すべて釈尊の教えに従う、と規定した。これが「不非時食戒」であり、「持斎」と呼ばれた戒である。また、「斎戒を守る人は黄昏《たそがれ》（日没後の一時）の頃に便所を使う」という作法を導入した。「浄瓶」と「触瓶」の二瓶と土をもって便所に入る。排便のあとは、三個の土で尿道・肛門・手を洗い、外に出て「触瓶」を置き、「浄瓶」の水で両手を洗う、という作法を教えた。

写真12　修行の場の一つでもある建仁寺の浴室。南宋禅院では浴室、食堂での共同生活作法を重視した。

禅宗寺院では、午後二時に「沐浴」が習慣化され、浴室も共同修行の場として重要視された。建仁寺では今も、浴室が門の入り口部分に位置している（写真12）。中国の禅院・律院・教院の集団生活の作法が、日本の寺院生活にはじめて導入されたので、それに伴って中国式寺院の建造物が造営され、発達するようになった。

中世僧侶の戒律遵守は、寺院の年中行事や生活リズムと一体化していた。それゆえ、栄西は「仏法は極めて行いやすく、成し遂げやすいことを説いている」と説明する（古田紹欽『日本の禅語録一　栄西』講談社、一九七七年）。

現代日本につづく衣食住の生活習慣

「不非時食戒」という「持斎」の食事作法は、禅宗寺院だけではなく中世の律宗寺院でも同様であった。南宋の教院・律院の僧伽集団の作法を学んだ俊芿《しゅんじょう》（一一六六―一二二七）は、帰国して京都泉涌寺《せんにゅうじ》で、律家の僧侶集団生活を行うようになった。その様子は『泉涌寺不可棄法師伝《ふかきほうしでん》』（『群書類集』、『大日本佛教全書』遊方伝叢書所収）に見えている。中世の律宗・禅宗寺院の「二食ノ法」は、旦那衆の招請による共同食事である「請食《しょうじき》」と、自ら市中に托鉢して食を求める「乞食」をいい、いずれも夜明けから正午までに限定した。一定期間、断続的・連続的に「持斎」を行うことを「長斎」といった。「持斎」「長斎」は出家衆のみならず、在家衆の戒ともなったので、民間信者にも普及していった。(13)

早朝の粥である「小食」、正午の飯である「中食」が、中世寺院や在家衆の持斎として普及した。中世人も朝に粥を食し、正午の食事を昼食《ちゅうしょく》と呼ぶように定着した。禅宗・律宗寺院では、集団生活の修行として共同で一斉に正午に御飯を食すため、食堂という建築物が必需品となった。また浴室も、共同修行で身を浄め、斎戒沐浴するための道場としての建造物である。食堂と浴室は、建仁寺でも泉涌寺でも重要な建造物で、他の禅宗寺院や律宗寺院にも普及した。

現代人も朝食と正午の中食をとり、ご飯を食すのが生活習慣となっている。食堂は集団給食の場であり、浴室は共同浴場である。現代人は三食制であるが、それでも朝粥を食するものが多くなってホテルでも準備する所がある。栄西や俊芿が中国の宋仏教から日本に持ち込んだ食事文化は、現代人の衣食住の生活史の底辺の中に生きつづけているのである。

日本仏教は戒律をいかに理解したか

インドから始まる戒律の変容

日本では、戒律は、唐僧鑑真ゆかりの唐招提寺を総本山とする律宗や西大寺長老の叡尊・忍性を宗祖とする真言律宗などの宗派問題とすることが一般的である。他方で、仏教の基本的枠組みは戒・定・慧の三学からなり、戒律が仏教教団の僧侶にとってさけることのできない重要問題だと思弁的にとらえられている。しかし、現実には多くの僧侶は妻帯を当然とし「戒律軽視は日本仏教の特徴の一つ」とされる。現代の日本仏教において戒律問題は、もっとも複雑で厄介な問題となって潜在化しているように私には思える。これは、日本仏教がインド・中国・朝鮮を介した三国伝来の宗教であり、とくに戒律の受容の仕方が複雑で多様な潮流になったためと考えている。

もともと戒律は、インドで釈迦が五人の比丘《びく》（乞食者の音写）に教説を説いたときに、彼らが「我願わくは世尊の御許において出家して具足戒を得ん」と願ったことが始まりである。このとき、世尊が「来たれ、比丘、法は善く説かれたり、正しく苦を滅尽《めつじん》せんがために梵行を行ぜよ」（『大品《だいぼん》』『律蔵』）と述べて、僧侶集団＝僧伽が生まれた。

つまり、戒律とは、比丘（男子）たる修行僧による集団生活＝僧伽を営むための自発的規律であった。インド仏教の寺院生活の規範であったから、僧伽の集団生活のスタイルが受容・伝播すれば、自動的に戒律が浸透する性格のものであった。しかし、歴史事象はむしろ戒律の思想や考え方をめぐって宗派の分裂を生み出した。その淵源も釈迦の比丘集団での事件にあった。

釈迦生存中の比丘の集団生活の最中、須提那《すだな》（スダーナ）という比丘が家系の絶えることを心配した母の勧めで、出家前の配偶者（旧妻）と性交渉に及んだ。このとき、「世尊は無数の方便をもって呵責《かしゃく》して言わく、汝の為す所は非なり。威儀に非ず。沙門法に非ず。浄行に非ず。まさに為すべからざる所なり」（『四分律』大正大蔵経二二）と説き、「戒を説かんと欲するものは当《まさ》に是くの如く説くべし、若し比丘、不浄行を犯し、淫欲の法を行ぜば、此の比丘は波羅夷《はらい》にして共に住せず」（同書、五七〇下）という対応をとった。

いうなれば、釈迦生存中における戒律としては、比丘が淫欲の法を行った場合には、集団生活から追放するという単純なものであった。原始仏教において律蔵＝戒律は、比丘の集団修行生活のための自主的集団規範であった。

しかし、その後の仏教教団史の中では釈迦が比丘の行動を「呵責」して「汝の為す所は非なり。威儀に非ず。沙門法に非ず。浄行に非ず。まさに為すべからざる所なり」と非難したことを重視する諸説が発展し、釈迦の死後、『四分律』では比丘に対して二百五十条の戒律が定められた(14)。

今日の仏教研究者の中でも、戒律を寺院での僧伽生活の規則と単純化して理解する研究者は少ない。僧侶一般の性交渉禁止の問題として「婬戒」や「女犯」の問題を分析してきた。戦後の戒律問題をもっとも早く論じた石田瑞麿も、出家とともに性交渉は禁止すべきもので、『僧尼令』も為政者の立場から妻帯を女犯として制約しようとしたと説明している。戒律研究者の蓑輪顕量東京大学教授は、生存中の釈迦の対応について、「汝の為す所は非なり。威儀に非ず。沙門法に非ず。浄行に非ず。まさに為すべからざる所なりと呵責をし、以後の同様の行為の再発生を禁止し普遍化したのである。そしてこの言葉は定型句として戒律の制定の際に用いられた」と述べる(15)。戒律問題は、修行者の共同生活規則の自発性の問題であったものが、僧侶一般の普遍的・恒常的な妻帯禁止・女犯禁止の思想問題として拡大していった。

西暦紀元前後には新たな仏教運動ともいうべき大乗仏教が広がる。ブッダから紀元前後までの初期仏教の伝統を受け継いだ小乗仏教(上座仏教)と大乗仏教とに分裂して、戒律の受け止め方も大きく変化した。

大乗仏教ではすべての人間が如来になる可能性があるとする如来蔵思想が展開され、救済のための「仏」が誕生し曼荼羅の世界観が生まれた。戒律は律とは表現されずに、大乗戒として『菩薩地持経』『菩薩善戒経』『瑜伽師地経《ゆがしじきょう》』や『涅槃経』『華厳経』『梵網経』などの経典に説かれ、これをもとに『律蔵』の具足戒と新しい大乗戒との整合性も思弁的に論じられ戒律論が発展することになった。

こうした経緯から、日本仏教における戒律論では、釈迦が不婬戒を犯した比丘を僧伽からの追放のみとした事実は重視されていない。むしろ、大乗仏教と小乗仏教の相違を重要視する仏教解釈が主流になったといえよう。

中国仏教で戒律はどう理解されたか

つぎに、戒律問題を思弁的に僧侶一般の妻帯禁止＝戒律思想の発展・受容として理解する潮流と、僧伽の修行生活の自発的規範の問題として受容しようとする二つの潮流が存在したことを見よう。

中国仏教史には多くの研究業績が蓄積されているが(16)、中国でも律蔵の受容は、経典や呪などよりも遅れていたという。経典や梵行・呪・陀羅尼などの受容が先行し、律典は四世紀になっても説一切有部《せついっさいうぶ》系の戒経などが知られるにすぎなかったという。以下、佐藤達玄の研究を紹介しよう(17)。

三九九年に法顕《ほっけん》がインドに向かい入竺僧となって律典の入手につとめた。北インドでは入手できず、中インドの摩訶衍僧伽藍《まかえんそうがらん》で入手して中国へ請来したのが『摩訶僧祇律《まかそうぎりつ》』であったという。四世紀末のインド寺院では律蔵が戒律思想としてではなく、僧伽での集団修行のための実践的なものとして機能していたことがわかる。この時期、中国仏教では、律典の受容を第一義的に重視した。法顕が帰国した前後には、中国では『十誦律《じゅうじゅりつ》』六十一巻や、『四分律』六十巻がもたらされ、鳩摩羅什《くまらじゅう》らによって翻訳された。『四分律』の研究や理解が進展したのは、慧光《えこう》（四六八―五三七）や南山道宣《どうせん》（五九六―六六四）らによった。とくに道宣は、三蔵法師玄奘《げんじょう》（六〇二―六六四）がインドから帰国したあとの翻訳事業を共同で実施した人物で、『四分律行事抄』『大唐内伝録』などの著書がある。

中国仏教史において、律典の受容・翻訳の段階をすぎて、寺院生活の集団規律として受容する方法に新境地を開拓したのが、七、八世紀の義浄《ぎじょう》（六三五—七一三）と百丈懐海《ひゃくじょうえかい》（七四九—八一四）であった。

義浄は三十七歳で海路インドにわたり、『金光明最勝王経』『孔雀王経』や『根本説一切有部《こんぽんせついっさいうぶ》毘奈耶《びなや》』などを請来・翻訳した。彼は東インドの那爛陀寺（ナーランダ）や室利仏誓（スリビジヤヤ、今のスマトラ）での修行生活を体験し、寺院の年中行事や集団生活の作法を『南海寄帰内《なんかいききない》法伝《ほうでん》』四巻に撰述した。この著作では、僧侶の日常生活の行儀作法の「夏を破すこと少なきに非ず」から「古徳は為さず」まで四十項目を紹介し、インドでは戒律が寺院の集団生活の規範として日常化されていることを述べている。食事は小牀《しょうしょう》に座すこと、朝には歯木《しぼく》を使って歯を磨くこと、着衣は法式に従うこと、僧侶は安居の修行を守ること、受戒軌則をまもること、時に応じて洗濯沐浴すること、臥息・就寝の方法、経行して病少ないこと、師資の道、進薬の方法、その弊薬を除くこと、西方学儀のこと、長髪の有無、亡財僧現のこと、傍人獲罪のこと、などが詳細に説明されている。釈迦のいう「梵行を行ぜよ」の意味は、僧伽＝ソーギャでの戒律を遵守した集団生活を営むという具体的実践を行うことであった。戒律理解のうえで僧伽の集団修行の日常生活の重要性をはじめてあきらかにしたのが義浄であったといえよう。

日本仏教史の研究者の中では、義浄の『南海寄帰内法伝』について、「まだ十分に理解されていなかった戒律をインドに範を求め中国に導入しようと努めた」とし「インド的な要素を深くとどめており、中国独自の教団の規則とはいえない段階であった」（蓑輪顕量論文）と限定的な評価をするものもいる。むしろ義浄につづく百丈懐海の『百丈清規《ひゃくじょうしんぎ》』を「中国仏教教団の独自の戒律と位置づけること」ができると高く評価する。

戒律論の受容史・戒律思想史としては、蓑輪の指摘は的確であろう。しかし、義浄が戒律を思弁的に思想や心構えとして論じたのではなく、ナーランダ寺院の集団生活の規範として日常化した僧伽での戒律の実践的意義を重要視した点こそを高く評価する必要があると私は考える。義浄や道宣・懐海らを経て、宋仏教の禅院・律院・教院で、集団修行生活の規範として戒律が日常化したことの歴史的意義が重要である。

仏教の戒律とは思弁的なものではなく、男子の集団生活による修行のための実践的な行動規範であったはずである。それゆえ、義浄はナーランダ寺院の集団生活の作法を中国仏教寺院に紹介した。そのあとを受けて、懐海は禅院での修行生活の行動規範を『百丈清規』に定めたのである。この段階があればこそ、北宗・南宋の禅院・教院・律院での戒律による修行生活が実践的に生み出されてきた。

日本仏教における戒律受容の始まり

中国・朝鮮半島を経てもっとも最後に仏教を受容した日本では、戒律はもっとも軽視され、受容の仕方もきわめて複雑になっており、おおよそ三つの潮流に区別される。

日本では戒律はなによりも僧侶の受戒・出家制度として受容された。これが第一の潮流である。『日本書紀』によれば、崇峻天皇元（五八八）年に善信尼が百済に留学して戒を請けて帰朝した。正式な受戒を行うためには百済に渡る必要があったからである。その後、道光律師の中国派遣、天平八（七三六）年に唐の僧道璿《どうせん》（七〇二―七六〇）の来朝、鑑真和上の招聘はすでに見た。

律令仏教では、官僧の出家受戒には、正式の受戒をした僧侶で十年以上の修行実績をもった大僧十人が揃い、三師七証《さんししちしょう》による授戒会が必要であると思弁的に理解された。三師とは戒和上《かいわじょう》、教授師、羯磨師《かつまし》であり、七証とは受戒に立ち会う正式に具足戒を受けた比丘七人のことである。天平勝宝六（七五四）年、唐僧鑑真が十四人の比丘と三人の比丘尼を伴って来朝したので、はじめて東大寺戒壇院が正式に発足し、日本で独自に比丘・比丘尼の授戒会ができるようになり、南都寺院の官僧が具足戒二百五十戒を授ける体制が整備された。

天平宝治五（七六一）年一月には、下野国《しもつけ》（栃木県）薬師寺・筑紫国（福岡県）観世音寺の戒壇院設立によって僧侶の出家認定制度が運営された。日本の国家仏教のもとでは、戒律は僧侶認定制度の問題として受容された。

自誓受戒はなぜ受け入れられたのか

日本仏教で思弁的な戒律思想として戒律を受容しようとする第二の潮流が生まれたのは、最澄（七六七―八二二）による天台宗の設立が契機である。(18) 最澄は、『梵網経』の説く大乗戒を受容し、延暦寺に戒壇院を設立することを国家に申請した。南都寺院が重視する具足戒を受戒しなくても、大乗戒のみで僧侶になれるとする『山家学生式』の主張は、弘仁十三（八二二）年、彼の死後七日目にようやく国家から承認された。こうして、比叡山がようやく南都寺院から独立した。延暦寺の戒壇での大乗戒は、『梵網経』の「十重四十八軽戒《きょうかい》」で、のちに「円頓戒」と呼ばれるものである。密教においては具足戒に加えて大乗戒と三昧耶戒《さんまやかい》を授かる必要があったが、これを大乗戒だけにした。南都寺院の授戒会における三師七証では高僧を師として受戒する。これに対して延暦寺の受戒では、釈迦如来を戒和上に、文殊菩薩を羯磨師に、弥勒菩薩を教授師として請《しょう》じ、諸仏を請じて証師とする。そのうえで現実の僧侶を請じて伝戒の師とする。すなわち、諸仏に対して戒律の遵守を誓うのである。最澄は『山家学生式』でその理念について、受戒したものを「声聞の僧」ではなく「菩薩の沙弥」としたいと述べている。戒律の内容そのものは、在家信者と出家僧が共通にする軽いものであった。そのため、後年になると戒律による歯止めがきかなくなり、山僧や僧兵らの悪行・妻帯・乱行が横行し、南都北嶺の退廃が仏教界の問題とされるようになった。

律宗では、危機感をつよくもった興福寺僧の中川実範《じつはん》が唐招提寺で律を学び『東大寺戒壇受戒式』を著した。興福寺の貞慶《じょうけい》（一一五五―一二一三）・覚盛《かくじょう》（一一九四―一二四九）が南都の律宗復興に尽力した。三師七証が揃わなくては授戒会ができなかった時代に、大悲菩薩と尊崇された覚盛は、嘉禎二（一二三六）年、東大寺法華堂で、在家や修行僧が自分で誓いを立てる自誓受《じせいじゅ》戒《かい》という新方式による出家作法をつくった。これは、戒律問題を僧侶の出家作法として思弁的に考察して、自誓受戒という新しい日本仏教独自の出家作法を編み出したものといえよう。

自誓受戒は、叡尊《えいぞん》（一二〇一―一二九〇）や弟子の忍性《にんしょう》らによって実践され、東大寺法華堂の観音菩薩の前で戒律を守ることを誓うことで菩薩僧となったとした。これによって、多くの民衆が授戒会に参加するようになった。叡尊は西大寺別当とは別系統の西大寺長老に就任し、真言律宗として戒律復興の宗教活動を展開した[19]。ここでは、戒律は僧侶個人が自分で誓いを立て受戒するという思弁的内面な性格になっており、寺院での集団生活規範として実践的にとらえる視点は後景に退けられている。

他方、末法思想や浄土教が浸透・普及する中で、法然（一一三三―一二一二）や親鸞（一一七三―一二六二）が現れると、南都北嶺や仏教界の頽廃現象を末法の世そのものの到来として位置づけるようになる。学・教・行よりも「信」を重視し、在家と僧侶との区別を否定し、戒律を無用とする浄土宗・一向宗（明治五年に浄土真宗と公称）の宗派が登場・発展した。念仏禁止の勅令により流罪が決定されると、親鸞は自らを「非僧非俗」の「愚禿《ぐとく》」と称して妻帯をとげ、むしろ俗聖・民間僧・在家僧としての積極的な宗教活動を尊重し、宗教の戒律は人々の内面的な倫理観や道徳観と一体化して議論されるようになった。ここでは僧侶集団としての自律的な修行活動が、自専として否定されている。寺院での集団的修行活動そのものが無用とされ、出家僧と在家信者の区別がない。

このように中世における真言律宗復興と、戒律否定の一向宗の発展という相反する両極端の具体相は、日本仏教における戒律の思弁的傾向を物語るものといえる。

禅院・律院の生活規範としての戒律

日本仏教の中で、入宋僧として中国寺院で修行生活をおくり、禅院・律院・教院での生活規範を戒律として実践的に受容しようとしたのが、栄西（一一四一―一二一五）・俊芿（一一六六―

一二二七）であった。これが第三の潮流である。いずれも渡海僧であり、中国の禅院・律院・教院での修行生活を身をもって体験し、戒律が寺院での集団生活の実践的規範であることを理解していた。栄西は天台・真言・禅・律を学ぶ兼学僧であり、俊芿も真言・天台・浄土教と律の兼学であった。俊芿は泉涌寺に入り、西大寺流の真言律にも天台律にも大きな影響を与えた。この第三の潮流は道元（一二〇〇―一二五三）にも共通する。詳細はのちに個別に見ることにしたい。しかし、この潮流は、いずれも中国寺院での集団生活の規範を戒律に求めたもので、インド寺院の修行生活をモデルとするものではなかった。

インド寺院の修行生活規範としての戒律の性格が日本で受容されるようになるのは、江戸時代の慈雲飲光（一七一八―一八〇四）を待たなければならない。彼こそが、義浄の『南海寄帰内法伝』を日本で最初に解説した人物である。[20] 飲光は、釈迦の在世中のごとくに僧尼として修行することが重要だと主張して正法律の護持と普及を主張し、河内葛城山中の高貴寺《こうきじ》を総本山とした。釈迦の時代を知るため、梵字梵語の研究に従事し『梵学津梁《ぼんがくしんりょう》』千巻を著し、その学術的価値は今も世界的に高く評価されている。近代の悉曇学《しったんがく》・サンスクリット学の基礎となった。

彼は、日本仏教史の中で釈迦の思想を梵字によって直接理解し、インド寺院での修行生活として戒律を実践的に理解しようとした仏教徒であったといえる。また、彼の墨蹟は近世書道史の異色とされている。日本仏教史においても、戒律をインドの仏教寺院の集団生活規範として理解しようとする宗教家が生まれ出ていたことがわかる。近年の日本仏教学が、次第にアジア宗教学として進化していることの出発点とも評価できよう。

哲学者の上山春平や梅原猛はともに、日本は儒教と仏教を取り入れたが、日本に入って、儒教においては礼の思想、仏教においては戒の思想が脱落したと論じ、「明治初年の廃仏毀釈において僧侶の妻帯がすすめられ、さらに戦後、日本の僧はほぼすべて肉食妻帯をするようになった。このような僧が、釈迦の定めた戒律を厳しく守る東南アジアなどの小乗仏教の僧からは、それでも僧かといわれるのはもつともであろう」[21]と日本仏教界の現状を批判している。しかし、日本仏教が戒律問題に関心を失っているといわれる現状は、単に現代の仏教徒・とりわけ僧侶のみの責任に着せられる問題ではない。そうした傾向の淵源はどこにあったのか、史料に即して歴史学的に検討して見る必要があろう。

日本仏教が律への関心を失った史実

入唐僧による律蔵請来の軌跡

仏教では、教理を説いた経典を集めたものを「経蔵」、仏弟子による経典の研究書である論書を集めたものを「論蔵」、戒律関係の文献を集めたものを「律蔵」と呼ぶ。経・論・律の三蔵が仏教の文献を総称する。これらはすべて、大正十三（一九二四）年に刊行が始まった『大正新脩《たいしょうしんしゅう》大蔵経《だいぞうきょう》』にふくまれている。仏教では各時代ともに経・論・律が昔から順当に行じられ、教えられてきたものと思われがちである。

しかし、大蔵経の構成は大半が経蔵と論蔵であり、律蔵はわずかにすぎない。とりわけ、僧伽＝サンガの戒律の注釈はつぎの五部しかない。

『薩婆多毘尼毘婆沙《さっぱたびにびばしゃ》』と『薩婆多部毘尼摩得勒伽《さっぱたぶびにまえらか》』＝根本説一切有部で著作された『十誦律』。

『根本薩婆多部律攝《こんぽんさっぱたぶりつじょう》』＝根本説一切有部で述作された律の注釈。

『善見率毘婆沙《ぜんけんりつびばしゃ》』＝パーリ上座部で述作された律の注釈。

『毘尼母経《びにもきょう》』＝法蔵部で著作された律の注釈とされるが不明。

大蔵経に律蔵関係のものが少ないのは、日本のみならず高麗大蔵経や中国の宋国大蔵経も同様で、インド律蔵の輸入が遅れていたと考えられている。

南都六宗や天台宗・真言宗が生まれてからも、日本仏教では律蔵への関心がきわめて低かった。その原因は、今後とも検討されるべき研究課題である。特に、日本仏教において律蔵がどのように輸入されてきたのか、再検討してみる必要がある。

『日本仏教全書』の中に「遊方伝叢書《ゆうほうでんそうしょ》」の一群があって、インド・中国などからどのような教・論・律がもたらされたかを知ることができる。

最澄が日本に請来した仏教書の目録である『伝教大師将来台州録』と『同越州録』を見ると、前者が百二十八部三百四十五巻、総用紙八千五百三十二枚、後者が百二部百十五巻、「都合二百三十部四百六十巻」と記される。二通の文書は、中国の台州・越州の地方長官に正式に提出したもので、延暦寺所蔵の国宝である。このうち律蔵を見るとつぎの通りである。

『台州録』 ①受菩薩戒文二巻　十七紙　②大乗経律并陀羅尼目録　③菩薩戒経一巻　④四分律鈔記十九巻　千三百八十紙

『越州録』 ①四分律鈔数義一巻　二十紙　②四分律鈔音訓一巻　十五紙

最澄は、律蔵に関しては、大乗戒や四分律に関する書目六部二十五巻を日本に請来したにすぎず、仏教書の一割にもみたない。日本仏教の総本山といわれる延暦寺においてさえ、当初はいかに律蔵が貧弱であったか注目されなければならない。

真言宗を開いた空海については、さらに少ない。彼が請来した仏教書の目録『御請来目録』には、経が百四十二部二百四十七巻・梵字真言讃四十二部四十四巻・論疏章三十二部百七十巻、都合二百十六部四百六十一巻としている。そのうち、律蔵は、①華厳経疏一部三十巻　②授五戒八戒文一巻のわずかに二部三十一巻にすぎない。最澄・空海においてさえ、いかに律蔵への関心が少なく、経・論を偏重していたかがわかる。

ひきつづいて後学の入唐僧について見てみよう。

真言密教の僧常暁《じょうぎょう》（生年不詳―八六七）は、承和六（八三九）年に渡海して唐に入った。「太《たい》元《げん》帥全《ぜん》身《しん》金《こん》剛《ごう》三《さん》昧《まい》法《ほう》」と「太元帥化身像一躯」を日本に請来し、仁寿元（八五一）年から宮中で太《たい》元《げん》帥《すい》法《ほう》という恒常の護国仏事を導入した。太元帥法は、後《ご》七《しち》日《にち》御《み》修《し》法《ほ》とともに護国防衛・敵国降伏の法会として、途中断絶しながらも明治まで続けられた。常暁は、藤原貞敏を介して天皇に請来目録を奏上しており、その中に『四分律羯磨疏《かつまそ》一部四巻　道宣《どうせん》律師撰』がある。「右律羯磨は、衆行の手足なり、仏法の寿命也、律家の軌則なり。先に備え来ると雖も、少く全《まっとう》せざることあり。豈《あに》この文に非ざらんや」と注記されている。それ以前に日本に伝来した道宣撰述の『四分律羯磨疏』は写本が不完全であり、常暁によって正確な書写本が請来したとされる。

しかし、この請来目録には疑念があると私は考えている。中国僧道宣（五九六―六六七）は、『四分律行事鈔《ぎょうじしょう》』の撰者として知られている。日本では天平八（七三六）年に道璿《どうせん》が『四分律行事鈔』を講じた。ところで中国仏教史によると、四分律の研究を本格化させたのは、慧光《えこう》（四六八―五三七）であり、彼が四分律の疏を書き上げ、羯磨と戒本を策定したことは『続高僧伝』にも見える。平川彰の研究は、『四分律羯磨疏』を慧光の撰としている。(22)だとすれば、入唐僧常暁が『四分律羯磨疏』を「道宣律師撰」と記録したのはまちがいということになる。常暁は、『四分律羯磨疏』の撰者が中国僧慧光であることを知らずに、『四分律行事鈔』の撰者道宣律師をその撰者と信じていた可能性が高い。こうなると、日本僧の常暁もやはり、律蔵についての知識・関心が狭かったことになる。

円仁・円珍の律蔵請来のちがい

延暦寺において密教を本格的に導入したのは、最澄の弟子円仁《えんにん》（七九四―八六四）と寺門派の円珍《えんちん》（八一四―八九一）である。二人による律蔵の請来にどのようなちがいがあるか見てみよう。

円仁（慈覚《じかく》大師）は承和五（八三八）年、入唐に際して『求法目録《ぐほうもくろく》』を作成して中国に渡った。

そこに『四条戒并大小乗戒訣《しじょうかいならびにだいしょうじょうかいけつ》一巻』とある。円仁は、渡海して大乗戒のみならず、小乗戒についての口訣《くけつ》＝注釈書・論書を求めたことがわかる。さらに『唐故終南山霊感寺《とうこしゅうなんざんりんかんじ》大律師《たいりつし》道宣行記《どうせんぎょうき》一巻』『大唐西明寺《たいとうさいみょうじ》故大徳《こだいとく》道宣律師讃《どうせんりっしさん》一巻』をも『求法目録』に載せている。中国仏教の四分律宗学頭といわれた道宣の伝記や讃歎文《さんたんぶん》（功績を讃える文）を求めていた。律蔵の聖教類についてそれまでの渡海僧よりも前向きな関心を見せていたといえる。

円仁が二年後の承和七（八四〇）年、在唐中に延暦寺に送った『慈覚大師在唐送進目録』には、『大乗律論　総百二十七部百四十二巻』『受菩薩戒一帖』や『禅師影』などの僧侶の伝記・絵像とともに、『七言法華経詩五十七首一帖』などの漢詩や歎徳文《たんどくぶん》（僧侶の事績を称賛する漢文）も目に付く。日本僧が仏典とともに外典《げてん》といわれた漢籍や漢詩・漢文に対する興味・関心を高めていたことがわかる。円仁は、経・論のほかに律への関心や漢籍・漢詩にも興味を広げていたといえよう。

一方、円珍（智證《ちしょう》大師）は、仁寿三（八五三）年から天安二（八五八）年まで六年間、天台山国清寺《こくせいじ》などに在唐し、帰国して園城寺を再興した。円珍が入唐したとき越州都督府《えっしゅうととくふ》からもらった通交手形と福州・温州・台州で求めた聖教類などをまとめた求法目録が今も園城寺にのこり、国宝となっている。[23]

帰国後の円珍は、延暦寺を飛び出し、園城寺で新しい修行生活作法を打ちたてようとした。

円珍の『智證大師請来目録《しょうらいもくろく》』（重要文化財）から律蔵を見るとつぎのようである。

①菩薩戒疏二巻懐道　②大般涅槃経義記十巻澤州　③四分律音訓一本　④開四分律宗記十巻

・同科文一巻・同義鏡十巻　⑤四分律摂頌一巻　⑥四分比丘尼随行儀二巻　⑦南山四分羯磨二巻　⑧四分律行事鈔十巻南山・同十二巻・同十九巻・同科・同捜玄録十四巻・同羯磨綱要一本・同教義義図一巻・同玄談一巻　⑨行相法一巻栖霞　⑩律要私鈔一巻曹

最澄・空海・常暁・円仁らの入唐僧と比較してみれば、円珍がもっとも律蔵を請来することに熱心であったことがわかる。しかも『唐西明寺《とうさいみょうじ》故《こ》大徳宣公律院碣《だいとくせんこうりついんげ》』という律僧道宣の作文や『仏《ぶっ》窟禅院和尚行状《くつぜんいんおしょうぎょうじょう》』など禅師・律師・禅院和尚・祖師らの伝記や活動記録を数多く請来している。

最近になって、国際日本文化研究センターの榎本渉准教授は、日本から南宋・元に渡った日本僧や、南宋・元から日本に来た渡来僧の伝記である「僧伝」が、中世対外関係史研究史料として重要であるとして集成している（同『南宋・元代日中渡航僧伝記集成』勉誠出版、二〇一三年）。

では、いつごろから僧伝が作成されたのか。

鎌田茂雄によると、中国仏教史の中で、仏教を受容した中国人が自ら仏教文献を撰述するようになったのは南北朝時代からで、隋唐時代に顕著になったという。まず、伝来した『経典目録』を撰述し、次いで仏教者や訳経者の個人伝記が書かれ、高僧の伝記を集録した最初のものは、梁の慧皎《えこう》が撰述した『高僧伝』が最初という。隋や唐には『隋天台智者大師別伝《ずいてんだいちしゃたいしべつでん》』『唐護法沙門法《とうごほうしゃもんほう》琳別伝《りんべつでん》』などの僧伝が多くなった。宋代には『宋高僧伝』三十巻が宋の賛寧《さんねい》によって撰述されたという[24]。

こうしてみると、円珍が唐の西明寺や禅院和尚の僧伝を請来した取り組みは、きわめて早期の段階で、中国では最新の仏教書籍である「僧伝」を日本に請来したものとして再評価されなければならない。

隋唐から宋にかけては、道教・仏教が国教化され、禅院や律院・教院が数多く建立され、新しい修行集団生活が普及した時期であった。中国の僧侶の修行生活を体験した円珍は、指導者としての禅師・律師の伝記とともに、集団生活の規範である律蔵の重要性を再認識したのであろう。円珍はそうした先進性をもっていたから、帰国後は延暦寺の僧侶集団の非行・破戒僧ぶりに対抗して、園城寺復興に執心したものといえよう。

円珍は、戒律の請来を新しい寺院での修行生活の再建と一体のものとして理解していたといえる。しかし、鎌倉時代の俊芿や栄西・道元らがそうしたようには、律宗・禅宗寺院での本格的な戒律を遵守した寺院生活を創造することはできなかった。円珍が生きた時代の歴史的限界であるといえよう。

宗派教学研究に傾いた日本仏教学

日本仏教が戒律について関心が低いのは、仏教界のみの現象ではなく、仏教学や仏教史学という学問の世界においても共通する。宗教学・仏教学・仏教史学会での戒律研究が、全体に脆弱といわざるをえない。

わが国で仏教学といえば、仏教の教理的研究を行う学問であり、宗教学の一分野に入る。ところが、日本仏教では宗派に応じて教理的思想や教理の時代的変遷の解明が重要視されている。日本仏教学は、宗派ごとの教学を相互に比較検討して宗祖や仏教者の思想の相違点や共通点を探り出している。そのため、宗派史を超えた日本仏教全体としての特徴や、全体像の中に各宗派の特徴を位置づけるような研究はきわめて少ない。

たとえば、一九七九年刊行の『日本仏教基礎講座』(雄山閣)は、1奈良仏教(法相宗・華厳宗・律宗)、2天台宗、3真言宗、4浄土宗、5浄土真宗、6禅宗、7日蓮宗の合計九宗派を取りあげて解説するのみである。中村元・奈良康明「日本仏教の宗派」は、天台・真言・浄土・浄土真宗・禅宗・日蓮宗の六宗をあげている。(25) 現在では、日本仏教十三宗とされ、法相宗・華厳宗・律宗・天台宗・真言宗・浄土宗・浄土真宗・融通念仏宗・時宗・臨済宗・曹洞宗・黄檗宗・日蓮宗である。文化庁編『宗教年鑑』によると、戦前には十三宗五十六派が政府の公認であったが、戦争遂行のために一九三九年、宗教団体法を制定して二十八宗派に統合された。敗戦と日本国憲法の「信仰の自由」により、一九五一年に宗教法人法が出来て、文部大臣所管では一九九六年版で百五十七法人とする。

日本仏教学において戒律は、律宗では宗派の教学として問題にされるが、寺院生活や僧侶の修行集団の実践的作法として論じられない。まして宗派を超えた戒律思想の共通性などは論じられない。一九九一年に刊行された『原典　日本仏教の思想　全十巻』(岩波書店)では、聖徳太子・最澄・空海・源信・法然・一遍・親鸞・道元・日蓮・栄西・一休の十一人の宗教家が取り上げられるのみで、明恵《みょうえ》・叡尊・凝然《ぎょうねん》・真盛《しんせい》・飲光《おんこう》など戒律思想家は一人も入っていない。しかし、日本仏教史の中で戒律は自発的倫理観や僧侶集団規律の問題であり、日本民衆の倫理観や道徳思想に大きな影響を与えていた。にもかかわらず、その歴史が掘り起こされていないのである。

仏教の戒律思想と倫理学・道徳思想史

仏教思想と倫理や道徳思想との関係については、かつて大学教育で必読とされた和辻哲郎『日本倫理思想史』がある。和辻は、国民道徳や仁政・人倫的思想の発達史を原始から明治まで論じたが、仏教思想の倫理学への貢献については、「慈悲の道徳」として、法然・親鸞、栄西・道元、日蓮のみを取り上げ、キリスト教やイスラム教との共通性・普遍性をもつとして評価した[26]。反面で、「江戸時代の儒学は大體において倫理学にほかならぬ」（六頁）とし、林羅山などの儒教思想の役割を高く評価している。和辻は倫理学において、仏教の倫理思想へ寄与するところは儒教よりもはるかに少ないとした。

戦後の日本仏教学や仏教史学もすでに七十年前後の研究史の蓄積をもっているが、和辻が取り組んだような世界の宗教思想・倫理思想史・道徳史などとリンクして、日本仏教史や仏教思想史を位置づけようとする研究の枠組みは、中村元『宗教と社会倫理』（岩波書店、一九五九年）など一部を除いて、いまなお生まれていない。

なぜ、日本仏教史の枠組みがこうした傾向をもたざるをえないのか、その社会的歴史的理由と背景が、学説史としても研究されなければならないだろう。オリオン・クラウタウ『近代日本思想としての仏教史学』（法藏館、二〇一二年）は、原担山や辻善之助、家永三郎らによってつくられた日本仏教史の枠組みがなぜ生まれたのかを近代思想の視点から分析している。こうした努力の蓄積が、世界の宗教学や哲学史・倫理思想史・道徳史などとリンクして、宗派ごとの教学を超えた日本仏教思想史・仏教倫理学・仏教道徳史など新しい枠組みの研究動向を作り出していくことに期待したい。

日本仏教史における新たな戒律研究

戦後、日本仏教学・宗教学界でも、インドや東アジアの中で日本仏教を位置づけようとする研究動向が登場した。一九六〇年代以降に世界各地で仏教の戒律関係の梵字写本が多量に見つかった。日本にもパーリ律や梵字写本が比較的多く残存していることが注目された。平川彰『律蔵の研究』（山喜房佛書林）が東京大学の学位請求論文として提出され、一九六〇年に刊行された。つづいて石田瑞麿『日本仏教における戒律の研究』（在家仏教協会、一九六三年、再刊中山書房仏書林、二〇〇五年）が注目を集めた。平川の『律蔵の研究Ⅰ・Ⅱ』や『二百五十戒の研究Ⅰ・Ⅱ』などの戒律研究は、戒律問題が宗派を超えて仏教思想の根幹に関係する問題であることをあきらかにした。そのため、『平川彰著作集』（春秋社、一九八九〜九三年）としてまとめられ、日本仏教史における戒律研究の金字塔となっている。

歴史学の日本中世史の分野においても、松尾剛次山形大学教授が、興福寺・東大寺系律僧・西大寺流律宗・黒谷天台律などの律僧研究に着手し大きな成果をあげた。同時期に、細川涼一橘大学教授が叡尊・忍性らの西大寺流律僧研究を大成させた[27]。中世律宗研究は急速な発展を見せている。国文学の分野では、元応寺《げんおうじ》三世光宗《こうしゅう》が編纂した『渓嵐拾葉集《けいらんしゅうようしゅう》』について、田中貴子が分析し、延暦寺黒谷の興円《こうえん》・恵鎮《えちん》・光宗の円頓戒が注目された。それを継承した法勝寺・元応寺長老から近江西教寺の円頓戒についても寺井良宣らの研究が蓄積された。[28] 仏教史学の分野でも、蓑輪顕量・大塚紀弘によって、日本仏教史における新しい戒律研究が進展している。[29]

中世仏教については、教・禅・律・密の兼学が本来の姿であり、戒律の受容が備わっており、各宗派別教学が未成立の段階であったことが、次第にあきらかになっている。国立歴史民俗博物館編『中世寺院の姿とくらし』（山川出版社、二〇〇四年）の刊行は、中世寺院の内実の多くが、顕密仏教のみならず、禅・律・念仏の兼学僧によって支えられていたことを提示し、今日の宗派教学の枠組みを超えた中世仏教・中世寺院としての一体性を中世社会史の中に位置づけようとした問題提起であった。

一九九〇年代以降になって、宗派別教学史の唐招提寺系律宗とは異なる戒律復興の動きが広汎に展開された。中世仏教史の研究成果を整理しておこう。

第一に、中世では、まず興福寺・東大寺・西大寺系での南都律宗が先行して活発に展開され、鎌倉期の入宋僧の栄西・道元・俊芿をはじめとした禅・律僧とその寺院で、中国の禅院・律院の集団修行生活での実践的な戒律の実践が行われた。また、延暦寺黒谷や法勝寺・元応寺の長老らが、天台律宗として円頓戒を重視して、室町期の後花園天皇や後土御門天皇の戒師となっていたことなどもあきらかになっている。

第二に、近世仏教の貴族化・制度化堕落の歴史像の改革をめざした近世律宗の歴史像も少しずつ解明された。正法律の慈雲飲光（一七一八―一八〇四）に先立って、近世戒律の復興はまず浄土律から始まる。祐天《ゆうてん》（一六三七―一八一七）が円頓戒を再興し、忍徴《にんちょう》（一六四五―一七一一）

が京都に法然院を復興した。敬首《きょうしゅ》（一六八三―一八四八）は自誓受戒して武蔵の正受院を律院とし、浄土律を布教した。湛慧《たんえ》の弟子普寂《ふじゃく》徳門（一七〇七―一七八一）は江戸長泉院で持戒念仏を広め華厳・唯識・倶舎の兼学をすすめた。(30)

天台宗の戒律復興が、妙立《みょうりゅう》（一六三七―一六九〇）や霊空《れいくう》（一六五二―一七三九）らにより比叡山の安楽律院を中心に始まり、四分律宗を論じ安楽律と呼ばれた。小乗律でも戒の実践を重視し、元禄六（一六九三）年、日光輪王寺宮公弁法親王《こうべんほっしんのう》の帰依をえて、東叡山・比叡山でも安楽律が盛大になった。真言律では高雄山《たかおさん》に明忍《みょうにん》（一五七六―一六一〇）が出て高山寺で自誓受戒した。弟子には賢俊良永《けんしゅんりょうえい》がいる。浄厳《じょうごん》（一六三九―一七〇二）は江戸に出て湯島の霊雲寺《れいうんじ》を開き、将軍綱吉の帰依をえて律を広めた。天台律宗の法道（一八〇四―一八六三）による伊勢・近江での真盛流復興も解明された。(31)

こうした法相宗・華厳宗・真言宗・天台宗をはじめ臨済宗・曹洞宗に横断的な律宗による戒律復興研究は、これまでの日本仏教史の通説ではほとんど無視されてきた。日本の宗派仏教の枠を超えて中世から近世・近代社会で展開された戒律復興の僧侶らの歴史と実践を掘り起こしていくことが、二十一世紀の仏教再生の大きな力になるにちがいない。

中世になぜ戒律復興運動が起きたか

一九九〇年代以降、仏教史学の分野では、中世仏教での叡尊・忍性らによる西大寺系律宗の研究が前進した。南都の法相・倶舎・華厳宗や天台宗・真言宗の兼学による天台律宗や真言律宗、さらに栄西・道元らの臨済宗・曹洞宗と俊芿《しゅんじょう》の律宗興行は、禅律僧の台頭と呼ばれた。禅律僧は室町幕府によって五山や外交僧として任用された。禅律寺院では、戒律による集団修行の共同生活が始まり、中国式寺院生活の規範として戒律が寺院法として定着した。中世の戒律復興運動は、宗派仏教の枠組みを超えた諸宗兼学の取り組みであったといえる。本節では、その研究成果に学びながら、中世僧侶の中でなぜ戒律復興というものが起きたのか、中世僧侶は戒律をどのように理解していたのか、中国寺院の修行スタイルを日本寺院が取り入れようとした内発的な理由や社会背景について見てみたい。

中世権門寺院の女犯・妻帯肉食・破戒の実態

旧来の仏教史では、鎌倉新仏教が台頭する中で、これに危機感をもった旧仏教の側で、高山寺の明恵・泉涌寺の俊芿らが改革運動に取り組み、西大寺を復興した叡尊・忍性らが律宗復興や非人救済・社会土木事業に活躍したと指摘されてきた。つまり、俊芿や叡尊・忍性らの戒律復興は、鎌倉新仏教勃興に対する旧仏教側の反動として理解されていた。

こうした歴史像は黒田俊雄・平雅行・松尾剛次・細川涼一らの研究で克服された(32)。それによると、東大寺・筑紫観世音寺・下野薬師寺の国立三大戒壇や延暦寺戒壇での出家・授戒がなされても、戒律を遵守する持戒はまもられず、平安仏教ではむしろ破戒が一般化したという。南都興福寺・東大寺と北嶺の延暦寺・園城寺に代表される中世権門寺院では、天台座主・別当・長者など特権僧侶は、僧正・僧都・法印・法橋などの僧位僧官をえた官僧でありながら女犯を行い、妻帯して子息に僧侶の遺産を相続した（石田瑞麿『女犯』筑摩書房、一九九五年）。学侶《がくりょ》・供僧《ぐそう》といった上級僧侶らは、律師・阿闍梨・大法師などの僧位にのぼり、身のまわりの世話をする堂童子や稚児との男色や愛情生活を送ることが一般化した。院家や寺辺には女房を住まわせ、妻帯するものも多かった。堂衆《どうしゅ》・衆徒《しゅと》といわれる下級僧侶に至っては、髪や鬚を剃り僧体であっても妻帯は当然であり、僧兵として不殺生戒を犯すことが当然視された史実があきらかである（松尾剛次『勧進と破戒の中世史』吉川弘文館、一九九五年）。

中世僧侶の破戒状態を、旧来仏教史では仏教の頽廃と非難するのみで、仏教思想史の流れの中で位置づける研究動向は見られなかった。戦後の研究では、女犯・妻帯肉食《にくじき》・破戒の実態が、末法思想や本覚思想により正当化されていたという新しい評価が登場してきた。

末法思想と本覚思想の展開

中国では、六世紀の北斉の南岳慧思《えし》（五一五—五七七）と三階教《さんがいきょう》を説いた信行《しんぎょう》（五四〇—五九四）・浄土教の道綽《どうしゃく》（五六二—六四五）・善導《ぜんどう》（六一三—六八一）らが、いずれも僧侶の堕落・妻帯肉食・破戒を「末法」の必然として、むしろ新しい対応策を説いた[33]。法・行・証が存在した「正法」の世界から、法と行がまもられた「像法」の世を経て、「末法」の世になると、法のみがあって戒律や禅定・智恵を護持するものはいなくなるとする。

一方、わが国においても、親鸞は『教行信証』の化身土巻《けしんどのまき》で『大術経』にもとづいて、仏が死して千年を過ぎると大乱し、千百年後には仏教者は婚姻して戒律を破る。千二百年では僧尼は子息をもつ。千三百年には袈裟が変じて白衣となる。千四百年には僧尼も在家信者も猟師の如く殺生をし、世俗の遊びに興じて三宝物を売却する。千五百年には僧侶が殺し合いをするようになると指摘する。その上で、末法の時代には「無戒名字の比丘」であっても、仏法に結縁させる貴重な存在であると評価を逆転させる。「無戒名字の比丘、されど、末法濁世《まっぽうじょくせ》の世となりて舎利弗《しゃりほつ》・目連《もくれん》にひとしく、供養恭敬《くようくぎょう》をすすめしむ」（『正像末和讃』）と詠んでいる。末法の時代には戒律を遵守する僧侶のいないのが当然であり、「無戒」の僧侶をこそ慎み敬うべきであるとする。妻帯をする「愚禿親鸞」を自認し、その中に「無戒」という新しい仏教徒の生き方を示したのである。

もう一つは本覚思想の研究である。中国仏教の真諦《しんだい》訳『大乗起信論』では、人間は本来清らかな悟りそのもので、心が煩悩によって迷っている衆生は始めから本源的な悟りをもっており、それを本覚といい、究極の真実である真如と一体であると説く。これが日本仏教の中で本覚思想として発展したとみる。

戦後、家永三郎・多田厚隆は、『日本思想大系　九巻』に伝最澄「本覚大綱集」や伝源信「本覚賛釈」「真如観」などをとりあげて『天台本覚論』として一九七三年に刊行した。これら顕教の仏教文献は先人に仮託された中世特有の偽書や説話の性格をもっており、記述内容は、凡夫や破戒僧もふくめ現実世界をそのまま仏の悟りの世界とみる凡夫本仏論に特質がある。ここから、地上の植物・動物から人間をすべてそのまま「草木国土悉皆成仏」として悟りの世界とする独自の世界観・宇宙観の展開を日本の天台思想として高く評価する研究が蓄積された[34]。

他方、本覚思想に対しては、修行無用論や出家の意味や戒律の存在そのものを無意味にするとした批判が一九八〇～九〇年代に展開され、本覚・仏性論争に発展した[35]。

現在では、本覚思想が中世の寺社縁起・仏教説話・聖教類の中で展開・成長したことが史実として認められ、文学史・芸能・神道理論として研究が進展している。他方、「本覚」という用語はインド仏教の原語には見いだすことができず、中国や日本など東アジアで発展した仏教語であることが広く認められ、東アジア仏教史の研究課題となっている[36]。本覚思想の流布が、持戒の軽視や破戒行為の正当化を安易に生み出した側面がなかったわけではない。日本仏教では、戒律のもつ意味を「無戒」や本覚思想の中でとらえなおそうとする潮流が、すでに中世社会で広範に広がっていたのである。改めて、戒律思想と本覚思想との関連の解明も、二十一世紀仏教の研究課題である。

中世に広がった戒律復興運動

一方では、破戒や末法の自覚の中から戒律復興の努力を仏教興隆へと導こうとする動きが院政期に始まった。まず、東大寺僧や興福寺僧の中から、東大寺戒壇での授戒を復興させようとする努力が十二世紀に始まる。

興福寺で僧綱になったあと大和国中川に隠棲した僧実範《じつはん》（生年不詳―一一四四）が、興福寺の要請で『東大寺戒壇受戒式』という東大寺戒壇での受戒の仕方をまとめたことは前述した。このとき彼に協力したのが、衰微していた唐招提寺の僧戒光《かいこう》であった。

解脱坊貞慶《じょうけい》（一一五五―一二一三）は、法相宗や律宗を学び、末法では形だけでも授戒会を実施することに意味があるとし、建久四（一一九三）年には自ら笠置寺《かさぎでら》（京都府相楽郡笠置町）に隠棲して禁欲の修行の集団生活に入った。中世の笠置寺は、律宗の修行集団の拠点寺院となり、戒律は修行のための集団規律として運用された。建暦二（一二一二）年、興福寺の院家・常喜院を設立して弟子の慈心房覚真ら二十人の律学衆を置いた。

また、寛元三（一二四四）年に叡尊は行基の誕生寺ともいう堺の家原寺《えばらじ》の住持となり、ここを拠点に独自の授戒会を開催した。自分の行為や破戒・懺悔を行う反省会である「布薩《ふさつ》」を行い、戒律復興運動を展開した。四分律にもとづいて懺悔・反省会を行うことを四分布薩といい、『梵網経』の大乗菩薩戒にもとづく反省会を梵網布薩《ぼんもうふさつ》と呼んだ。叡尊は弟子忍性を関東の常陸三村寺や鎌倉極楽寺に派遣し、教団は大きく発展した。忍性の鎌倉での活動によって、律僧の活動が関東に定着した。弘長二（一二六二）年には叡尊自ら鎌倉に下向して、北条氏の幕府と結んで異国降伏の祈禱や非人救済とともに授戒会を頻繁に開催した。弘安八（一二七八）年には西大寺長老（上人）職をえて律宗の拠点寺院とし、朝廷からは東大寺大勧進職に補任された。(37) ちなみに西大寺流律宗の発展を、南都六宗の律宗と区別して新義律宗と呼ぶべきことを松尾は主張している（『新版鎌倉新仏教の成立』吉川弘文館、一九九八年）。

西大寺系律宗の高揚とともに、東大寺戒壇院長老の円照《えんしょう》や凝然《ぎょうねん》らも律宗再興につとめた。徳治三（一三〇八）年に凝然は後宇多法皇に菩薩戒を授け、その弟子禅爾《ぜんに》が和泉国久米田寺《くめだでら》を中興した。西大寺と並んで南京律が発展した。

一方、延暦寺戒壇院でも、黒谷で戒律と十二年籠山行を学んだ興円（一二六三—一三一七）と弟子恵鎮円観（一二八一—一三五八）が天台戒律の復興に努力した。恵鎮円観は遁世して法勝寺・東大寺大勧進職に補任され、後醍醐天皇による鎌倉宝戒寺《ほうかいじ》勧進で信頼をえた。彼は、後伏見・花園・光厳・光明ら五代の天皇に円頓戒を授与する戒師をつとめ五代国師と呼ばれた。その弟子光宗が、『渓嵐拾葉集』の編者である。

また、延暦寺黒谷の天台戒律思想は、院政期の良忍《りょうにん》（一〇七二—一一三二）・叡空《えいくう》（生年不詳—一一七九）・源空（一一三三—一二一二）によって相承されたもので、信空（一一四九—一二二八）・湛空《たんくう》（一一七六—一二五三）・恵尋《えじん》・恵顗《えぎ》を経て興円に伝えられた。この法脈を天台円頓戒と呼び、坂本西教寺の真盛へと相承されていった。仏教学では寺井良宣・舩田淳一らによる新しい天台延暦寺の戒律復興運動の研究が続けられている。(38)

三師七証を要しない自誓受戒の実際

こうした中世の戒律復興運動では、出家・得度しようとする本人が自ら仏・菩薩の前で持戒を誓い、受戒するという自誓受戒という新しい作法が登場した。中世仏教が生み出した独自の作法である。その内実を見ておこう。

貞慶の弟子である覚盛《かくじょう》（一一九四―一二四九）は律学坊と称し戒律を学ぶだけではなく、実践に入ることを決め、嘉禎二（一二三六）年、円晴《えんせい》・叡尊《えいぞん》らとともに東大寺法華堂で自誓受戒するという新しい受戒方式をつくりだし、戒律復興にのりだした。

自誓受戒は、正治元（一一九九）年に入宋した俊芿（一一六六―一二二七）が帰国した建暦元（一二一一）年に『占察経』にもとづいて仏・菩薩から直接菩薩戒を受けたことに始まる。彼はその後、栄西の建仁寺などを経て泉涌寺を拠点に律宗を広め、北京律《ほっきょうりつ》と呼ばれた。

俊芿・覚盛による自誓受戒は、東大寺・観世音寺・薬師寺戒壇での三師七証という十人の戒師の立ち合いによる四分律・二百五十戒の受戒方式とは全く異なるものである。自らが仏や菩薩に持戒の誓いを立てるという自立的内面的な受戒作法をつくり出した。それは、国家や寺院法による制度的な外部からの戒律の強制としての授戒会とは異質といわざるをえない。

叡尊と覚盛・有厳《ゆうごん》・円晴らの自誓受戒は『感身学生記《かんしんがくしょうき》』嘉禎二（一二三六）年八月二十六日から九月七日条に見え、懺悔をして「好相を得」て「各自誓」して、近事《ごんじ》（優婆塞《うばそく》としての五戒）・沙弥（見習僧の十戒）・菩薩比丘（大僧の二百五十戒）へと進んでいる。南都における自誓受戒儀礼について、叡尊の『自誓受戒記』と対比させて検討した舩田淳一は、「好相を得る」とは

「聖なる空間に参籠し一心に祈請することで感得される、儀礼的夢＝見仏体験に彩られた世界であった」(39)と説明している。現代人が考える神仏との内面的倫理的な誓文ではなく、中世人の信じた光輝く仏花や修験した仏などを見る宗教体験を指すとしている。これは中世人の仏教思想を知る上で重要な指摘である。中世人にとって仏神との交感は、夢を介して実現するものと信じられた。明恵『夢記《ゆめのき》』や無住道暁《むじゅうどうぎょう》の『夢想記』などによると、中世では神物・仏物は神聖で不可侵なものと信じられ、人物＝私的所有は不安定なものであった。その一方、人と神仏との契約は起請文となり、人と人との契約よりも遵守義務が強かった。(40)「夢想」による和歌や連歌は特別扱いされた。中世人は、神仏との自誓受戒は他人や国家による強制よりも強固なものと信じたのである。

戒律復興研究によってわかった新史実

中世仏教における宗派を超えた戒律復興運動の存在が明瞭になる中で、新しい中世僧侶や寺院の時代像があきらかにされた。

第一は、中世仏教の民衆化・大衆化が進展し、出家僧侶と在家信者とのボーダーレス化が進んだことである。中世寺院での女犯・妻帯・男色・稚児好などの破戒が一般化して、堂衆《どうじゅ》・三綱《さんごう》・中綱《ちゅうごう》層などの下級僧侶は妻帯が当然視され、僧兵としての武装化は日常化した。仏物を僧物に流用することはもとより、寺僧と堂衆との闘争・殺人・横領・紛争など破戒と頽廃・内部矛盾を強く抱え込んでいた。頽廃・破戒・内部矛盾は、中国隋唐仏教の末法思想によって末法の世では止むを得ないことと当然視された。中世仏教の大衆化は世俗化・民衆化そのものの現象であった。

天台宗における本覚思想は、「衆生即仏也」「罪業本ヨリ所有ナシ」として、罪業や悪を即身即仏として正当化する社会思潮を生み出した。不殺生戒を説く戒律思想とは反対に、殺生によって成仏の功徳を施すことができるとして、殺人や殺生を正当化する殺生功徳説さえ鎌倉時代には登場した。偽書・縁起・説話・神話など中世聖教類には、こうした本覚思想や殺生功徳説・即身即仏説などが数多く登場する。中世では、二元論が盛んになったため、出家したはずの寺僧が、さらに遁世して寺院の集団生活から離脱して隠棲・乞食活動に入る遁世僧や聖僧が再生産された(41)。

第二は、中世僧侶と寺院生活の破戒状態の中で、戒律護持や仏物と僧物の流用を互用《ごよう》の罪として断罪する律僧・禅僧が、寺院の会計・財政担当や勧進・寄進活動を担当・統括する存在として社会的な認知を受けるようになったことである。律僧・禅家が禅律僧と呼ばれ、勧進や寄進物を本来の用途に使用するための廉直性・公平性をもつ存在としてみなされた。国家的な大勧進職や地方寺院の勧進活動などの主体は禅律僧が任じられた(42)。

第三に、出家の受戒に対する社会観念が大きく転換したことがあげられる。古代仏教では出家のための受戒は、東大寺・観世音寺・下野薬師寺・延暦寺戒壇など国家の認定をえた特定寺院で行われた。しかし、中世では、仏や菩薩の前での自誓受戒や、高僧や山岳修行で験力をえた聖や持戒の上人を戒師にして仏・菩薩から直接受戒することが可能だと信じられた。律僧のみならず、天台・真言・禅僧や浄土教でも僧侶や聖によって授戒会が開催された。曹洞宗や真言密教での地方布教と授戒会の普及も具体的にあきらかにされた(43)。中世仏教では、授戒会や出家が病気回復や極楽往生の作法として貴族や武士・百姓らに理解され大衆化していった。

中世を代表する学僧の戒律意識

鎌倉期の東大寺を代表する学僧・宗性

中世東大寺の学僧宗性《そうしょう》（一二〇二―一二八七）をとりあげ、自誓受戒をとげた中世の僧侶がどのように戒律を理解し実践してようとしていたのか、現代人の戒律認識とどのようなズレがあるのか、詳しく見てみよう。

宗性は、鷲尾順敬『日本佛家人名辞書』（一九〇三年、再刊一九六六年）にも立項されており、「その俗姓生国詳かならず、出家して東大寺に居り……常に尊勝院に座す」とあり、後嵯峨上皇が仏教の宿徳を召し、各宗要を説明させたとき、宗性が華厳の深理を談じて、上皇が多いに喜び、彼を権大僧都に任じたという。華厳宗の学僧で後嵯峨上皇に信頼された高僧とされる。

二〇〇五年に京都国立博物館で開催された特別展『最澄と天台の国宝』において、宗性自筆の著作『弥勒如来感応抄』が展示された。そこで「鎌倉期の東大寺を代表する学僧」として説明され、寛元四（一二四六）年、尊勝院別当、文応元（一二六〇）年に東大寺別当に補任され、「宗性の名を世に知らしめているのは、なんといっても数多くの撰述聖教の価値の高さであろう」として紹介されている（『展示図録』横内裕人解説文）。

宗性は、故人の解脱上人貞慶の戒律思想と弥勒信仰を慕って、しばしば笠置寺と尊勝院の間を往復し、天竺・中国・日本三国の弥勒浄土往生者の伝記を全五巻にまとめ、貞慶の弥勒信仰を思想史的に裏付けた人物として知られる。わが国における弥勒信仰研究の基礎的史料として広く利用されている聖教の一つが、宗性の『弥勒如来感応抄』である。

宗性が重視されるのは、その弟子に東大寺戒壇院の律宗復興に大きな足跡をのこした凝然《ぎょうねん》大徳（一二四〇―一三二一）がいるためでもある。凝然は伊予に生まれ、十六歳で延暦寺戒壇院に登り、東大寺戒壇院の円照上人実相から二十歳で三聚戒《さんじゅかい》をえて、宗性に付いて華厳教学を学んだ。彼は、円照のあと東大寺戒壇院の長老となり西大寺の叡尊とともに南都律宗の復興に尽力した。彼の書いた『八宗綱要《はっしゅうこうよう》』は仏教の入門書として広く知られる。

こうして宗性・凝然の師弟による華厳教学の興隆は、凝然の法系に属する本如坊湛睿《たんえい》が北条実時の創建した金沢称名寺（神奈川県横浜市）の三代住持になったことで、関東にも普及することになった（平岡定海『東大寺』）。言い換えれば、鎌倉時代の東大寺・西大寺・称名寺などを中心とした円照・凝然・叡尊・忍性らによる南都律宗興隆の運動は、まさに宗性による華厳教学や律宗の興隆に始まったものであったと評されているのである。

宗性は、蔵人《くろうど》や宮内大輔《くないたいふ》を歴任した中級貴族の藤原隆信を祖父、隆兼を父にもった人物で、十三歳で出家して東大寺尊勝院に入り、四十歳で権律師、四十八歳で法印・権大僧都という高僧位に登り、文応元（一二六〇）年には東大寺別当となった。彼は華厳教学を復興した学僧として知られ、その弟子が東大寺戒壇院長老として戒律復興につくした凝然であったことから鎌倉期の東大寺僧の中で「ひときわすぐれた存在であった」と評されてきた。彼ののこした膨大な史料群も東大寺宗性上人史料として刊行されている(44)。

不婬戒をめぐる破戒と持戒にゆれる中世僧侶

しかし、宗性の史料群を分析した松尾剛次山形大学教授や本郷和人東京大学史料編纂所教授らは、むしろ宗性の破戒僧の側面をあきらかにしている。宗性は、三十六歳の嘉禎三（一二三七）年十一月二日付の「五箇条起請文」に「于時九十五人也、男犯百人の外、淫欲を行うべからざる事、……亀王丸の外、愛童を儲《まかな》うべからざる事」などと書いている（鎌倉遺文五一九〇）。

ここから、松尾教授の分析では「貴族出身の中級クラスの僧侶である宗性にして、三十六歳にして九十五人もの男色関係を持っていた」と告白し、亀王丸との男色関係は維持することを誓文にしたとする。「男色相手の数については上限を設定しても、男色自体については反省もしていない」として、中世の官僧世界では、女犯をしないために、男色はなんら恥じることではなく、「官僧集団の文化であった」と結論づけている(45)。

本郷教授も、ほぼ同類の史料分析から「法然を激しく糾弾した東大寺」僧の宗性の人物像を復原し、禁酒や男色を百人に制限した誓文について「断っておくが、宗性はふざけているわけではない。大まじめである。だから一層、開いた口がふさがらない」と評し、懺悔という言葉はあっても、懊悩し煩悶しながら現実を直視する力は学侶の眼中にはなかったと批判している(46)。

こうしてみれば、華厳宗の学僧にして東大寺別当という高僧にまで上り詰め、王権に奉仕し、なお南都律宗復興に貢献した僧宗性が、男犯・男色という破戒のままに、誓約文をつくり替えながら自誓受戒して笠置寺に籠もり禁欲・持戒・修行するという相矛盾した行動をとっていたといわざるをえないのである。中世僧侶の不婬戒《ふいんかい》の捉え方は、性行為一般の禁止という現代人の考える不邪婬戒とは全く異なっていたことがわかる。

このように中世僧侶の行動が戒律と相矛盾する場合があることは、官僧や高僧の顕密僧が妻帯を当然とする社会常識になっていたことと一致する。弘長三（一二六三）年の公家新制では、諸寺諸山の顕密僧侶は戒法を守るべきであるにもかかわらず「近来、頻《しき》りに宴飲を好み剰《あまつさ》え妻妾を蓄う」とし、「諸寺諸山に仰せて放逸無慚《ほういつむざん》を禁ずべし」と命じながら「但し、その身は戒律を闕《か》くと雖《いえど》も、これを棄つべからず……別請《べつしょう》の如き時に浄行を採用して後輩を励ますべし」と定めている。朝廷・幕府も中世国家では、破戒・妻帯の顕密僧を「放逸慚《はじ》ること無し」と非難しつつも、処罰や放逐することはなく、身分をそのまま保証し、わずかに僧籍の人事で持戒僧の登用を奨励しているにすぎない。国家権力がダブルスタンダードの価値基準の中で運営されていたのである。

末法意識や破戒状況の中で、叡尊らは戒律護持をすすめ、親鸞は公然と妻帯して無戒を主張した。両者のベクトルは正反対の方向を示していたと指摘される。中世僧侶の不邪婬戒のとらえ方が、現代とは全く異なっていることからすれば、改革のベクトルが逆を向いていて当然といえよう。

松尾教授は、日本の植民地時代に僧侶の妻帯が一般化した韓国で、一九五〇年代の妻帯反対運動や戒律復興によって、現在では妻帯否定派の僧侶が多数派になっている事例をあげる。日本で「現代においても戒律復興運動は可能と考えられます。学者にすぎない私がいうべき立場にないのですが、現在の日本仏教にも戒律復興が必要と思われるのです。すべての宗派がそうあるべきだというのではなく、少なくとも律宗を標榜する宗派は戒律復興に真剣に取り組むべき時期に来ているのではないでしょうか」という印象深い文章で著書を締めくくっている(47)。

自誓持戒に努めようとした宗性ら中世僧侶は、女犯をしないためには男色は許されると信じていたことはまちがいない。宗性には男色が不婬戒を破っているという自己認識はなかった。とすれば、持戒の宗性と、無戒の親鸞との距離はそれほど遠いことにならない。その問題をつぎに史料の中に探って見よう。

宗性はなぜ繰り返し誓文を書いたのか

宗性は、晩年になった正嘉二（一二五八）年九月九日に、それまでに彼自身が作成した誓文《せいもん》を整理して「禁断《きんだん》悪事《あくじ》勤修《ごんしゅ》善根《ぜんこん》誓状抄《せいじょうしょう》」という冊子本にまとめ上げた。それによると、宗性が誓文を自発的に作成し、悪事を禁断して善根を勤修しようとし始めたのは、文暦二（一二三五）年にさかのぼり、日付不詳のものが最初であったらしい。誓文をつくった作成日時と主な内容を一覧表に整理すれば、232頁の表の通りである。

誓文の文書様式をみるため、文暦二（一二三五）年六月十日の一例を見よう。始めに、「敬白十箇条誓願事」と書き出し、つぎに誓願の事項を箇条書きにする。「一、故らに法相中を宗に学ぶべき事」を一箇条から、「一、手ずから双六を打つべからざる事」の十箇条をあげ、「右、已上の十箇条事、一期生の間、笠置寺に参籠し、定め置く所、右の如し」とする。そのあと、「仰せ願くは此誓願に依り、其の微功に答え、滅罪生善、離苦得楽、臨終正念、往生内院」として、弥勒仏の世界である「兜率内院《とそつないいん》に往生し……早く弥勒慈尊に奉仕せんこと」を宿願にしたと誓い、年月日の下に「沙門宗性始之」と自署している(東大寺文書、鎌倉遺文四七六七)。

つまり、宗性が、「法相宗を学ぶこと」「本寺にもどり常住したいとの思いをしない」「世事について口論しない」「徳人の過失をあげつらうことをしない」「美食や五辛などを食しない」「双六を打たない」などの十箇条厳守の誓願を立て遵守を努力する。その期間は、九箇条目にあるように、笠置寺に参籠して初七日でも三七日の間でも一定期間内だと限定する。その目的は、笠置山に参籠期間中に自分の決めた戒律を遵守することの「微功」によって弥勒の兜率内院に往生・奉仕するという所願成就の契約を「弥勒菩薩や天衆地類《てんじゅじるい》・冥衆《みょうしゅ》」と結ぶためと書いている。

現代人が考える持戒のための自誓とは、戒律を一生涯遵守すると誓うことだと考える。しかし、中世人の宗性の誓文は、彼が弥勒菩薩や天衆地類・冥衆らが認める「微功」によって弥勒菩薩の世界に往生するための契約文である。それゆえ、「断酒・不婬・囲碁・将棋など一切勝負事はしない」と誓っても、「彼休息時分の外」という条件つきで、「休息中の三ケ日以内」は除外している。しかも「凌怠《りょうたい》の恐れあるといえども、冥衆の許を受けんと欲す」と、自分の怠惰に菩薩・天衆地類・冥衆の寛容さを願い出ている。現代人からみれば、約束の戒の遵守ができないことを前提にした誓願で、きわめて奇妙な約束である。しかし、中世人にとって自分の信仰する弥勒や釈迦・天衆地類・冥衆は、規律に厳格で罰力旺盛な厳罰主義者ではなく、微功や願・わずかな善心を「納受《のうじゅ》」してくれる寛容力の豊富な存在であった。

年不詳	五箇条起請文	金銀米銭不盗・魚類不食・一日一巻観音経転読・毎月一日非時食停止・菩提廻向
文暦二（一二三五）年六月十日	十箇条の誓い	十箇条（本文中に記述）
同　六月二十日	断酒の誓い	禁断酒宴の誓い（三十四歳）
同　六月二十二日	修行の誓い	別願・弥勒願力結縁のため修行
同　八月十三日	習字の誓い	内院業因のため習学
嘉禎二（一二三六）年四月二日	五箇条誓断	双六不可・ニラ葱不可・口論不可・不妄語・酒宴止の誓い
嘉禎三（一二三七）年十一月二日	五箇条起請文	四十一歳より笠置山籠居・男犯百人外不淫・亀王丸以外愛童不可・自坊上童不置・念者不可
嘉禎四（一二三八）年四月二十一日	墨筆奉納の誓	弥勒如来感応抄の墨筆奉納（三十七歳）
仁治四（一二四三）年正月一日	断酒の誓い	一生涯断酒（四十二歳）

こうしてみると、宗性は三十四歳から四十二歳にかけて多くの起請文や誓文を作成しながら、

それを遵守することができずに、破っては誓文の作成を繰り返していたことも納得がゆく。五十七歳になった正嘉二（一二五八）年九月九日になって、それまで破っていた誓文をまとめて一冊に仕立てた理由も「度々の誓状に及ぶと雖も、一々の禁制未必《みひつ》なり、内には遁《のが》れ難きを恐れ、外には多端を謗《そし》る、よってこれを守護のため今結集する所なり」とする。何度も誓文や起請文を作成しながら、その禁制を守ることができなかった。それは「未必」であって、破ることを意図したわけではない、内面の批判と外からの非難を恐れて、誓文を結集して冊子に仕立てたのだという。ここに中世人としての内面の自省が存在したといえる。

ここから、誓文に書かれたことは、宗性にとって絶対的にまもらなくてはならない規範ではなく、自発的意思による努力目標で、弥勒仏や冥衆はそれでも「微功」としてくれるものと信じていたといえよう。

中世の僧侶に持戒意識はあったのか

仏教の戒律では、信者も出家者も、不殺生・不盗・不婬・不妄語・不飲酒を五戒として遵守すべき戒とする。これに不非時食戒を含めれば六法戒、「歌舞観聴を離れ香油塗身」と「高広大《こうこうだい》床《しょう》を離れる」の二戒を加えて、八斎戒《はっさいかい》となる。ここまでが在家信者と出家僧侶がともに守るべき戒とされた。沙弥・尼以上の出家僧は、十戒以上の戒があり、比丘は二百五十戒・尼は三百四十八戒を遵守することが義務づけられた(48)。これらの持戒が、現代人と同様に中世人にも義務づけられたと仏教史では理解されてきた。

では、仏教の戒律である六法戒と、中世人の宗性の誓文における五戒とを比較して見よう。不殺生戒について、宗性の「魚類不食」の誓文には、「この条、子細遁れがたきこと、ならびに身命実助の時においてはこれを除くべし。所詮、遊戯のための美食等は永くこれを食せずや」との条件がつけられている（東大寺文書、鎌倉遺文四七六六）。やむをえない事情や病気などで生命滋養のために助けになるときは魚類を食してもよい。結局、遊戯のための美食として魚類を食することはしない、という意味になっている。

不盗戒についても宗性に誓文には「金銀米銭など重物を盗むべからざる事」となっている。金銀や米・銭などの「重物」＝重要な物を盗まないというから、逆説すれば、「軽物」である絹・布など繊維類や食物類などは盗んでもよいともいえる。中世社会では盗みが日常化していた側面と、重罪として村によっては死刑にされるほど罰則が重過ぎた側面の二面性があったことが指摘されている[49]。中世の犯罪観や法を守るべきだとする遵法観念には、現代の社会意識とは大きなズレが存在していたといわなければならない。

不飲酒戒については、宗性も何度も誓文を繰り返している。文暦二（一二三五）年、三十四歳で二通の「敬白　禁断酒宴事」の誓状を作成し（同、鎌倉遺文四七七二）、翌年四月にも五箇条誓文として「酒宴停止」を繰り返し、仁治四（一二四三）年正月四十二歳で「一生涯断酒」を繰り返している（同、鎌倉遺文六一四六）。

結局、不飲酒戒はまもれなかったが、遵守しようとする意志だけは他の戒よりも強かった証拠といえよう。ただし、文暦二（一二三五）年の誓文には、「末代愚鈍の凡僧と雖もいかでかほしいままに酒宴を好むべけんや」としながら、酒宴にも例外条件がつけられていた。「彼、良薬のためこれを服す。なお釈氏の儀に非ず、況《いわ》んや遊宴のためにこれを飲むや」と記している。良薬や法事の儀での飲酒は許され、遊宴での禁酒のみとの条件がつけられている。

こうしてみると、中世僧侶の宗性は、不盗・不殺生・不飲酒戒などの戒を無条件でまもるべき僧侶の厳密な戒律や遵守義務としては理解しておらず、条件付きの努力目標としていたといえよう。今日の我々が理解する仏教徒が遵守すべき普遍的で厳格な厳守規定のような戒律意識と、中世僧侶の戒律理解の差はきわめて大きいといわなければならない。

中世僧侶における破戒とはなにか

東大寺僧として華厳教学復興の祖とされる宗性《そうしょう》の史料群から、彼の戒律意識が現代人からみるときわめて異質で奇妙なものであったことを見た。在家信者の戒と僧侶のまもるべき戒律の区別も曖昧で、金銀銭の不盗・魚類不食や不非時食戒や不飲酒戒ですら条件付きでも遵守しえなかった。彼は女犯の禁をまもるためには稚児や童子との男色関係は許されるものと意識していた。

しかし、宗性の戒律意識を見ていると、凝然・叡尊・忍性らの戒律復興運動についても、現代人が考えるような原始仏教の本来の戒律思想を導入しようとしたものとみることはできないのではないかとの疑念がわき上がる。そもそも中世の時代、「原始仏教の本来の戒律思想」そのものが日本には伝来していなかったといわざるをえない。中世での戒律復興に主体的に取り組んだ禅律僧は、何の目的で戒律復興を主張したのか、中世寺院の集団修行生活の在り方をどのように改革しようとしていたのか、別の視点から問い直す必要が出てくる。本章の最後にこの問題を宗性の誓文から考えてみたい。

弥勒浄土に往生するための戒律遵守

まず、宗性の誓文で第一に注目されることは、彼が何度も戒律や誓いを自分に課したのは、弥勒如来の兜率内院に往生する信仰の業因・微功をつくるためだったことである。

嘉禎三（一二三七）年十一月、宗性三十六歳での「男犯は百人のほか婬欲を行うべからず」などの五箇条起請の誓文の最後には、「以前の五箇条は、一期生を限り、制断するところかくの如し、是すなわち身心清浄・内外潔斎し、弥勒知遇の業因を修し、兜率の内院に往生を遂げんがため也」と書いてある（東大寺文書、鎌倉遺文五一九〇）。これは、文暦二（一二三五）年の十箇条誓文の目的であった「誓願に依り……兜率内院に往生し……早く弥勒慈尊に奉仕せん」と全く同一である。宗性が誓文を書き直していたのは弥勒信仰により兜率の極楽に往生するためであった。

仁治四（一二四三）年正月一日、宗性四十二歳のときに立てた誓文の最後にも「願くはこの功徳をもって、現世久しく余算を持ち、身は病患なくして佛法を学び、當生に必ず兜率に詣で慈尊に眼礼せん」とある（同、鎌倉遺文六一四六）。ここから、宗性が戒律をまもろうとし、繰り返し誓文を立てるのは、戒律遵守が自己目的ではなく、弥勒菩薩の浄土である兜率天に往生するために自分に戒律を課して弥勒や天衆に努力の「微功」「業因」を見せるためであった。

第二は、宗性が兜率天の内院に生まれるために自分に課したものは、戒律だけではなく、経典転読・双六禁止・美食や葷・葱を服さず・禁酒など、今日からみれば、自制・自省ともいえないものも含まれていることである。誓文にはつぎのような努力目標があげられている。

「金銀米など重物を盗むべからず」「遊戯のため美食等を永く食ふべからず」「一日一巻を配し

て観音経を転読すべし」「毎月一日非時食を止めるべし」「自ら双六を打つべからず」「無益口論を致すべからず」「有徳・行人の過失を談ずるべからず」「毎年三百箇日酒宴を止むべし」「男犯は百人のほか淫欲を行うべからず」「亀王丸以外に愛童を儲けるべからず」など。

しかも、酒宴禁断でも「全く断つに非ず、すなわち病患を治すため良薬を用いんと欲す。すなわち六時の間三合は許す也」との条件付であった。現代人からみれば、その信仰告白は自己弁護の多い努力目標で、とても仏教本来の戒律思想とは思えない内容である。

しかし、現代人の視点から歴史を断罪してはならない。私たちに求められていることは、中世人のおかれた歴史的状況を正確に理解し、当時なぜそのような行動をとらざるをえなかったのか、それ以外の道がなかった必然性をあぶり出し、中世人が歴史的限界の中でどのように精一杯生き抜いてきたのか、その葛藤の跡をたどること、その中からより人間的な道を探ることである。

宗性にしてみれば、経典転読・双六停止や婬欲制限・男色の人数制限・酒宴六十日以内の制限もすべて同じ努力目標として戒律と同じものと意識していた。しかも、そうした努力が、すべて弥勒菩薩との結縁を可能にする「微功」「善縁」「功徳」になりうるものと信じていた。中世僧侶が考えていた戒律や自制心・自律心といったものと、現代人が中世僧侶は当然まもっていたと信じている戒律意識や戒律思想とは雲泥の差があったといわなければならない。宗性の戒律意識においては、信仰上の戒律と、一般道徳と法律上の遵守すべきことの区別が曖昧で混沌としていたといわざるをえない。

第三に、宗性は、弥勒の浄土に往生するための「微功」「功徳」の一つとして、官僧生活から離れ、笠置寺に籠居することを努力目標にしていた。

「毎年極短百日は笠置寺に居住すべきこと」「四十一年算ののち、常に笠置寺に籠居すべきこと」「笠置寺居住のとき、七日、二七日、三七日等心殷《しんえん》して修学すべし」などと誓文を記している。彼は笠置寺に参籠するごとに誓文を書き換えていた。

　笠置寺は解脱房貞慶（一一五五―一二一三）が中興した中世寺院であるが、大和との国境に位置する山城も併存しており、山道の巨岩には古くから弥勒菩薩や虚空蔵菩薩の磨崖仏が存在している（写真13）。笠置寺は奈良時代から弥勒菩薩の聖地として信仰され、古代から弥勒信仰の拠点と信じられていた。貞慶は建久四（一一九三）年、春日神を夢想して笠置寺に隠遁したのであり、貞慶から弥勒信仰を継承した宗性も弥勒信仰のために笠置寺に参籠したのである。

写真13　笠置寺にある巨石に線刻されている伝虚空蔵磨崖仏（京都府相楽郡）

　このように、笠置寺は山岳寺院で隠遁した僧侶が籠もって修行する集団生活の場・弥勒仏信仰の霊場として意識されていた。だからこそ、宗性も四十一歳以後になって「籠居する」といい、「笠置寺居住のときは修学」するものと誓って、自誓に向かって努力した。宗性は、「本寺常住」の日常生活の場と、笠置寺での修行生活とを区別していたことがわかる。修行寺院に参籠したときは弥勒仏との誓約により自制して修学生活を送ろうと努力したのである。

笠置寺における宗性の修行生活

では、宗性は集団での修行生活を行う場であった笠置寺でどのような修行生活を送ったのか。彼の笠置寺での修行生活の実態を物語る史料群は見られない。のこっている誓状の痕跡から、修行生活の様子を垣間見られるだけである。

たとえば、嘉禎三（一二三七）年十一月二日の五箇条誓状には「笠置寺住侶沙門宗性」と自署しており、笠置寺に籠もっていたときのものとわかる。

つぎの一文がある（「禁断悪事勤修善根誓状抄」）。

抑《そもそも》、近日、一期無双の善根を終《と》げ畢、何者去月十七日より今月三日に至り、梵網経の古迹を説く、徒衆《づしゅう》十余の輩、その結願《けちがん》に当る、今日禅忍御房を始め奉り、日に菩薩戒随意楽の所を誓い、欣《やす》く求むるは器量の堪能するところに任せ、十重禁戒の中、撰びてこれを受け持つ、宗性その座に列し、盡未来際《じんみらいのさい》、第一第二第五第九第十の五種戒を持つ畢

近日、これまでにない無双の善根を遂行した。去月十七日から今月三日まで『梵網経』の講義を行い、十余人の僧侶集団で結願日《けちがんひ》を迎えた。禅忍房信蓮《ぜんにんぼうしんれん》をはじめ菩薩戒の遵守を誓い、堪能す

る力にまかせ、十重戒の中から選択して持戒した。宗性自身は、第一・二・五・九・十戒の五種の戒律を持戒することにしたという。「無双の善根」という表現に彼の達成感がうかがえる。自署を見ると文字や書風から几帳面さが見える。

宗性は嘉禎三（一二三七）年十月十七日から十七日間、笠置山に参籠して修行生活を送った。禅忍房信蓮を筆頭とする十余人の僧侶集団と行動をともにした。『梵網経』を講読し菩薩戒の遵守を誓い、各人が自発的に力にあわせて五つの戒を選択した。その持戒を十一月三日までの十七日間は遵守する生活を送ったという。

これは、律令法である『僧尼令』のように外からの力によって戒律を強制されるのではなく、全く自発的に集まった十数人の僧侶集団の中で自主的に戒律遵守をしようと自ら誓い合う講習会を実施したことを意味する。少なくとも十七日間の山寺での集団修行生活の中で、自分の選択した誓いを遵守しようと努力したのである。当然、自発的僧侶集団の自主的持戒を努力目標とした山寺参籠の修行生活は、先例がなければ不可能である。この点に関する史料を探ると、東大寺宗性上人史料の中の書写奥書（「禁断悪事勤修善根誓状抄」）に、つぎのように記されている。

去年十一月十日より、今月今日に至り、一結同心して菩薩戒を受けんがため、行を加え、八斎戒を持す。正月十五日に至り、所期のごとく果たし遂げらるる道場は、海住山寺観音の宝前〈白地に御本尊絵像の釈迦三尊を副え安《やすん》ぜらる〉時剋は日出辰刻也。其の軌則《きそく》の日に戒を誓う也　戒の数の多少は而々意楽に依る、人数は合わせて二十一人、余其の席に列す。人身

大慶歟。于時承元五年辛未正月十五日記之　釈信蓮改能舜
聖人御房　唯忍房　唯蓮房　性心房　専行房　知足房　菩提房　寶阿弥陀仏　正願房　行願
房　弘誓房　浄恵房　教真房　修□房　証忍房　戒勝房　十念房　俊能房　舜定房　円□房
禅忍房信蓮

これは、承元五（一二一一）年正月十五日の釈信蓮の誓文である。つまり、去年＝承元四（一二一〇）年十一月十日から承元五（一二一一）年正月十五日まで聖人御房＝貞慶《じょうけい》（一一五五―一二一三）と結衆をつくった人たちが同心して菩薩戒を受戒するため、加行して八斎戒を持戒した。修行した場所は海住山寺《かいじゅうせんじ》（京都府木津川市）であった。盆地の丘陵山麓に位置し、鎌倉時代の役行者像をもち、古くから修験の道場として知られた山寺である。誓文の結衆に参加した僧侶たちは、十一面観音像の御前に釈迦三尊の絵像をかけ、朝八時頃、持戒をそれぞれに決めて誓った。人数は全員で二十一人、禅忍房信蓮もその座に列した。大慶にあまり、禅忍房信蓮＝改名して能舜がその記録をのこしたとある。この史料にはあとに「承元五年辛未正月十五日辰時日……沙門貞慶　御自筆を以てこれを書写す」と「禅忍御房自筆の本を以ってこれを写し畢　笠置寺住侶沙門宗性」との書写奥書がある。したがって、この史料は禅忍房信蓮の自筆本に貞慶が自筆書写したものをさらに宗性が借覧して書写したものと判明する。

ここから、東大寺の学僧宗性が笠置寺での『梵網経講』の講義や菩薩戒を持戒しようとする自誓受戒修行に参加した先例は、承元四（一二一〇）年十一月十日から承元五（一二一一）年正月

十五日の六十五日間にわたり、山城国海住山寺で貞慶をはじめ禅忍房信蓮ら二十一人が結衆をつくり、菩薩戒を持戒するための自誓受戒会の開催であったことが確定できる。

貞慶が示した起請五箇条と自誓受戒会

文暦二（一二三五）年から仁治四（一二四三）年ごろに、宗性は繰り返し誓文を書いては違犯しながら、笠置寺に参籠して自誓持戒の修行生活を送っていた。それは、貞慶が承元四（一二一〇）年に始めた自誓受戒会を先例としたものであり、宗性の弥勒信仰が貞慶から継承したものであったこととも一致する。

貞慶は承元二（一二〇八）年に笠置寺から海住山寺に移り、建暦三（一二一三）年二月三日に山寺で死去している。(50) 貞慶が舎利を奉納するために建て始め、死後の建保二（一二一四）年に完成させた五重塔が今も美しい寺観をたもって国宝となっている（次頁写真14）。貞慶は、死期を悟った建暦三（一二一三）年正月十一日につぎの文書（海住山寺文書、鎌倉遺文一九六六）を海住山寺の僧侶集団に示した。

海住山寺　起請五箇条

一、当山内をしてすなわち尼衆等の住むを許さしむべからざること（中略）

一、すなわち本寺は上中臈已下の来住を許すべからざること（同）

一、薪あるいわ材木など他処に出すべからざること（同）

一、他処において事ある人、此の山に移住を許すべからざること（同）
一、山中闘諍を停むべきこと（同）
以前五箇条は大切也。至要也。仍って病席に臥しながら人をしてこれを記せしむ。凡そ、師子の中の虫、能く師子を噉《くら》う。我が寺を滅すべくは只寺僧なり。観音大明神の御冥罰は深くこれを恐るべし。件の条々等制止を加うといえども、猶大事に及べば早く本寺菩提院に訴え申し定めて御評定ある歟、仍って起請如件

建暦三年癸酉正月十一日　　沙門　花押　（貞慶）

一条は尼僧の居住禁止、二条は男色のもとになる童子の上臈・中臈の居住禁止。この両条は今日でいうところの不婬戒の遵守にあたる。三条の薪・材木は山岳寺院の財政基盤であり、叢林《そうりん》の維持は山寺の命である。四条は末法の世では他所で問題を起こす人は本寺の居住を禁止している。五条は集会での口論が抜刀事件を生むとして、他所での披露や本寺大衆について語るべからずと決めている。

写真14　貞慶が建立を始め、死去の翌年に完成した海住山寺の五重塔（京都府木津川市）

　この五箇条こそ、海住山寺の僧侶集団が持戒したまま修行生活を送るために遵守すべき規則を、中世寺院法として制定したも

のである。
俊芿は建暦元（一二一一）年に帰国したとき、『占察経《せんざつきょう》』により自誓受戒したといわれ、嘉禎三（一二三七）年二月十五日に叡尊も大和海龍王寺《かいりゅうおうじ》で「近年泉涌寺儀《せんにゅうじぎ》を学び」自誓受戒を営んだことが『感身学生記』にみえる。貞慶と弟子禅忍房信蓮ら二十一人の海住山寺での自誓受戒会は承元四（一二一〇）年から承元五（一二一一）年であった。ここから、南都の戒律復興運動は俊芿の北京律に学んで展開されていたことが判明する。(51)

以上の検討から、南宋律院に学んだ俊芿の発意で始まった自誓受戒会を、南都律宗の貞慶や叡尊らが結衆をつくって広め、その活動が、鎌倉後期には東大寺僧の宗性らに継承されていたことが判明した。彼らは、自分で選択した二つや三つの戒を含めた誓願文を書き、なお遵守できないとしてさらに誓文の作成を繰り返していた。これについて、現代人の目からみて、禁酒もできず、お相伴の稚児とカップルを作り一日楽しくお酒を飲みながら、王権にのみ奉仕するご立派な学僧と彼を揶揄する研究者もいる（本郷和人『人物を読む日本中世史』）。しかし、末法の世だから戒律は無意味とする時代思潮の中で、先駆的な教えに心動かされて、十余人・二十一人という同心の結衆に参加し、修行期間だけでも戒律と自制・自省の集団生活を送り、自発的に誓願文・誓状を繰り返し書きためた宗性の内面的努力に、今なお心打つものがあるように私には思える。宗性がそれをできたのは、貞慶の教えを受けた信蓮らとともに自誓受戒会に参加し、加行していた努力の証であったと私は考える。

仏教は一個人の内発的な求道心のみに依拠して成立している。その原理は昔も今も変わらない。

注

（1）日本仏教の戒律問題については、石田瑞麿『日本仏教における戒律の研究』（在家仏教協会、一九六三年）がまとまった初期の研究成果である。そこでは、鑑真から最澄・法然・円戒・南都戒・俊芿の北京律・覚盛・叡尊の南都律など宗祖の戒律問題を総論的に論じている。平川彰「日本仏教の教団的特色」・同「日本思想史と戒律仏教」（ともに同『平川彰著作集第8巻　日本仏教と中国仏教』春秋社、一九九一年、初出は一九八二年）が、アジア仏教全体史の戒律問題の中での日本仏教の戒律問題の特質をまとめ、大乗・小乗戒、南都戒での自誓受戒などを論じた。日本仏教での律の形骸化については、蓑輪顕量「戒律論」（日本仏教研究会編『日本の仏教2　アジアの中の日本仏教』二、法藏館、一九九五年）参照。

（2）現代僧侶の妻帯一般化と戒律問題については、松尾剛次『破戒と男色の仏教史』（平凡社、二〇〇八年、一九四頁）参照。

（3）僧尼令は、井上光貞ほか『日本思想大系3　律令』（岩波書店、一九七六年、以下『律令』と略称）、僧尼令が隋唐令ではなく、梁や陳など南北朝時代の影響がつよいことは、『律令』五四二頁参照。

（4）僧尼令の規定と仏教の戒律との関係の研究史については、『律令』（前掲注（3）同じ）五四一頁。

（5）『根本説一切有部律』の全体像は日本では普及せず、各部門ごとに活用されることが多く、とりわけ僧衣についての規定が参考にされることが多かった。飲光の撰書は仏書刊行会編『大日本佛教全書』（名著普及会、一九八〇年）第七十四冊服具叢書第二のものを利用した。

（6）原始仏教のサンガという僧伽集団が定めた自発的戒律については、平川彰「原始仏教におけるサンガの意義」・「サンガ結合の精神的紐帯」（『平川彰著作集第11巻・第12巻　原始仏教の教団組織Ⅰ・Ⅱ』春秋社、二〇〇〇年）。戒律の罰則規定としての波羅夷法については、二百五十戒の各条項について、『平川彰著作集第14・15・16・17巻　二百五十戒の研究　Ⅰ・Ⅱ・Ⅲ・Ⅳ』（春秋社、一九九三〜九五年）がある。

（7）辻善之助『日本仏教史　全十巻』（岩波書店、一九四四〜五五年）は、各時代に寺院・僧侶の堕落・破戒現象とその改革・革新運動が起きたとし、その繰り返しとして日本仏教史を体系化した。『第一巻上代編』と「結語」（第十巻）にその特徴がよく見られる。

（8）最近の辻仏教史学への批判的検討については、オリオン・クラウタウ「辻善之助の仏教史学とその構想」（『近代仏教』十五、二〇〇八年）や上野大輔「日本近世仏教論の諸課題」（『新しい歴史学のために』二七三、二〇〇九年）、澤博勝『近世宗教社会論』（吉川弘文館、二〇〇八年）、大桑斉『近世の王権と仏教』（思文閣出版、二〇一五年）などが注目される。

（9）伊藤清郎「中世の僧綱制」（『中世日本の国家と寺社』高志書院、二〇〇〇年）、牛山佳幸『古代中世寺院組織の研究』（吉川弘文館、一九九〇年）、土谷恵「平安前期僧綱制の展開」（『史艸』二四、一九八三年）。

（10）平雅行「中世仏教と社会・国家」（『日本中世の社会と仏教』塙書房、一九九二年）、岡野浩二「僧綱制の変質と僧綱身分の成立」（『平安時代の国家と寺院』塙書房、二〇〇九年）。

（11）『大宮時元下請符集』、この史料については、拙著『科研成果報告書　室町期禁裏・室町殿統合システムの基礎的研究』（国立歴史民俗博物館、二〇一二年）所収。

（12）『興禅護国論』の現代語訳は、古田紹欽『日本の禅語録一　栄西』（講談社、一九七七年）に拠った。古田紹欽「栄西の「出家大綱」をめぐって」（『禅文化研究所紀要』一〇、一九七八年）、『出家大綱』は建久六（一一九五）年に草稿が書かれ、正治二（一二〇〇）年に推敲したとある。出家大綱の注釈・訳本は多いがここでは中尾良信訳「出家大綱」（髙橋秀栄・中尾良信『大乗仏典　中国・日本篇　第二十巻』中央公論社、一九八八年）を用いた。

（13）禅律僧による衣食革命と生活文化との関係については、大塚紀弘「律法興行と律家の成立」「中世社会における持斎の受容」（『中世禅律仏教論』山川出版社、二〇〇九年）、栄西の持戒持斎については、和田有希子「鎌倉初期の臨済禅」（『佛教史学研究』四九―一、二〇〇六年）。栄西の弟子退耕行勇と上野長楽寺栄朝ら門流と幕府との関係について検討し、東大寺大勧進や高野山金剛三昧院に関する最新の研究として、中村翼「栄西門流の展開と活動基盤」(『年報中世史研究』三八、二〇一三年)参照。

(14) この因縁譚の主人公・須提那(スダーナ)は、漢訳の『四分律』・『五分律』・『十誦律』・『根本有部律』でも本人と父の名とも一致し、上座部系諸律ではSudinnaスディンナとすべて一致していることから、同一の源泉から出ているという(平川彰「波羅夷法の研究」『平川彰著作集第17巻　二百五十戒の研究Ⅳ』春秋社、一九九五年、一四二頁)。

(15) 石田瑞麿『女犯—聖の性』(筑摩書房、一九九五年、一四頁)、蓑輪顕量「戒律論」(前掲注(1)同じ)。

(16) インド仏教史は、仏教史誕生から紀元前後までの初期仏教、紀元前後から六世紀ころまでの中期仏教(大乗仏教)、六世紀から十四世紀のインド仏教滅亡までに三期にわける。紀元後から一世紀、後漢の時代に仏教が伝来し、中国仏教が独特な発展をとげることになった。仏教の変遷の中で、「ゴーダマ・ブッダ」が「ほとけ」に変化する仏教思想史については、国立民族学博物館名誉教授の立川武蔵『ブッダから、ほとけへ』(岩波書店、二〇一三年)。中国仏教史では、道端良秀『唐代仏教史の研究』(法藏館、一九八一年)、鎌田茂雄『中国仏教史』全8巻(東京大学出版会、一九九八年)を参照した。

(17) 佐藤達玄『中国仏教における戒律の研究』(木耳社、一九八六年)。

(18) 平川彰「日本思想史と戒律仏教」(前掲注(1)同じ)。

(19) 叡尊ら西大寺流真言律については、細川涼一『中世の律宗寺院と民衆』(吉川弘文館、一九九三年)、松尾剛次『中世律宗と死の文化』(吉川弘文館、二〇一〇年)参照。

(20) 飲光撰「南海寄帰内法伝解纜鈔八巻」(『大日本仏教全書』所収)は、インド寺院の修行生活の作法・年中行事・内部規範を詳細にわたって解説したもので、日本で唯一のものである。宮林昭彦・加藤栄司訳『現代語訳　南海寄帰内法伝』(法藏館、二〇〇四年)が、インド寺院生活の実態を現代語訳して鈴木学術財団特別賞を受賞した。

(21)梅原猛「第11講明恵・叡尊・忍性　厳しく戒律を守った三人の名僧」(『週刊朝日百科　仏教を歩く11』朝日新聞社、二〇〇三年)。
(22)『平川彰著作集第8巻　日本仏教と中国仏教』(前掲注(1)同じ、二一七頁)。
(23)これら最澄・円仁・円珍関係の史料群の図版は、東京国立博物館ほか『比叡山と天台の美術』(朝日新聞社、一九八六年)参照。
(24)日本に伝来した僧侶の伝記については、榎本渉『南宋・元代日中渡航僧伝記集成』(勉誠出版、二〇一三年)、中国での独自の仏教文献の刊行史については鎌田茂雄「仏教文献の撰述」(『中国仏教史』第6巻、前掲注(16)同じ、四九九―五〇三頁)。
(25)中村元監修・奈良康明編集『日本人の仏教』全十巻(東京書籍、一九八三年)。
(26)和辻哲郎『日本倫理思想史上・下』(岩波書店、一九五二年)、このうち、上巻三七三―四二〇頁)。
(27)松尾剛次『新版鎌倉新仏教の成立』(吉川弘文館、一九九八年)、細川涼一『中世寺院の風景』(新曜社、一九九七年)や前掲注(19)などが注目される。
(28)天台円頓戒については、田中貴子『渓嵐拾葉集の世界』(名古屋大学出版会、二〇〇三年)、寺井良宣『天台円頓戒思想の成立と展開』(法藏館、二〇一六年)。
(29)蓑輪顕量『中世初期南都戒律復興の研究』(法藏館、一九九九年)、大塚紀弘『中世禅律仏教論』(山川出版社、二〇〇九年)。
(30)近世の律宗復興運動については、平川彰「日本思想史と戒律仏教」(前掲注(1)同じ)、松尾剛次「近世以後の戒律復興」(『破戒と男色の仏教史』前掲注(2)同じ)や、近年、西村玲『近世仏教思想の独創』(トランスビュー、二〇〇八年)が普寂徳門の浄土律を論じている。
(31)最近では賢俊良永や慈忍の青龍山野中寺律僧坊について、藤谷厚生「近世初期における戒律復興の一潮流」(『四天王寺国際仏教大学紀要』二、二〇〇三年)や同「近世戒律復興と野中寺律僧坊」(『印度學佛教学研究』五九―一、二〇一〇年)、天台円頓戒では、長谷川匡俊「近世天台律宗の復興者法道の行動と思想」(『淑徳大学研究紀要』二五、一九九一年)など近世戒律の新研究が蓄積されている。
(32)黒田俊雄『日本中世の社会と宗教』(岩波書店、一九九〇年)、平雅行『日本中世の社会と仏教』(前掲注(10)同じ)、松尾剛次『新版鎌倉新仏教の成立』(前掲注(27)同じ)、細川涼一『中世の律宗寺院と民衆』(前掲注(19)同じ)。
(33)とりわけ、三階教は貧民の救済事業として寺院の借銭活動を「無尽蔵」として展開して、民衆の支持をえた。唐代では政治権力の弾圧で教団は消滅したが、教学上も後世に大きな影響を与えた。矢吹慶輝『三階教之研究』(岩波書店、一九二七年、二刷一九八三年)、西本照真『三階教の研究』(春秋社、一九九八年)参照。
(34)家永三郎・多田厚隆『日本思想大系9巻　天台本覚論』(岩波書店、一九七三年)、田村芳朗『本覚思想論』(春秋社、一九九〇年)、栗田勇『最澄と天台本覚思想』(作品社、一九九四年)、大久保良峻『天台教学と本覚思想』(法蔵館、一九九八年)をはじめ、二十一世紀に入っても花野充道『天台本覚思想と日蓮教学』(山喜房佛書林、二〇一〇年)などがある。
(35)本覚思想の批判としては、袴谷憲昭『本覚思想批判』(大蔵出版、一九九八年)や松本史朗『縁起と空―如来蔵思想批判』(大蔵出版、一九八九年)などがある。
(36)『岩波講座　東洋思想　第十二巻　東アジアの仏教』(岩波書店、一九八八年)、横内裕人『日本中世の仏教と東アジア』(塙書房、二〇〇八年)、国立歴史民俗博物館・松尾恒一編『東アジアの宗教文化』(岩田書院、二〇一四年)。
(37)石田瑞麿『日本仏教における戒律の研究』(前掲注(1)同じ)、松尾剛次『中世律宗と死の文化』(前掲注(19)同じ)。
(38)寺井良宣「伝信和尚興円の円戒思想」(『仏教と福祉の研究』永田文昌堂、一九九二年)・同「黒谷流による叡山戒法復興の思想」(『西教寺真盛と日本天台の思想』永田文昌堂、一九九七年)や舩田淳一「中世叡山の戒律復興」(『仏教大学総合研究所紀要』十六、二〇〇九年)など参照。

（39）自誓受戒については、叡尊『東洋文庫　感身学正記1』（訳注細川涼一　平凡社、一九九九年、七六頁）、舩田淳一「南都戒律復興における受戒儀礼と春日信仰の世界」（『神仏と儀礼の中世』法藏館、二〇一一年、二五九頁）。

（40）中世人独特の契約思想については、笠松宏至『中世人との対話』（東京大学出版会、一九九七年）、拙論「中世契約状における乞索文・圧状と押書」（『日本中世債務史の研究』東京大学出版会、二〇〇一年）。

（41）遁世僧・聖に関する新研究は平雅行『日本中世の社会と仏教』（前掲注（32）同じ）。

（42）禅律僧の社会的役割については、笠松宏至「仏物・僧物・人物」（『法と言葉の中世史』平凡社、一九八四年）、細川涼一『中世の律宗寺院と民衆』（前掲注（19）同じ）参照。

（43）曹洞禅や東密の地方寺院への伝播については、広瀬良弘『禅宗地方展開史の研究』（吉川弘文館、一九八八年）、藤井雅子『中世醍醐寺と真言密教』（勉誠出版、二〇〇八年）が新しい研究動向を拓いている。

（44）東大寺学僧の宗性については、平岡定海『東大寺』（教育社歴史新書、一九七七年）、平岡定海『東大寺宗性上人之研究并史料』（日本学術振興会、一九六〇年、再刊臨川書店、一九八八年）、凝然の事蹟は、六百五十年忌記念として刊行された新藤晋海編『凝然《ぎょうねん》大徳《だいとく》事績《じせき》梗概《こうがい》』（東大寺教務部、一九七一年）に史料も集成されて詳しい。

（45）松尾剛次『破戒と男色の仏教史』（前掲注（2）同じ、九六頁）。

（46）本郷和人『人物を読む　日本中世史』（講談社、二〇〇六年、四六～五七頁）。

（47）松尾剛次『破戒と男色の仏教史』（前掲注（2）同じ、一九九頁）。

（48）平川彰『平川彰著作集第11巻　原始仏教の教団組織I』（前掲注（6）同じ）。

（49）窃盗・喧嘩などを武家法では「軽罪」「指たる重科にあらず」とする一方で、本所法では「殺害盗犯等重科」とし、「窃盗の儀…披露に及ばず切りすつべきこと」が決められていた。全く相反する法理が中世社会では矛盾なく並存していた。笠松宏至「盗み」（網野善彦ほか編『中世の罪と罰』東京大学出版会、一九八三年）参照。

（50）貞慶に関係する釈迦像・春日信仰・観音信仰・戒律興行願書などの資料群は、奈良国立博物館の八〇〇年遠忌特別展『解脱上人貞慶—鎌倉仏教の本流—』（展示図録、読売新聞社ほか、二〇一二年）に写真とともに集成されている。

（51）俊芿は帰国後、一二一一年に『占察経』により自誓受戒としたという。他方、貞慶・覚真・信連らが菩薩戒により自誓受戒が「近年泉涌寺の儀を学ぶ」（『感身学生記』）として一二一〇年十二月から一二一一年正月に行われた。両者の密接な関係を指摘する蓑輪顕量「俊芿の戒律理解」『中世初期南都戒律復興の研究』（前掲注（29）同じ）の見解が出ているが、状況証拠からの推定である。新史料の発見による論証は今後の研究課題である。

第四章

仏教革新における戒律の役割

鎌倉仏教に戒律をもたらした僧侶

俊芿《しゅんじょう》・貞慶《じょうけい》・宗性《そうしょう》・叡尊《えいぞん》・忍性《にんしょう》らによって進展した戒律復興運動について、宗性という個人の中世僧侶の関係史料を用いて再検討してきた。その結果、中世社会意識としての戒律は、原始仏教の説く厳格な戒律とは全く異質なものであることをあきらかにした。末法の世界では破戒僧は当然視されていたのである。そのため、受戒や持戒は自発的に結衆《けつしゅう》をつくり器量と胆力にあわせて自誓持戒し、自分の信仰する仏の浄土に往生しようとする自発的信仰行為を奨励するものであったことも判明した。

そこで、本章からは「自誓持戒の思想＝鎌倉期の仏教思想の淵源がどこにあったのか」を検討し、九〜十世紀の仏教史について新たな史実を探り出したい。

寺法で定めた戒律による自誓受戒会の開催

宗性関係史料によって判明したのは、宗性は、貞慶の説いた弥勒信仰を深く信じ、その浄土である兜率天《とそつてん》に往生するための積善行為として笠置寺《かさぎでら》や海住山寺に参籠し、自誓受戒会に参加して、誓文《せいもん》を何度も書き直しながらその自発的持戒努力をつづけたことである。

貞慶の自誓受戒会に参加した宗性や禅忍房信蓮らも修行生活を離れると、一般僧侶と同様の戒律思想をもっていた。その特徴は、第一に、末法の世界では僧侶の妻帯や戒律を遵守しない僧侶の存在は当然視されており、戒律はすべて条件付きの遵守規定と考えられていた。不盗戒は「金銀米銭など重物を盗まず」というもので、軽物《かるもの》（布・織物など）は含まれていない。飲酒も「良薬のためにこれを服す」という。女犯《にょぼん》遵守のためには男色《だんしょく》は正当化された。中世僧侶は今日の常識でいう厳格な戒律遵守の思想をもちえていなかった。

他方で、彼らの一部は自発的に弥勒信仰のための積善行為を行う自主的僧侶集団を募り、笠置寺や海住山寺・海龍王寺《かいりゅうおうじ》・高山寺など山岳にある寺院、すなわち山寺で一定期間、集団で修行生活を送り始めた。『梵網経《ぼんもうきょう》』を講読し菩薩戒の遵守を誓い、各人が自発的に自分の器量と胆力にあわせて十重戒の中から戒を自主選択して持戒した。この作法を自誓受戒会といった。

第二の特徴は、自誓受戒会は独自の釈迦信仰や弥勒信仰のために結衆を募って集団での修行生活を実践しようとした。貞慶が始めた自誓受戒会は、禅忍房信蓮ら二十一人の結衆を募って、承元四（一二一〇）年十一月十日から承元五（一二一一）年正月十五日までの間、山城国海住山寺で籠もって各自が選択した戒の持戒生活を送った（『東大寺宗性上人之研究并史料』）。貞慶は建暦二（一二一二）年に興福寺の常喜院を建立し、弟子覚真《かくしん》とともに二十人の結衆をおいて戒律道場とした。叡尊は嘉禎二（一二三六）年七月十七日、その常喜院で覚盛《かくじょう》・有厳《ゆうごん》・円晴《えんせい》らと同心して、九月一日からの自誓受戒会を実施した。叡尊も、嘉禎三（一二三七）年二月に大和の海龍王寺に移り、四月から五月に「近年泉涌寺の儀を学び」長期間の持斎戒《じさいかい》を護持し、法衣《ほうえ》（共同の法服）

を着して持戒会《じかいえ》を行った（『感身学生記』嘉禎三年条）。しかし、僧侶が集団で食事をする「僧食《そうじき》」ではなく、各自が別々に食事する「別食《べつしょく》」であった。同心の結衆らが一定の期間、自誓受戒の修行生活を寺院に籠もって集団で実施すること、すなわち「泉涌寺の儀」を学んで南都の律宗寺院で実施される機会が広がった。持戒の程度はまちまちであるが、自発的な僧侶集団が自分の器量と胆力に応じて戒律を自主選択しながら集団修行生活を試みる宗教運動が登場したのである。

　この運動こそ、日本仏教史の中で僧侶が自発的に主体的に戒律を遵守しようとした最初の持戒運動と評価できると私は考える。本来、仏教の戒律とは、キリスト教のように神によって命じられたものではなく、また国家によって強制されるものでもなく、釈迦を信じて自発的努力によって内発的に遵守する自律的性格をもつものである。僧侶の個人の信仰心に依拠して自発的自制・自省の集団生活を送り、自発的に誓願文・誓状を繰り返すことによって戒律思想を強化する努力が日本仏教史の中ではじめて登場したものといえる。

　貞慶が、建暦三（一二一三）年正月十一日に「海住山寺起請五箇条」という海住山寺特有の寺院法を制定した（鎌倉遺文一九六六）ことは前章で見た。第一に女犯のもとになる尼僧の居住を禁止し、第二に男色《だんしょく》のもとになる上臈《じょうろう》・中臈童子《ちゅうろうどうじ》の居住を禁止した。第三に悪僧など不善輩《ふぜんのともがら》の山内移住を禁止し、僧侶集団内部での山中闘諍の停止を規定した。つまり、不婬・不殺生・不盗・不妄語の四戒を中世寺院の寺法として定めたところに特質があった。戒律が海住山寺の寺院法として制定されたのである。

　貞慶は戒律を個別の寺院法の中に組み込んで自発的に遵守する方式を始めた。ここに僧侶個人が自主的に遵守すべき戒律思想が、特定山岳寺院の寺院法となる体制がはじめて準備されたことになる。中世日本での戒律は個人が自発的に誓い持戒するものから、寺院が寺法として遵守するものとして成長し始めた。貞慶の戒律復興運動は、弥勒信仰の奨励・笠置寺と海住山寺における独自の寺院法制定・山寺での結衆参籠修行と兜率天往生のための自誓受戒会という三つの要素がセットになっていたことがわかる。笠置寺と海住山寺という山寺は、戒律による僧侶集団生活の場として中興されたものといえる[1]。

国家法たる『僧尼令』による戒律の内実

古代仏教において僧侶はすべて律令の『僧尼令』に定められた国家公務員であり、官僧であった。それゆえ、古代の戒律は自発的に僧侶が守るべき規定ではなく、国家法として『僧尼令』とされ、外から僧侶らに強制されるものであった。

『僧尼令』の第一条には「上《かむ》づかた玄象《げんぞう》を観、偽《いつ》はって災祥《さいしょう》を説き、こと国家《こくけ》に及び百姓を妖惑《ようわく》し、兵書を習ひ読み、人を殺し、奸《かん》し、盗《とう》し、及び詐りて聖道得たりと称せらば、並びに法律によりて官司《かんじ》に付《さづ》けて罪科《つみおほ》せよ」とある（『日本思想大系　律令』）。

僧尼が天文現象を観察し災禍吉祥《さいかきつしょう》を予想し、天皇について語り百姓を惑《まど》わし、兵書を読むことを禁止した。これらが国家に対する犯罪にあたる。

つづいて「人を殺し、奸し、盗し、及び詐りて聖道得たりと称せらば、並びに法律によりて官司に付けて罪科せよ」と定めた。殺人・奸・盗・悟りの詐称の四つを僧尼の犯罪とした。この四つの犯罪は、『梵網経』の十重戒のうち、不殺生戒・不盗戒・不婬戒・不妄語戒の四つに相当する。つまり、仏教の説く戒律の四戒を律令法として制定したことになる。

反対に、第二条では、「吉凶を卜ひ相《うらな》り《はか》、小道、巫術して病療《いや》せらば皆還俗」と規定した。僧尼が、吉凶をトい、術で病気を治療したりした場合は、僧籍を剥奪して還俗処分とした。

第五条でも、「寺の院に在るに非ずして別に道場を立てて衆を聚《あつ》めて教化し……罪福を説き、長宿をうちうてらば皆還俗」と規定した。官寺以外の場で僧尼が民衆に布教したり、説教することを禁止し、違犯した場合は、すべて国法による犯罪とされ「還俗」を強制された。古代の僧侶・尼僧には、自発的自主的な布教・宗教活動はすべて禁止されていたのである。

そのうえ第二十一条は、「僧尼犯有らむ《ぼむ》、格律に准《なずら》ふるに、徒《づ》年以上なるべくは、還俗せよ」と規定した。僧侶が犯罪を犯した際は、まず還俗させて、さらに法律によって官司に付けて処罰する規定である。還俗せずに僧職である間は罰せられない、これが僧侶の身分特権でもあった。ほかに、つぎのような規定も設けられた。童子を取ることの公認。飲酒・食肉・五辛を服することとの禁止。音楽・博戯の禁止。僧房に婦女、尼房に男夫を停めることとの禁止。私の園宅財物所持の禁止。要するに、『僧尼令』は国家が僧尼の行動を詳細に規制し、禁止的条項が多かった。

本来、原始仏教の僧伽サンガでは、インド・中国以来自己規制としての戒律が存在していた。平川彰の研究によれば、仏教では釈迦の教えに従うために出家して独身の禁欲生活を送るための自発的自己規律が戒律であり、それを犯した場合には波羅夷《はらい》の罪を受け、僧尼集団からの追放が最高の刑罰を意味した。平川は「日本では戒律が強制的規範と受けとられて、道徳よりも法律に近いかたちで理解されている」と指摘する(『平川彰著作集第8巻　日本仏教と中国仏教』)。

平安期には、律令制の動揺とともに『僧尼令』も忘れられ、国による強制がなくなった。鑑真以後の平安期になると、持戒は出家のための作法として必要なものと考えられた。平安期の出家では、大和《やまと》東大寺・下野《しもつけ》薬師寺・筑紫《つくし》観世音寺での得度でも、最澄の比叡山の戒壇においても、戒律の受戒が僧侶に認定されるための国法とされた。王朝国家の認定・許可がなければ登壇受戒は不可とされ、得度も出家もできず、僧侶になれないという社会意識が一般化した。

天台・真言による戒律の受容の仕方も、朝廷に国家的戒壇の創始を公認してもらうという手続きをとった。古代寺院の僧侶集団が自発的に戒律遵守の自己規制運動を内発的に提起するような思想改革運動は、古代仏教史の中には見られない。

律令制の弛緩とともに『僧尼令』の規定が強制されることはなくなり形骸化した。妻帯の禁止・飲酒・食肉・五辛などの飲食の禁止などは忘れられ、寺家《じけ》や院家《いんげ》での僧侶の生活では、破戒や妻帯が流布していった。「日本仏教には自発的に修行するという基本的な態度が稀薄であった」(同書、三四四頁)。しかも、末法思想の流布とともに日本仏教の戒律軽視、僧侶の堕落・荒廃は当然視されていった。こうした中で、貞慶や俊芿らにより自誓受戒会の努力がはじめて十三世紀初頭に発生・登場したのである。

日本仏教に移入された宋の律院生活

ここで注目したいのは、南都の貞慶・覚盛・叡尊らが始めた自誓受戒会が、「泉涌寺の儀に学んで」実施されたことである。泉涌寺は、入宋僧で北京律《ほっきょうりつ》の俊芿が、大和国司中原信房《のぶふさ》の寄進を受けて建立した寺院である。したがって、自誓受戒会は、南都の山岳寺院で始められた運動であるとともに、俊芿によって京都の泉涌寺ですでに先行実施されていたのである。貞慶の律宗も、叡尊の西大寺流律宗も、俊芿の北京律とともに、宗派仏教の枠を超えて相互に交流し合う中で、戒律復興の宗教活動を展開していた。

俊芿（一一六六―一二二七）は肥後で生まれ、捨子として育ったので、不可棄《ふかき》と号した。筑前観世音寺で受戒し、律を学ぶために建久九（一一九三）年に三十三歳で渡宋して、秀州の超果《ちょうか》教院《きょういん》や臨安の下天竺寺《げてんじくじ》に学んだ。中国仏教界に戒律五十三問を提出したが、律院の律師の中に誰も答えられるものがいなかったといい、中国僧の尊敬を集め、著名になった。自発的な戒律思想の実践と研究は中国僧の水準を超越して日本に導入された。

建暦元（一二一一）年、長門に帰国し、建保六（一二一八）年、東国御家人宇都宮氏の一門である中原信房が仙遊寺を俊芿に寄進した。この信房は、朝廷の地下官人《じげかんじん》造酒正《みきのかみ》中原宗房《むねふさ》の孫で蔵人所《くろうどどころ》の「所衆」でもあり、鎌倉御家人ともなり建永元（一二〇六）年四月三日には大和国司であった（『三長記』）。豊前や関東など全国各地に所領をもち、豊前宇都宮氏の始祖となった人物である。(2) 俊芿は、承久元（一二一九）年に荒廃していた仙遊寺を再興のため泉涌寺と改名し、「泉涌寺勧縁疏《かんえんそ》」を作成して貴賤に勧進を呼びかけた。宋で身につけた漢文能力と黄山谷《こうさんこく》（黄庭堅《こうていけん》）の書流を学んだ彼の勧進文は、「文章筆蹟時人の耳目を驚かした」（辻善之助『日本仏教史』二〇七頁）という。後鳥羽院も感銘を受けて勧進に応じた。公武・朝野の支援で堂塔復興して、宋の律院生活が導入され、北京律の道場となった。俊芿自筆の「泉涌寺勧縁疏」は国宝として寺家に伝来する。(3) 貞慶も俊芿に会って年来の疑問が氷解したという。叡尊に学んで東大寺戒壇院を再興して凝然《ぎょうねん》らを輩出した円照《えんしょう》上人の『東大寺円照上人行状《とうだいじえんしょうしょうにんぎょうじょう》』(『続々群書類従』第三史伝部)には、「嘉禎三(一二三六)年丁酉春、俊芿法師律宗の上足《じょうそく》門人、号して来縁定舜《じょうしゅん》大徳に請い、海龍王寺に於いて大小の律書等を講せしめ、五部を総て終る」とある。叡尊や海龍王寺の長老乗願や玄忍らが、俊芿の弟子定舜を寺に呼び、布薩の行事(懺悔の会)と律蔵の学習を行ったことがわかる。

嘉禎三(一二三六)年には、俊芿の再興した泉涌寺と南都の律宗寺院の僧侶らが宗派の枠を超えて交流して、宋から持ち込まれた律蔵の自主的学習を組織していた。今や中国仏書の戒書『四分律』が、律院生活の修行道場の規範となっていた。ここにいたって戒律は、学門としての戒律思想としてではなく、自発的修行集団生活の規律となって日本仏教史の中に登場したといえよう。

鎌倉への真言律宗の導入と非人救済

叡尊は釈迦信仰を重視し、太子信仰や文殊信仰を奨励するとともに、興福寺の覚盛《かくじょう》らとともに結衆をつくり自誓受戒会を行った。叡尊は西大寺を拠点に律宗を復興したといわれるが、西大寺は称徳天皇発願の寺で、四王堂《しおうどう》を本拠とする法相宗の寺僧が活動していた。西大寺の寺僧集団は、興福寺末寺として西大寺別当の管理下に置かれていた。叡尊は西大寺の子院宝塔院《ほうとういん》を拠点にして律僧の育成に当たり、律僧の集団が増加した。これにより、西大寺には法相宗の寺僧と律宗の律僧の二つの僧侶集団が併存するようになった。こうしたことから、叡尊は律僧集団を管理する西大寺長老となった。一方、寛元三（一二四五）年には家原寺《えばらじ》の塔頭清涼院《せいりょういん》の住持となり、家原寺を再興した。家原寺は行基（六六八―七四九）が慶雲二（七〇四）年に自らの生家を寺にしたもので、その後荒廃していたが、叡尊は文殊菩薩の化身とされた行基信仰にもとづいて復興させた。

鎌倉・南北朝期にも寺勢が伸長して、室町幕府の足利尊氏によって国ごとに安国寺が置かれたが、和泉国では家原寺に置かれた。(4) 越後国府（新潟県上越市）には、府中八幡宮に隣接して「安国寺」の通称が今ものこっている。周防国分寺も律院となった。鎌倉極楽寺長老の忍性《にんしょう》や善願《ぜんがん》が相次いで東大寺大勧進に補任された時、「日本国々分寺再興之沙汰」（周防国分寺文書九六号）が出たという（拙著『中世国家と天皇・儀礼』二八六頁）。律宗の長老が東大寺や国分寺再興の勧進僧として活躍した。

奈良般若寺の住持良恵《りょうえ》も叡尊の弟子である。叡尊自筆の「般若寺文殊菩薩供養願文」をえて、本尊の文殊菩薩像を造立し、文永六（一二六九）年、叡尊とともに非人二千人を般若野《はんにゃの》五三昧所《ごさんまいしょ》に集めて文殊供養を行った。彼は観良房良恵といい、忍性の字《あざな》良観房と似ており、両者が混同されてきたが、忍性は文永四（一二六七）年には関東に下向しており、般若寺の良恵とは区別されなければならない（細川涼一訳『感身学生記』二八六頁）。いずれも、弥勒・釈迦・文殊・太子など各自の選択した「ほとけ」と戒律の遵守を誓約して修行期間の持戒を貫こうと努力した。

叡尊は弘長二（一二六二）年に関東に下向し（『関東往還記』）、五年後に弟子忍性も東下して、常陸国の三村寺《みむらじ》、相模国の極楽寺《ごくらくじ》を拠点に律宗を広めた。極楽寺は、執権北条重時《しげとき》の子息業時《なりとき》が、忍性を開山にして開基した寺院である。忍性は文殊菩薩図像を母の十三回忌までに作成し、非人とされた人々を文殊菩薩の化身だとして、彼らを救済することが母の追善供養になると信じていたという。(5)極楽寺は東国での非人を組織した最初の中世寺院となった。

一方、金沢称名寺《しょうみょうじ》は、北条実時《さねとき》が文応元（一二六〇）年に亡母の七回忌に念仏寺院として建立したものである。弘長二（一二六二）年、関東に下向した叡尊に教化された実時は、念仏宗から真言律宗に改宗することを申し出た。叡尊は氏寺・菩提寺への常住を拒否し、無縁寺の鎌倉新清涼寺釈迦堂に住んだため、北条実時は忍性に開山の斡旋を依頼した。忍性は、下野薬師寺の妙性房審海《しんかい》を推挙した。文永四（一二六七）年に審海が開山長老として入寺して、称名寺は真言律宗となった。建治二（一二七六）年には本尊の弥勒菩薩立像が造立された。弘安七（一二八四）年、審海は律院としての寺院生活規則として「称名寺規式《きしき》」を制定した。そこでは、『四分律比丘戒本』を毎月、集団で読誦することが義務づけられ、僧徒も行者も必ず同伴者を伴って二人以上で外出することなど、五箇条の制法が定められた。同伴者は「犯戒の悪縁を遁れんがため」の手段である。しかし、称名寺での審海による真言律院化の改革は、称名寺僧の内部抗争を生み出した。審海が後継者とした尊定房禅恵《ぜんね》と、金沢貞顕《かねさわさだあき》の支援を受けた明忍房劔阿《けんあ》が対立して、その結果、延慶元（一三〇八）年に禅恵は上総千光寺（千葉県大原町）に遷住したのである。(6)

叡尊・忍性は、関東で常陸・上総の地方寺院や鎌倉の都市寺院を律宗寺院に改宗させ、文殊信仰を布教し、「文殊菩薩が貧窮孤独苦悩の衆生となって行者の前に姿を見せるので慈心をもって行ずべし」という文殊経《もんじゅきょう》が説くところを実践した。癩《らい》病患者や被差別の民に湯施行などの施行をなした。さらに、道路・池・橋の修築など社会基盤整備事業も実施し、これらの活動は非人救済事業と呼ばれた。

こうして自誓受戒会・廃寺の勧進再興・文殊信仰の興隆という三つがセットで推進され、西大寺真言律宗は北条氏の後援を受けて、大きな鎌倉仏教の潮流となっていった。

戒律の復興に寄与した生涯不犯の僧明恵

明恵《みょうえ》（一一七三—一二三二）は紀州の侍身分に生まれ、父は平重国《しげくに》、母は湯浅宗重《ゆあさむねしげ》四女であった。八歳のときに父母を亡くし、九歳で京の高雄山に登った。父母追善のため、釈迦を慈父、佛眼佛母像《ぶつげんぶつもぞう》を慈母として思慕し、若いとき、高雄の釈迦如来を父のようにして手紙を書き送った。高山寺所蔵佛眼佛母像には「モロトモニアハレヲヲホセ御佛ヨ、キミヨリホカニシル人モナシ」と自筆の賛が記され、自筆の「佛眼佛母念誦次第」（保坂順治所蔵）がのこる。若き日より釈迦の地、インド渡海への念が強く『天竺里程記《てんじくりていき》』（高山寺所蔵）をつくった。

出家は十六歳の文治四（一一八八）年。東大寺戒壇院で具足戒を受けた。名利を離れ持戒しながら自己去勢の行為として耳を切り、紀州と高雄を往復修行し、自発的に戒律を守ることを生涯の目的とした。夢に出た春日明神の託宣で渡海を断念するなど『夢記《ゆめのき》』を記し、自己批判の思弁生活をつづけた。それでも釈迦への思慕はやまず、中国やインドへの渡海は断念したが、明恵の海外への関心は募る一方だった。

ところで九条家出身の慶政《けいせい》上人は入宋して福建省泉州に在住していた。嘉定十（建保五、一二一七年に相当）に、その慶政上人より明恵のもとにペルシャ文字の書状が送られており、今に伝来している。明恵は寛喜四（一二三二）年一月に死去し、百カ日忌法要の導師を帰国した慶政が勤めた。彼の遺髪類を奉納・供養するため、延応元（一二三九）年二月二十四日の紀年銘をもった宝篋印塔《ほうきょういんとう》が高山寺に造立された（写真15）。この供養塔の型は、泉州近辺に特有の様式を日本にはじめて輸入したもので、日本の宝篋印塔としては最古のものとされる。慶政上人が明恵のために宋の石工に造らせたとする仮説が近年になって提起されて話題になっている（山川均『石造物が語る中世職能集団』山川出版社、二〇〇六年）。

写真15　日本最古の宝篋印塔で、慶政上人が福建省泉州の石塔様式で建てたとする説がある

建永元（一二〇六）年、院宣《いんぜん》で栂尾《とがのお》を寺領に獲得し、明恵は華厳経興隆の地と定め、高山寺と号した。西峰に石水院《せきすいいん》など修行の場をつくり、釈迦になぞらえて楞《りょう》伽山《がさん》と称した。高山寺も明恵の釈迦信仰にもとづき、僧侶集団の持戒生活をめざす修行道場として位置づけられた。

『明恵上人歌集』には、幕府の北条泰時《やすとき》が、高山寺にわずかな「時料」＝斎料を所領寄進しようとしたとき、明恵が拒否して「契りあらは、生々世々も生れあはん　紙続ぐ様に続飯《ぞくい》にはよらじ」と詠んだ。泰時がわずかな領地だから受けよと詠むと、さらに返歌で「紙を続く続飯も何かおしからん、清き心は空にこそ住め」と詠んだとある（上横手雅敬『北条泰時』一四八頁）。

寺領寄進拒否の話は史実であったらしく、『明恵上人伝記』にも記載されている。泰時が明恵に丹波国の所領を寄進しようとしたとき、明恵は寺領があれば住僧等が自ら懶惰懈怠《らんだけだい》になり、喰うに困らぬため無道心の輩が住み、寺の豊かなるを耽《ふけ》り、また稚児などを置き酒宴して、さらには兵器を蓄える虞《おそれ》もあるとして、「とかく僧は貧にして人の恭敬《きょうけい》を衣食とすれば、放逸なることもなし」と辞退した。寺院の貧困生活・僧の貧こそ「清き心」＝持戒の源泉としたのである。(7) 中世になって貧困の文化的価値を発見したのは、明恵が嚆矢といえよう。

辻善之助は明恵を「生涯不犯であった唯一の僧」という。河合隼雄国際日本文化研究センター教授は『夢記』をユングの分析心理学で読み解き、明恵が自らの耳を切った行為は自己去勢の道を選んだものであり、またその夜の夢に「如来を供養した」と語るインド僧や文殊菩薩が出現したのは、明恵が無意識のうちに自己実現をなしたことであると述べている。(8)

日本仏教史は、鎌倉時代に至ってはじめて、明恵という自発的な修行に専念した生涯不犯の僧侶を生み出したのである。

以上、本章では、中世仏教の戒律復興運動は、笠置寺・海住山寺・高山寺など山寺での修行生活と、泉涌寺・西大寺・金沢称名寺・極楽寺など都市寺院での禅律生活という二つの形態をとって推進されていたことが判明した。

戒律を説いた平安時代の僧侶

――良源・源信の寺院改革運動

貞慶・俊芿・叡尊・明恵らの戒律復興運動は、自発的な僧侶の結衆をつくり持戒を遵守するように自誓する運動であった。しかも、笠置寺・海住山寺・高山寺や泉涌寺・西大寺・金沢称名寺など、それに都市寺院でも日常生活の規則を寺院法として制定し、その戒律にもとづく集団修行生活を実践しようとする運動がつくり出された。寺院を国家安穏の祈禱の場から、僧侶集団の持戒・修行の道場へと転換させようとする試みであった。それは、僧侶が自らを国家のための祈禱集団から人間救済の修行集団に変革し、原始仏教のいう修行僧の自発的集まり＝サンガ・僧伽に組み替えようとする試みでもあったと評価できる。

中世の戒律復興運動では、文殊信仰・弥勒信仰・釈迦信仰など各自が信ずる仏と信仰上の契約で結ばれるとする思想が基調低音のように存在し、強い信仰心で結ばれた新しい寺院法を制定していく運動でもあった。

十三世紀の戒律復興運動は、栄西や俊芿ら渡海僧によって宋の禅院や律院・教院の集団修行の法式がはじめて日本に導入され、宋風の寺院生活が日本に定着することが背景となったといえる。

言い換えれば、中国仏教文化の輸入の影響でもあった。

それを見るまえに、ここでは、中世の戒律復興運動の内発的淵源を先に検討しておきたい。なぜならば、十世紀に始まる寺院復興運動の中にすでにそれらの萌芽があるからである。その典型的な事例を良源《りょうげん》（九一二―九八五）に見ることができる。戒律復興運動を受容する内発的な要素がどのようにして平安期の寺院内部に生まれてきたのか、検討しておこう。

評価すべき良源の二十六箇条制式の役割

最澄の開山した延暦寺は、当初から日本仏教の総本山といわれるような評価を受けていたわけではない。最澄・円仁・円珍ら初期の天台座主がつくりあげた延暦寺は、天台密教の官僧育成と国家安穏の祈禱の場であった。その大伽藍は、承平五（九三五）年の火災で中堂以下四十余の堂舎を失い、さらに良源が天台座主となった康保三（九六六）年十月にも講堂・法華堂・常行堂など僧坊三十余を焼失し、ほとんどの堂塔・堂舎を失い荒廃の極地となっていた。

焼失した伽藍の復興を一代で成し遂げたとされるのが良源（九一二―九八五）である。安和元（九六八）年に太政官に申請して比叡山横川《よかわ》に楞厳院司《りょうごんいんのつかさ》と年分《ねんぶん》度《ど》者《しゃ》をおいた。天元元（九七八）年、根本中堂・講堂など五堂を再建し、翌年には、比叡山西塔に常行堂や清龍寺の造営に成功した。彼の一代で東塔・西塔・横川の全山でほとんどの堂塔復興がなしとげられた。死後二年目に天皇から「慈恵《じえ》」の諡号《しごう》をおくられたが、朝廷から大師号を授かることはなかった。しかし、彼は後に世間から元三《がんざん》大師・慈恵大師と称せられ、延暦寺中興の祖と評された。

良源は右大臣九条師輔《もろすけ》・兼家《かねいえ》親子の帰依を受け、天徳元（九五七）年に師輔の正妻で醍醐天皇の皇女康子内親王の安産のために七佛薬師法《しちぶつやくしほう》を修し、以来、貴族間に七佛薬師信仰が盛んになった。永観元（九八三）年には右大臣藤原兼家が横川薬師堂・恵心堂《えしんどう》を寄進した。このため良源の代に横川や西塔黒谷が大きく発展した。応和三（九六三）年には、村上天皇が清涼殿法華八講を営んだ。その際、法相宗の仲算《ちゅうざん》との論議で良源は草木成仏の説を主張し、その才弁が有名になり「応和の宗論」と呼ばれた。草木もみな仏心をもっているという日本的本覚思想の萌芽である。

良源は天禄元（九七〇）年七月十六日、全山に「二十六箇条制式（起請）」を布告した（平安遺文三〇三）。この制式は延暦寺山内の綱紀粛正を定めたものとしてこれまでよく知られてきた。しかし、戒律重視の彼の姿勢は指摘されていない。むしろ、室町時代には良源が僧兵を始めたという説が流布していた。だが、それは史実ではなく、逆に二十六箇条起請では良源が悪僧を禁止していたことなどが解明されている（辻善之助『日本仏教史』七八二頁）。

これまでの仏教史研究の中では、室町期になっての慈恵大師信仰の高揚が知られているが、良源の二十六箇条制式が中世寺院法の展開のうえで果たした先駆的な役割については、十分に評価されていないと私は考えている。

ここでまず重要なことは、良源が中興した延暦寺の山内改革において、古代の寺家から中世寺院へと変貌する道筋をつけたことである。その第一が、全山焼失後の堂塔復興のために制定した新しい寺院法「二十六箇条制式」で、別名「天台座主良源起請」とも呼ばれる。この文書は現在、京都廬山寺の所蔵で重要文化財になっている。

その内容は、「一、舎利会《しやりえ》の別当に会の日の被物《かずけもの》并前後所司の供等（進上物）を停止のこと」「一、六月会講師に聴衆所司《ちょうじゅしょし》の労供《ろうく》（饗応すること）停止のこと」「一、十一月会（比叡霜月会のこと）の講師が同じく調鉢煎茶《ちょうはちせんちゃ》を以て威儀を供すを止めること」などと定めている。延暦寺の勅会とされた法華六月会・霜月会《しもつきえ》の重要法会において別当・講師・職衆への饗膳や被物・曳物などの過差（華美にすること）を停止しているものであり、つまり、贅沢禁止・倹約を命じたものが大半である。

さらには、「一、年分学生の法器を択ぶべきこと」「俗人の破子《わりこ》（弁当の器）を山僧に送るを禁止」「応《まさ》に裹頭妨法《かとうぼうほう》の者を禁制すべきこと」「一、応に兵仗を持して僧房出入や山上往来の者を尋ね捕らえ公家に進むべきこと」「山院内に於いて恣《ほしいまま》に刑罰を行うを禁制すべきこと」を命じた。いずれも山僧・衆徒・悪僧らの武装化や乱行の停止や寺内検断訴訟を禁じ、寺内秩序の徹底を命じている。これらは頽廃化した延暦寺の綱紀粛正と評価されてきた。

しかし、ここで私が注目したいのは、第八条に「一、応に布薩《ふさつ》の法用を闕《か》く者は、三年の断に処すこと」とあり、布薩の重要性を強調していることである。布薩とは仏教教団において、半月ごとに集会を開いて戒律の条文を読み、互いに自己の罪過を懺悔する儀式である。「右の布薩はこれ浄住の義、僧伽即ち和合の佣《いわく》……凡そ菩薩戒を受ける者、布薩の日に至る毎に、必ず入堂して応に聴聞すべし、……もし闕怠《けったい》あらば、将《まさ》に三年の断に処せ」ともある。良源は延暦寺に菩薩戒の持戒を徹底するために「布薩の行《ふさつぎょう》」の重要性を指摘し、布薩に参加しない僧侶は三年間の出仕停止を義務づけたのである。ここに良源による戒律重視の姿勢がみえ、本格的に寺院法として制定したことがわかる。

第九条でも「一、応に登壇の後に必ず布薩堂に参じ兼ねて誦戒《じゅかい》・梵唄《ぼんばい》・維那作法《いなさほう》（綱紀取締りの法）を練習すべきこと」とある。「もし、菩薩戒を受けこの戒を誦《となえ》ざれば、菩薩に非ず、佛種子に非ず。又云く、佛子、禁戒を護持し行住座臥し、日夜六時、この戒を読誦せよ、猶金剛のごとく、帯びるが如く浮嚢《ふのう》を持ち大海を度《わた》らんと欲す。又云く、もし布薩の日、新たに菩薩を学べば、半月半月、十重・四十八軽戒を誦へ、一人布薩せば即ち一人誦《となえ》よ」とある（平安遺文三〇三）。ここでは、「誦戒《ずかい》」を義務づけている。誦戒とは、十重戒や四十八軽戒を声を出して誦えることである。寺院生活の中で日常的に戒律を口ずさむことを説き、練習作法を義務づけたのである。

延暦寺で注目される布薩の重視と修験道場化

良源が寺院法として菩薩戒の読誦や布薩の実行を命じたのは、最澄の延暦寺開山の原点に復古しようとしたものと思われる。

天台宗開宗の日とされる延暦二十五（八〇六）年正月二十六日の太政官符は、華厳・天台・律・三論・法相宗の年分度者十二人の得度・任用の学業試験制を定めた（『類聚三代格』）。それによると、「仏法興隆し群衆に利益せんと欲せんがため、十二律に准じて、度者《どしゃ》の数を定め、業を分けて勧催《かんさい》ともに競学《きょうがく》せしめん」と目的を述べる。「本業の疏《そ》に依って、法華経と金光明最勝王経を漢音および訓でよみ、経論のうち、大義十条を問い、五以上に通する者、すなわち得度を聴《ゆる》せ」「受戒の後、皆、先ず必ず二部の戒本を読誦し、一巻の『羯磨四分律抄』を諳案《あんあん》して、更に十二条を試し、戒律二条と七以上に通る者は、次に依り、立義講および諸国講師に差任せよ」とある（『類聚三代格』巻二、年分度者事）。

平安仏教の九世紀当初の年分度者任用の試験制度では、戒本二部の読誦と羯磨四分律抄の暗誦が義務付けられていた。良源は、朝廷の国法としての年分度者の任用基準となった戒律学習を、十世紀の延暦寺全山での寺院生活の中に定着させようとしたのである。

良源の二十六箇条制式こそが、延暦寺において布薩の重要性とともに、菩薩戒を受戒した僧が声を出して十重戒・四十八軽戒を誦《とな》える誦戒を僧侶の日常生活の中で義務付けた。戒律重視の中世寺院法は良源に始まるといわなくてはならない。

第二に注目すべきは、良源による堂塔の復興が、叡山の三塔で行われ、寺家のほかに多くの院《いん》家《げ》や別当房《べっとうぼう》・座主房《ざすぼう》など私房の門徒や山僧らが増加したことである。つまり、延暦寺の堂塔伽藍の復興は、そのまま院家や別当房など房官の定員増をもたらした。下級僧侶のみならず、兵仗《ひょうじょう》を帯び裹頭《かず》（いわゆる弁慶頭巾）をかぶり妨害をなす半僧半俗の承仕《じょうじ》・僧兵や衆徒を生み出して、中世寺院の多様な職員を増やした。

良源の定めた前記、制式の第二十二条には「春秋二季、院毎に房主帳《ぼうずちょう》を出すべきこと」、第二十四条に「舎利会の日、綱維《こうい》（僧侶を監督する僧）・堂達《どうたつ》（導師の下役）の別当房に参るを停止のこと」、第二十五条に「大小の綱維、事に触れて座主房に慶賀を陳《の》ぶるを停止のこと」を命じている。別当房や座主房をはじめ院家の房僧らの名簿である「房主帳」の作成と提出を義務付け、座主・別当房や院家の家政職員である房官・門徒・房人への監督・規制を行おうとしたことがわかる。これらは延暦寺の中世寺院化により、寺家本来の学僧よりも、衆徒・堂達や院家の家政職員の従僧・房人らが増員され、横暴がつよまった事態を統制しようとした先駆的な寺院法というべきである。

良源の代には、横川・東塔・西塔の黒谷をはじめ峯々で、半僧半俗の山僧や修行僧が増加して修験道場化の動きも始まっていた。

ちなみに、著名な比叡山無動寺《むどうじ》の北嶺回峰行がいつ始まったのかは、明確な史実としては不明である。ただ、北嶺回峰行は、相応《そうおう》（八三一―九一八）が無動寺を創立して回峰行の根本道場としたと鎌倉期には伝承された。北嶺修験の行者に関する最古の史料は、鎌倉末から南北朝時代のものとされる『比叡山霊所巡礼修行記』（三千院所蔵）であり、重要文化財になっている（『比叡山と天台の美術』朝日新聞社）。この伝承がどこまで史実を反映しているかは、今後の研究課題であるが、十世紀に相応が活動していたことはまちがいない。

西塔黒谷の青龍寺も修験道場の地であるが、その創始は十世紀の良源による。青龍寺には平安時代の九世紀につくられた釈迦の在家信者である維摩居士坐像があり、重要文化財になっている。良源の時代に比叡山を修験者による修行の場とする動きが始まっていたとみてよかろう。

二十六箇条制式に見える女人禁制の萌芽

第三に注目されるのは、二十六箇条制式の第十八条に「応に裹頭妨法の者を禁制すべき事」として「右、面を秘して見えざる者、これ女人の儀なり。男子僧侶、曾て然るべからず」とある。

僧侶が裏頭をして顔を隠すことは「女人の儀」であり、禁止した法令である。寺院法として女人禁制への指向性がみえることである。その理由について、つぎのようにある。

「年来、念仏の堂講法の処、白日西暮、黒闇を迎え来るのとき、裏頭の僧、庭上に満ち、穢履《えり》の類、堂中に入る。もしこれを制せば、鹿言《ろくげん》して罵辱《ばじょく》し、刀杖を揚げて追い打つ。行道の人、見て退去す……」とし、「面を蔵し頭を裹《つつ》むは一切停止」とした。違背したときは交名《きょうみょう》を注進すべきことを命じており、ここでも良源は、女人・堂僧・僧兵に普及していた裏頭の法《ほう》を「女人の儀」として山内で禁止している（平安遺文三〇三）。

こうした「女人禁制」の社会思潮は古代寺院ほど弱く、中世から近世に至るにしたがって強化されたという。戦後の仏教史研究の中でジェンダー研究が推進され、中世寺院における女性信者の活躍や尼僧・尼寺の研究が進展した。古代では僧尼令に代表されるように、尼僧の比重が高く、「女人禁制」の社会意識は少なかったという。叡尊・忍性は法華寺と並んで法華尼寺の造立や尼僧の授戒を推進した。華厳宗の明恵も、承久の乱での戦争未亡人の救済のために善妙寺《ぜんみょうじ》を建立した。念仏宗においても阿弥陀寺・念仏寺では若い僧尼が同じ堂舎で寝食をともにしており、妊娠した尼が実家にもどって出産したのち、そのまま念仏寺での修行生活を継続していた事実などが解明されている。

中世寺院では、尼僧教団の活動や女人救済の実態などが活発化していたのである。[9]

もっとも、中世の戒律復興運動の中で女人禁制の原理がどのように寺院において強化されたか、男性のみの僧伽集団の戒律・規律の実態についてはほとんど具体的な研究が推進されていない。

おそらく、良源が二十六箇条制式に「女人の儀」として裹頭を禁止したのは、女人禁制の中世的規制の先駆的事例であろう。貞慶・俊芿・忍性・明恵らの戒律復興運動の中で、海住山寺・泉涌寺・極楽寺・高山寺などでの中世寺院法の中では、女人・童の寺内徘徊や僧房宿泊を厳しく規制していたことをすでに見てきた。その萌芽が良源にみえるといえよう。

源信『霊山院釈迦堂毎日作法』の再評価

つぎに、元三《がんざん》大師こと良源の弟子として門下の四天王といわれた恵心僧都・源信（九四二―一〇一七）に注目しよう。源信は良源に顕密を学び、良源の死去した寛和元（九八五）年に『往生要集』を著した。寛弘三（一〇〇六）年に権少僧都《ごんのしょうそうづ》の僧職を辞して横川花臺院《けだいいん》に遁世した。

源信と戒律復興運動との関係で私が注目するのは、彼こそ結衆という信仰による自発的僧侶集団を結成する運動方式を創始したことである。源信は、楞厳院《りょうごんいん》において念仏結衆としての「二十《にじゅう》五三昧会《ござんまいえ》」を始めた。花臺院では、阿弥陀佛が来迎して極楽に引接《いんじょう》する場面を儀式にして修する迎講《むかえこう》を開始した。これは、二十五人の結衆僧を二十五菩薩に見立て、阿弥陀三尊を輿に迎え、梵《ぼん》唄《ばい》・奏楽・誦経・念仏しながら死去した人を蓮台輿に入れて葬送するという新しい葬送儀礼の創出でもあった。

二十五三昧会や迎講の史料は、十一世紀の『今昔物語』や『中右記《ちゅうゆうき》』など院政期の古記録にも登場しているが、その創始者が源信と伝承されるだけで、確実な史料があるわけではない。しかし、十世紀末から十一世紀初頭にかけて、信仰を同じくする僧侶が結衆という結社をつくったり、講を結んで同一の儀式や法会を営み宗教生活を共通にしようとした行動様式の創始が源信によると伝承されたことはまちがいない。

滋賀県の聖衆来迎寺《しょうじゅらいごうじ》には、源信自筆の『霊山院釈迦堂毎日作法《りょうぜんいんしゃかどうまいにちさほう》』（平安遺文補二六三）が伝えられ、重要文化財になっている。この史料は、源信が寛弘四（一〇〇七）年七月三日に霊山院の釈迦堂においてつとめるべき年中行事の作法を一年間にわたって定めたものである。

「源信僧都伝」によれば、霊山院は源信が横川に建立したもので、釈迦如来像を安置し、かつてインドの霊鷲山《りょうじゅせん》で釈迦説法を舎利弗《しゃりほつ》ら十大弟子が聴聞した様子が描かれていたとある。

事実、釈迦堂毎日作法の第一条には、御供は卯《う》（朝六時）の螺《ほら》のあと御粥・合物一両種・箸等を供え、巳《み》（午前十時）の螺のあとに御香飯四〜五升・御菜四〜五種・塩酢等汁物一〜二種・菓子をあるにしたがって備え、寒温にしたがって火鑪《かろ》を供することが指示されている。本尊を生身《しょうじん》釈迦として供養する生身供《しょうじんく》が日夜行われていた。正月一日から十二月晦日までの生身供をつとめる結番《けつばん》の交名《きょうみょう》が貴族・官人・在地土豪・尼僧まで五百四十七名にのぼっている。

源信は横川を出ることなく生涯を送ったといわれ、源信僧都四十一箇条起請と伝承されるものには「たとい良縁に遇ふといえども堅く思い忍びて全く女犯すべからず」とある（平安遺文三〇二）。源信も個人的につよい生身釈迦信仰をもっており、「釈迦にもどる」思潮が生きていた。このことからも俊芿・明恵・叡尊らと同様、釈迦へ回帰しようとする信仰が源信に始まっていたことがわかる。

十世紀の延暦寺において良源・源信という僧侶は、寺内における戒律遵守の寺院法を整備し、寺院での日常生活様式を改革しようとする要素を創始していた。改めて十世紀の良源・源信による比叡山の自己改革運動と、十三世紀の戒律復興運動との関連を再検討することが大きな検討課題といえよう。

戒律が地に落ち仏教頽廃の極致とされる中世延暦寺の歴史像は、今なお強く定着したままである。しかし、十世紀の良源・源信の時代から、自発的な戒律遵守・復興の萌芽が準備されていたのである。濁れる水の中から清廉な蓮の花が準備されており、その芽をわずかずつでも見つけ出す努力をしていきたいものである。

修験道が戒律復興を促した史実

自発的な戒律復興と山岳修行の萌芽が、十世紀の良源や源信による延暦寺中興運動の中に存在していたことを見た。本節では、中世南都の戒律復興運動と修験道との関係、さらに延暦寺西塔黒谷での円頓戒《えんどんかい》による戒律復興運動と修験道との関係について再検討しよう。

なぜ修験山伏に授戒会が求められたのか

これまでの戒律研究では、延暦寺の最澄が『梵網経』による円頓戒（大乗菩薩戒）を重要視し、鑑真和上のもたらした小乗四分律を「仮受」するのみで、全体に戒律を軽視したと評価されてきた。最澄死後の比叡山では戒律が衰退し、天台宗と対立する形で南都の覚盛・叡尊・忍性らの南都での戒律復興が進められたとする。この延長線上で今日の戒律研究が大きく進展してきた[10]。

他方、修験道については和歌森太郎や宮家準などの歴史民俗学研究が蓄積された。その結果、山岳信仰と密教とが結合して、山岳修行で高めた験力による加持祈禱の修験者が登場し、醍醐寺の聖宝《しょうぼう》を中興の祖として、熊野・大峰・金峰山・出羽三山・九州彦山（英彦山）・四国石槌山などの道場が院政期に発達したとする。室町期に園城寺聖護院《しょうごいん》による本山派修験と醍醐寺三宝院の当山派修験とが二大宗派となり、江戸時代の里修験や山修験へと展開する歴史像がつくられた。(11)

一九七〇、八〇年代に入ると、中世史学の黒田俊雄が顕密体制論を提起し、権門寺院の僧侶集団組織が学侶方《がくりょかた》（教学）・行人方《ぎょうにんかた》（寺務）・聖方《ひじりかた》（上人）という階層性をもつことをあきらかにした。とくに、行人方が修験・山伏活動を展開したことが注目され、熊野三山の行人方が事実上修験山伏であり、東大寺や興福寺東西金堂の堂衆《どうしゅ》層（行人方）も修験道との密接な関係があったことが注目された。東大寺・法隆寺の堂衆が、大峰修行において吉野から熊野に向かう逆峰という方式を始め、当山派の先駆形態であることがあきらかにされた。(12)しかし、これらのことと戒律復興との関係は不明のままである。

徳田明本の研究によると、興福寺・東大寺の堂衆は、法会の荘厳や堂外の法会には参加資格があったが、正式な法相宗の法会には参加できないという差別があった。東西金堂衆は、南都受戒会を主宰するために必須の戒和上《かいわじょう》・大小十師をつとめることによって寺内外での社会的地位を確立したという。彼らの戒律復興は、覚盛・叡尊・忍性らの自誓受戒会の南都律宗とは教学的にも異なるもので、古義律宗と呼ぶべきだとする見解もある。

永村眞日本女子大学名誉教授は、東大寺の法華堂衆・中門堂衆・興福寺東西金堂衆らが、平安院政期において授戒会の戒和上をつとめ、受戒・律学を事として別名「律宗」「律学衆」と呼ばれていたことをあきらかにした。すなわち、「平安院政期」には「戒律復興と受戒興行が実現した」という重要な見解を提起した。(13)

貞慶・覚盛・叡尊らの戒律復興とは別に、東大寺・興福寺の行人方の堂衆が授戒会のための戒和上・大小十師をつとめる中で、院政期には戒律復興に従事するようになっていたことがあきらかになった。しかし、永村説は、叡尊系律宗研究や南都律宗研究の中では注目されることがなかった。

一九九〇年代から二〇〇〇年代に入ると、徳永誓子岡山大学准教授が永村説に注目し、「院政期に受戒興行と戒律復興の一環として南都堂衆が当行《とうぎょう》・入峰《いりみね》という大峰修行の活性化に取り組み、十三世紀末までに大峰入峰を紐帯にした畿内近国の山伏・行人組織が形成された」と主張した。これにより、修験道で修行した山岳寺社の聖人・行人が授戒会や戒律復興に密接に関係していることが中世史学の中で注目され始めた[14]。この分析視角の研究を深めることができれば、院政期における行人方・堂衆・山伏集団が中世人の出家・受戒への要望に応えるために授戒会（戒和上・大小十師）の興行に積極的に関与していった史実を解明することができると私は考える。

回峰行の創始者相応にとっての戒律

回峰修行の祖とされる無動寺の相応（八三一―九一八）は、近江の葛川明王院《かつらがわみょうおういん》の開基としても知られている。相応の修行方法は、『比叡山霊所巡礼修行記』や『当山霊所巡礼次第』という作法書となって伝来している。それらは、天台僧光宗（一二七六―一三五〇）が編纂した『渓嵐拾葉集』巻百九に組み込まれ、「嘉承元季歳次戊辰八月三日圓記」などの紀年銘をもっている。嘉承元（一一〇六）年は、白河院政の最盛期にあたり、院政期になってから相応の修行方法に社会的関心が高まり、巡礼修行記や巡礼次第などの書物が成立していたのである。それを鎌倉・南北朝時代に書写したものが最古の写本として京都三千院《さんぜんいん》に伝来し、重要文化財になっている。

相応についての論説は、辻善之助が弥勒信仰に言及するのみで、山林抖擻《とそう》や戒律復興には全く触れていない。しかし、相応が無動寺や葛川明王院を建立したことや回峰行の創始者としての事蹟研究が、一九六〇年代に村山修一らによって解明された。延暦寺伝来の「雛形五条袈裟《ひながたごじょうけさ》」は国内には類例を見ないもので、中国法門寺《ほうもんじ》出土の雛形七条袈裟と類似することから、九〜十世紀のもので伝来から相応ゆかりの品とされている。葛川明王院文書の調査とともに回峰行者が奉納した参籠札《さんろうふだ》が元久元（一二〇四）年から近世のものまで調査され、五百一枚すべてが重要文化財になっている。[15] 延暦寺からつづく近江の比良《ひら》山中に修験道の回峰行者が参籠するようになったのが十三世紀を盛期とすることがわかる。

相応の伝記である『天台南山無動寺建立和尚伝』の中に、「女人裁縫の衣を服することなし」とある。当時、修行僧の着衣であった「紙衣《かみこ》」は女人が和紙でつくるものが一般的であった。それを相応は、女手によって裁縫された紙衣や着衣は一切身につけず、女人禁制を貫いたと伝承している。中世の修験道の世界では、相応は女人禁制の持戒を厳守した行者として信じられていた。十世紀に活動した相応の歴史像は、鎌倉南北朝期の修験道の興行の中で再評価され、伝承と史実の混在としてつくりだされたものとみてまちがいない。とはいえ両者の腑分けは難しく、今後の研究課題である。

修験道や山岳修行の行者が戒師となった訳

これまでも、平安中期の貴族社会では、病気平癒や安産のために受戒が要望されることが多かった事例を述べてきた。出家のための受戒だけでなく、祈禱のための受戒が貴族層や官人層の中に広がっていたことは、九条兼実の日記『玉葉《ぎょくよう》』の大原聖人・本成房湛斅《ほんじょうぼうたんきょう》らの事例から石田瑞麿が指摘している。(16) しかし、それらの戒師が修験道の行者であったことには触れられていない。

平安末期には、山岳修行をする聖人らを授戒の師とする事例が古記録に数多く散見される。たとえば、蔵人《くろうど》で近衛家の家司《けいし》平信範の日記『兵範記《ひょうはんき》』仁平四（一一五四）年五月二十八日条を見よう。

右大臣源雅定は六十一歳で出家して蓮如と号した。「中院亭《なかのいんてい》において已《すで》に遁世せらる、黒谷聖人叡空《えいくう》が授戒す、律師実寛《じっかん》、明雲《みょううん》、これを剃り除く」とある。鳥羽法皇の勅許によって右大臣雅定が辞職・出家したあと、中院家の自邸で受戒会を行ったとき、戒師を延暦寺黒谷の聖人叡空がつとめた。ここから、大臣家の家格をもつ特権公家が出家・受戒を望んだとき、戒師は黒谷の円頓戒を相伝した「聖人」の叡空がつとめ、律師の僧綱をもつ官僧が媒酌をつとめたことがわかる。

『兵範記』久寿三（一一五六）年六月四日条では、鳥羽法皇が病気で倒れたとき、「三瀧の聖人《みたきのしょうにん》西念《さいねん》」が鳥羽の院御所に参入し「今日までに御授戒三ケ日云々」とある。鳥羽法皇が病気で倒れ、三日間の授戒会が連続して行われたが、戒師はやはり「三瀧聖人」といわれた西念がつとめた。「件の聖人、近代無双の行者、心性大根権者《しんしょうおおねのごんざ》と云々、この間大悲山《だいひざん》に隠居す、敢えて出洛せず、再三召し遣わし請出《しょうしゅつ》せらると云々」（『兵範記』）とある。法皇の授戒会の戒和上を近江国大悲山の行者であった三瀧聖人・西念がつとめた。比叡からつづく比良山中の修験者・行者が聖人として崇拝され、上皇や特権貴族の受戒要請に応えていたことがわかる。

民間での受戒会の実態はどうであろうか。『兵範記』によれば、仁安元（一一六六）年、宣旨殿と号した女房が遁世・出家したとき、五輪坊法印が寺から洛中に出てきた。南堂の仏前の簾中《れんちゅう》に女房が座し、戒師座と唄師《ばいし》座が準備された。戒師の法印が三禮・表白文を読み、出家功徳を演説したあと、女房が国王・氏神・六親を拝し、法衣を着し、脇息《きょうそく》に懸ける。戒師が女房の髪を中分し、紙筒で手を洗い、頂髪を剃り落とした。つぎに、関係者が髪を剃り除いた。剃り終わると簾中に入り、袈裟を授け、善哉偈《ぜんざいげ》を唱え、十戒した。戒師が法名を授けて授戒会が終わると布施が配られた。摂関家の家司平信範の慈母が遁世したときも「貞範《じょうはん》聖人が戒師」をつとめ「先に剃り除いてから頂髪を剃られた、戒師作法の前後の条、不審、宗の習いに依って各、相い替るか、これを尋ねるべし」（『兵範記』仁安元年十月二十四日条）とある。

院政期の中下級貴族や女房らの受戒会では、山岳寺院で修行した行者や別所の聖人が戒師をつとめ、断髪・頂髪剃りと袈裟・十戒と法名を授ける作法が始まっていたことがわかる。髪を切り、頂髪を剃る作法は、各宗で異なるなど不審に思う公家《くげ》らがいた。だが、近江国大悲山や叡山黒谷別所などで山岳修行した聖が戒律に通じた持戒持経の僧として貴族・官人層の信頼を勝ちえていたことがわかる。

南都律宗戒律再興ではかならず言及される中川寺実範《なかがわてらじつはん》上人については、興福寺西金堂衆の欣西《きんさい》が律法再興を懇願したことで著名であるが、その出身は不明とされる。しかし、歴博所蔵の田中穢氏旧蔵の中にある「理性院血脈《りしょういんけちみゃく》」（歴博所蔵）によると、「聖宝《しょうぼう》」の法流として「仁海《にんかい》僧正―成《じょう》尊《そん》曼荼羅寺―明算《めいざん》―実範中川円光房」という法脈が見える。

聖宝は、宇多天皇の代に役行者の遺風をうけて大峯山上嶽を開山し、金峰山《きんぷせん》に如意輪観音を造立し、修験道中興の祖と称される（『聖寶僧正伝』續群書類従本）。仁海は祈雨祈禱の僧正として著名であり、長久四（一〇四三）年に東寺長者《とうじのちょうじゃ》となり、小野に曼荼羅寺《まんだらじ》を建立し、真言小野流の祖と呼ばれ、永承元（一〇四六）年に死去した。その弟子に成尊が知られている（辻善之助『日本仏教史第一巻』四二〇頁・七一〇頁）。したがって、明算―実範も小野曼荼羅寺の真言小野流を相承したことがわかる。

中川寺はもと大和国にあり、境内の十輪院に安置された毘沙門天の胎内から「応保二（一一六二）年壬午三月七日」の裏書がある毘沙門天摺佛《すりぼとけ》が出て黒板勝美博士の所蔵になっていた（『比叡山と天台の美術』朝日新聞社、六五三頁）。こうした点からも、中川寺の実範も修験道や山岳修行の行者であり、真言小野流との密接な関係を調査することが研究課題になっているといえよう。院政期の山岳修行の行者・聖人らが授戒会の戒師に迎えられたのも、民間に受戒会の要望がつよまり、戒律思想・律法復興の修行活動をした行者・修験者・聖人らが求められていた結果であったとみるべきであろう。

神道にある忌籠り・精進潔斎と戒律との関係

院政期から鎌倉時代には、山岳寺社での修行による修験者・聖人・行者の社会進出とともに仏事・神事に女人禁制や持戒思想が広がっていくことに注目しなければならない。とりわけ、本地《ほんじ》垂迹《すいじゃく》・神仏習合思想の中で、神々の受戒や精進潔斎《しょうじんけっさい》の行として戒律思想が民間社会から要請され、神社の縁起や説話・因縁譚など言説資料の中に定着するようになったことが重要である(17)。

諏訪社でも『諏訪大明神絵詞』（『信濃史料叢書』）では、二月晦日の荒玉社《あらたましゃ》の神事では、「当年ノ神使《こうし》六人〈上臈四人、下臈二人〉童子直垂《どうじひたたれ》ヲ着シテ出仕、饗膳《きょうぜん》アリ、頭人《とうにん》ノ経営也、是則正月一日ノ御占ニ任《まか》セ、氏人ヲ差定テ其子孫ノ中ニ婚姻未犯ノ童男《どうなん》ヲ立テヽ、来月初午以前三十ケ日ノ日限ヲ点シテ、面々新造ノ仮屋ヲカマヘ、精進ヲ初ム、先、神長《じんちょう》此室ニ望テ御作神《おさくかみ》と神ヲ立、神使ノ食物、飯酒魚鳥ノ上分ヲタムケテ、日々行水・散供・祓ノ儀厳重也、随逐《ずいちく》ノ禄人已下従類相共ニ潔斎《けっさい》ス、此所ニ女人ノ経廻ヲトドム、若触穢アル時ハ、此神必タタリヲナス。鳥犬ニ至マテ其罰ヲ被ル、不思議ノ事也」とある。

諏訪社では、婚姻未犯の児童を神使という神の使いに立て廻湛神事《かいたんしんじ》が行われた。古代から「神明ノ垂迹ノ初メ御衣《みそ》ヲ八歳ノ童男ニヌキキセ給テ、大祝《おおほうり》ト称シ、我ニ於テ躰ナシ祝ヲ以テ躰トスト神勅《しんちょく》アリケリ」というように、諏訪明神は八歳の未婚不犯の童に神の依代《よりしろ》の御衣を着せ大祝としたことに由来する。神使となった童男は三十日間の精進潔斎が要求され、仮屋《かりや》に籠もって忌み籠もりをした。女人が付近を徘徊することも禁じられた。神事の精進法では忌籠《いごも》りと婬戒厳守・女人禁制とがセットになっている。神社での神事執行のために精進潔斎が求められ、身を浄め、女人禁制・持戒厳守の作法が求められた。精進潔斎や持戒の作法に違犯すれば、鳥や犬にまで罰を受けると信じられていたことがわかる。

こうした事実がいつの時点から始まるのかは、諏訪信仰の古代史料がなく、不明とせざるをえない。ただ、忌籠りの行為の発生についてはこれまでにも研究があり、九世紀に始まるとされている。

貴族の忌籠りは、寛仁三（一〇一九）年四月の一条院妃延子《いちじょういんひのぶこ》が死去したときに「御いみにこもりたる僧」（『栄華物語』）が初見され、平安・室町期まで貴族の共通した社会風習であった。それ以前については、天皇家の葬送儀礼の中に、儒教儀礼による「倚廬《いろ》の儀《ぎ》」が存在した。この儀は、即位した新帝が死去した先帝のために、「父母の喪」に服すとして一定期間忌籠りに入るものである。その初見史料は、光孝天皇が東宮時代の仁和四（八八八）年九月二日から十五日まで倚廬御所に籠もった事例である。[18] したがって、忌籠りの淵源については、古代天皇の殯宮《もがりのみや》での葬儀と践祚《せんそ》の儀礼《ぎれい》との関係で、九世紀を画期として検討しなければならず、古代史の大きな研究課題になっている。

中世神社における神事・祭事での精進潔斎の中でも、女人禁制や持戒遵守の思想が社会的なルールとしてつよく社会から需要されていた。伊勢神宮の『文保記《ぶんぽうき》』や『永正記《えいしょうき》』に中世の物忌《ものいみ》令《れい》が規定されている。しかし、日本の神々の神事執行に女人禁制がつよく求められたのはなぜか、神道史の中でも検討されていない。

最近、船田淳一金城学院大学准教授の研究によると、鎌倉中期、円頓戒中興の恵尋《えじん》や興円《こうえん》の著作物を検討し、中世の神々が授戒して摂善法戒《しょうぜんぼうかい》となり、善随縁真如《ぜんずいえんしんにょ》となるという教説が説かれていることを指摘している。[19] 延暦寺黒谷の円頓戒思想の中から、山王神《さんおうのかみ》が戒律思想を身につけるという考え方が登場したのではないかという。持戒思想が神道思想の中にどのように浸透していくのか、今後の研究を進める上でも貴重な研究といえよう。

不妊治療としてなぜ授戒が必要だったのか

院政期から、天皇・院・女院や公家層が山岳修行の聖や聖人を受戒会の師とするようになったのは、修験道が戒律復興や持戒の実践・行者として中世社会から支持を受けていたためである。中世の修験道史料群を見ていると、戒律復興や女人禁制の側面と、それと矛盾するような夫婦和合や子宝信仰のための修法が共存している事例が見られる。

一例をあげると、光宗撰『渓嵐拾葉集』巻百所収の「根本山王事」には、弘法大師がはじめて神宮寺内陣に練行したとき、山王が影向して「其の形、天女天婆夜叉神の如し」とある（巻九十二）。比叡山の神は女神であった。『渓嵐拾葉集』巻四十四に「求子妊胎法事」という秘訣部がある。「曼殊師利一字呪王経云」として、子を産めない石女《うまずめ》が、男女を求め欲する場合には「黄牛乳を和《わた》し呪二十五反、彼女が人身浄い時、その薬を飲ませ、妻ハ他男を犯すこと莫れ、夫は他女を犯す莫れ、未久の間便《すなわち》に娠《はら》むこと有り」と教えている。

「一、相応良薬事、黄牛乳、酥密　訶梨勒　孔雀尾」とあり、「口伝云、佛眼大日呪をもって加持し、服せしむべし云々、師云、三斎月六斎日を持斎すべき也」とある。ここでは、不妊症の夫婦に、黄牛乳を投薬し、他夫他妻に不邪婬戒を三斎月六斎日守らせながら祈禱を行う作法を相応の口伝として教えている（巻四十四）。夫婦関係における不婬戒・不邪婬戒の持戒を一定期間守ることの重要さを子宝信仰として教授している。民間の在家信者に、不妊治療法を通じて、一定期間の持戒思想を定着させていたともいえよう。『渓嵐拾葉集』は、中世の不妊治療法を千日回峰の創始者である相応の口伝としていた。

この巻は「正中二年六月一日於王城金山院授説記之耳、天台沙門光宗記之」とある。円頓戒の復興運動に貢献した光宗は、正中二（一三二五）年には不妊症の信者の夫婦に不邪婬戒を守らせ、黄牛乳を投薬し、祈禱することによって妊娠できることを伝授していた。言い換えれば、修験道の行者は、不妊治療の知識を通じて、夫婦に一夫一婦制の倫理観を植え付ける役割を果たしていたことになろう。

仏教学の平川彰博士の戒律研究によると、仏教では、純粋に修行のために必要な手段として内発的な禁欲生活が説かれ戒律を定めたものであったという。不婬戒を上座部の『四分律』による具足戒・二百五十戒の第一に置いたのも、性欲のエネルギーを修行のための叡智的な力・エネルギーに転換するための手段であったといえよう。

一方、わが国においても、厳しい山岳修行の中では、それをやり遂げる宗教的エネルギーを婬戒によって獲得することが体験できた。山林修行の中で『梵網経』の持戒による修行・難行の克服体験を知っていたからこそ、貴族や在地領主・富裕層らが自ら受戒の師として山岳修行の上人・聖人を選んだ。こうしてみれば、院政期における行人方の山伏に女人禁制・不婬戒厳守の戒律思想が復興していたことが頷けよう。日本仏教では戒律の思想が脱落したと説く研究者が多く通説となっているが、具体的な中世史料にもとづいて再検討する必要があろう。

注

（1）貞慶の関係史料は、神奈川県立金沢文庫と奈良国立博物館が御遠忌八〇〇年記念特別展として開催した展示図録『解脱上人貞慶―鎌倉仏教の本流―』（読売新聞社ほか、二〇一二年）にもっともよくまとめられている。貞慶・明恵・良遍・叡尊・凝然らの史料は『鎌倉旧仏教　日本思想大系』（岩波書店、一九七一年）参照。

（2）中原信房について、拙論「鎮西島津荘支配と惣地頭の役割」（『日本中世の国政と家政』校倉書房、一九九五年、五一〇頁）参照。鎌倉御家人宇都宮氏一門の仏教活動については、山本隆志「関東武士の都・鄙活動―宇都宮頼綱―」（『東国における武士勢力の成立と展開』思文閣出版、二〇一二年）参照。

（3）俊芿の関係史料群は、赤松俊秀編『泉涌寺史』（本文篇・資料篇、法藏館、一九八四年）にまとめられている。

（4）叡尊と西大寺については、田中稔「西大寺における『律家』と『寺僧』」（『中世史料論考』吉川弘文館、一九九三年）、和島芳男『人物叢書　叡尊・忍性』（吉川弘文館、一九五九年）、今枝愛真『中世禅宗史の研究』（東京大学出版会、一九七八年）。

（5）忍性については、内田啓一「西大寺叡尊及び西大寺流の文殊信仰とその造像」（『美術史研究』二六、一九八八年）、鎌倉国宝館特別展目録『極楽寺忍性ゆかりの遺宝』（鎌倉国宝館、二〇〇二年）参照。

（6）審海・禅恵と劔阿については、関靖『金沢文庫の研究』（講談社、一九五一年）・福島金治『金沢北条氏と称名寺』（吉川弘文館、一九九七年）、神奈川県立金沢文庫新築開館記念展図録『よみがえる中世―鎌倉北条氏の遺宝―』（神奈川県立金沢文庫、一九九〇年）。

（7）明恵については、田中久夫『明恵』（吉川弘文館、一九六一年）、奥田勲編『明恵上人七百五十年御遠忌、栂尾高山寺明恵上人』（高山寺、一九八一年）、高山寺典籍文書綜合調査団編『明恵上人資料　第一・第二』（東京大学出版会、一九七一・八一年）、同『高山寺典籍文書の研究』（東京大学出版会、一九八〇年）。明恵と実家湯浅氏との関係については、最新の研究成果が高橋修『信仰の中世武士団―湯浅一族と明恵』（清文堂、二〇一六年）にまとめられている。明恵が紀伊の地方寺院で涅槃会や春日明神託事件など宗教活動を展開して、湯浅諸家の分裂を防止し一門の武士団としての一体性や地域住民との一体感をつくりだす歴史的役割を負っていた事が解明されている。

（8）河合隼雄『明恵　夢を生きる』（京都松柏社、一九八七年、一二九頁）、中世史研究における夢や夢記の独特の社会的役割については、福島金治「神仏との対話」・酒井紀美「夢見の場の共同性」（国立歴史民俗博物館編『中世寺院の姿とくらし』展示図録、二〇〇二年）や、夢想連歌が神仏との交感であったことについては拙論「信仰と和歌」（『中世の国家と天皇・儀礼』校倉書房、二〇一二年）で論じた。

（9）仏教と女性史については、大隅和雄・西口順子編『シリーズ女性と仏教1―4』（全四巻、平凡社、一九八九年）、細川涼一「中世における尼寺の展開」（『女の中世』日本エディタースクール出版部、一九八九年）、勝浦令子「女性の発心・出家と家族」（峰岸純夫編『中世を考える　家族と女性』吉川弘文館、一九九二年）、西口順子『中世の女性と仏教』（法藏館、二〇〇六年）。

（10）石田瑞麿『戒律の研究上・下』（『日本仏教思想研究　全5巻』、法藏館、一九八六年）、蓑輪顕量『中世初期南都戒律復興の研究』（法藏館、一九九九年）。

（11）和歌森太郎『修験道史研究』（平凡社、一九七二年）や宮家準『山伏』（評論社、一九七三年）。

（12）鈴木昭英「修験道当山派の教団組織と入峯」（『山岳宗教史研究叢書』名著出版、一九七五年）。

（13）東大寺の堂衆と修験道との関係については、徳田明本「東大寺戒壇院戒和上相承について」（『南都仏教』三九、一九七七年）、永村眞「中世東大寺の諸階層と教学活動」（『中世東大寺の組織と経営』塙書房、一九八九年）。

（14）徳永誓子「修験道当山派と興福寺堂衆」（『日本史研究』四三五、一九九八年）。中世の興福寺については、稲葉伸道「興福寺寺院構造の研究」（『中世寺院の権力構造』岩波書店、一九九七年）、熱田公「室町時代の興福寺領荘園について」（『中世寺領荘園と動乱期の社会』思文閣出版、二〇〇四年）参照。山岳寺院や山岳霊場の発掘調査や地域史研究も集成されるようになって、狭川真一編『中世の納骨信仰と霊場』（『季刊考古学』一三四、雄山閣、二〇一六年）、首藤善樹『修験道聖護院史要覧』（岩田書院、二〇一五年）、長谷川賢二『修験道組織の形成と地域社会』（岩田書院、二〇一六年）が刊行されるようになった。

（15）相応と延暦寺の関係については、村山修一編『葛川明王院史料』（吉川弘文館、一九六四年）、村山修一「相応と回峰行の成立」（景山春樹・村山修一『比叡山』NHKブックス、一九七〇年）、「山林抖擻」（比叡山開創一二〇〇年記念展示図録『比叡山と天台の美術』朝日新聞社、一九八六年）。延暦寺については、河音能平・福田栄次郎編『延暦寺と中世社会』（法藏館、二〇〇四年）、下坂守『中世寺院社会の研究』（思文閣出版、二〇〇一年）および、同『中世寺院社会と民衆』（思文閣出版、二〇一四年）参照。

（16）出家のための受戒とは区別される病気平癒のための受戒については、石田瑞麿「平安中期に於ける在家信者の受戒精神の展開」（『日本仏教思想研究』２巻　法藏館、一九八六年）参照。中世になって民衆・武家・貴族がなにゆえ受戒・出家・遁世を求めるようになったのかは未解明な研究課題の一つである。近年、平雅行「日本中世における在俗出家について」（『大阪大学大学院研究科紀要』五五、二〇一五年）が、中世で在俗出家した僧形の人々が寺院に属さないで世俗活動を展開しているものが、朝廷・幕府や惣村でも多く、世界史上でも日本中世だけの特殊現象だとして分析し、惣村では十四世紀に出家入道が三〜四割に増加するが、十六世紀には一割以下に急減していると指摘している。

（17）近年、中世神道史・中世文学史研究において、説話・縁起・偽書などの研究史料群として中世寺院の聖教類が注目されるようになっている。伊藤聡『中世天照大神信仰の研究』（法藏館、二〇一一年）、三橋正『日本古代神祇制度の形成と展開』（法藏館、二〇一〇年）、阿部泰郎『中世日本の宗教テクスト体系』（名古屋大学出版会、二〇一三年）参照。

（18）忌籠りと天皇家の倚廬の儀については、拙論「中世における触穢と精進法をめぐる天皇と民衆知」

（『国立歴史民俗博物館研究報告』一五七、二〇一〇年）。中世の貴族や畿内では死穢忌避観念がつよく、触穢との関係で葬送儀礼や墓前仏事や墓地参詣を忌避する傾向がつよいという一般的指摘が強調されてきた。しかし、触穢には自ら忌籠りして服忌間の日常生活を慎み死者の供養に専念するという積極的な行動様式を営む歴史的社会的意義があった。その点の解明が今後の研究課題である。その分析視点については、片岡耕平『日本中世の穢と秩序意識』（吉川弘文館、二〇一四年）、拙論「書評　片岡耕平著『日本中世の穢と秩序意識』」（『史学雑誌』一二四―八、二〇一五年）参照。

（19）舩田淳一「中世叡山律僧の神祇信仰について」（『日本思想史学』四一、二〇〇九年）という興味深い研究が発表された。

第五章

法然と親鸞が問う戒律の是非

法然の念仏宗は戒律を否定したか

中世日本の仏教教団全体が戒律を軽視する中で、自覚的な僧侶集団が仏教界の現状批判から自主的に戒律の実践を行った自誓受戒の運動を見てきた。のこされた問題は、法然（一一三三―一二一二）・親鸞（一一七三―一二六二）・一遍（一二三九―一二八九）など念仏宗と戒律遵守との関係である。

「一の沙門あり、世に法然と号す、念仏の宗を立てて専修の行を勧む」（興福寺奏状）とあるように、顕密八宗の既存宗派からは、法然の専修念仏派は念仏宗と呼ばれた。しかし、多様な念仏の弘通《ぐずう》とともに、念仏宗は浄土宗・浄土真宗・時宗・融通念仏宗など日本浄土教の総称とされるようになった。反面では、鎌倉期における通夜念仏から踊念仏・融通念仏など多様な念仏宗の興隆は、戒律興隆の運動と敵対するものとされてきた。とりわけ、法然や親鸞は戒律を否定し、捨戒《しゃかい》したと非難された。本章では、戒律復興の潮流と法然・親鸞の捨戒との関係について見直してみよう。

専修念仏はいかにして弾圧されたのか

ご承知のように、法然・親鸞は戒律遵守よりも念仏を専修《せんじゅ》することの重要性を説いたと理解されている。元久元（一二〇四）年に延暦寺衆徒が専修念仏停止の申請を朝廷に提出した際、これに対して法然は同年十一月「七箇条制戒《しちかじょうせいかい》」を門人に示し、弟子百九人に連署させることで、一旦は平穏に帰した。

七箇条の内容は、⑴天台・真言の教説を破せず、阿弥陀以外の仏・菩薩を謗《そし》らないこと、⑵諍論《じょうろん》をしないこと、⑶念仏者以外の人を嫌い嘲笑しないこと、⑷念仏門には戒行なしとして、婬・酒・食肉を勧めたり、造悪を恐れるな、などといったりしないこと、⑸憚《はばか》るところなく自説を述べないこと、⑹唱導を好んでしないこと、⑺仏教以外の邪法を説いて師範の説だと偽らないこと、などが大意である（『岩波仏教辞典』）。

ここで法然は、⑷のごとく、念仏門にも戒行なしとはいってはならない、と主張している。この本意はどこにあったのか、再検討することから始めよう。

翌年十月に興福寺は奏状を提出して後鳥羽天皇に念仏禁断令を発するように提訴した。それを受けた同年十二月の宣旨《せんじ》は「門弟の中に邪執《じゃしつ》の輩、名を専修に仮るをもって咎《とが》を破戒にかへりみず、是偏《これひとえ》に門弟の浅智《せんち》よりおこりて、かへりて源空《げんくう》が本懐にそむく」として、刑罰を「くはふることなかれ」と命じた。朝廷は、専修念仏者の破戒は、門弟の浅智によるもので、法然の本懐に背くとして、むしろ法然を擁護する宣旨を発した。

だが、南都の不満は収まらず、対応に苦慮した朝廷は、摂政九条良経《よしつね》ら念仏擁護派の提案にもとづいて、元久三（一二〇六）年二月、法然門弟の行空《ぎょうくう》・遵西《じゅんさい》の両名を罪科に処す口宣《くぜん》を出し、法然も行空を破門したのである。ところが、三月に九条良経が死去して近衛家実《いえざね》が摂政となると、朝廷内では念仏弾圧派が主導権を握る。六月になると、朝廷は念仏宗停止宣下《せんげ》について諸卿《しょきょう》に諮問が出された（『三長記』）。建永二（一二〇七）年二月、ついに専修念仏停止の宣旨が出され、法然は讃岐に配流、親鸞ら門弟の配流も決まった。これを建永の法難と呼ぶ。

法然の讃岐配流に反対して摂津にとどめようとした九条兼実《かねざね》も四月に死去して、念仏擁護派は朝廷から排せられた。その五年後、流罪を解かれ、法然が死去した建暦二（一二一二）年、法然批判の『摧邪輪《ざいじゃりん》』が明恵《みょうえ》の起草によって流布された。貞応三（一二二四）年八月にも専修念仏が禁止され、翌年にかけて嘉禄の法難がつづいた。天福二（一二三四）年六月には幕府が専修念仏を禁止し、専修念仏衆への弾圧が繰り返された[1]。

こうした史実から、法然・親鸞らは「破戒をかへりみず」念仏のみを専修するように布教したとする社会的評価が仏教界に定着する。専修念仏は他の修行方法を「雑行《ぞうぎょう》」として否定したとする歴史像は仏教史以外の研究者にも広まり、現代でも通説となっている。

哲学者の上山春平は、現代の仏僧で仏教の戒を守っている人は少ないとし、「日本人が戒を破棄した」と仏教界を厳しく批判している。ユング心理学者の河合隼雄も、明恵を唯一の持戒僧侶とし、親鸞を無戒としてその対極に置いている。梅原猛も、仏教が日本に入って戒の思想が「脱落」したといい、「戒は法然においては理論的に、親鸞においてはさらに実践的にほぼ完全に無視されるようになった」と指摘する[2]。こうして、現代では、日本仏教の中で戒律を否定・無視した代表的な宗教者が、法然と親鸞であるとする理解が定着している。

しかし、念仏宗が戒律を「無視」したという主張は、法然や親鸞らが当時の現実生活の中で戒律に対してどのような態度と実践を行ったのか、という歴史事実をあきらかにした上でなされた批判ではない。むしろ、現代の仏教教団が教学上では戒律を維持しながら、実際の生活では僧籍を持つ者の大半が妻帯をしている現実からの日本仏教界全体への批判とみるべきであろう。

ここでは、法然・親鸞・一遍など念仏宗や宗祖とその一門の弟子らが戒律といかなる関係をとりむすんでいたのか、歴史史料にもとづき、いわば史実として確認することにしたい。

円頓戒の法脈で判明した授戒の師法然

まず、史実として第一に重要なことは、歴史史料によるかぎり、法然は最澄以来の延暦寺黒谷《くろだに》における円頓戒《えんどんかい》を継承し、その法流を弟子に相伝した持戒の上人であったことである。法然は円頓戒を師資相承《ししそうしょう》していた。

この史実は、戦後の天台真盛宗の宗派研究によってはじめてあきらかにされた。僧侶頽廃の場と評された比叡山延暦寺の戒律史料群は、天台宗の円頓戒と称名念仏との両立を説いた室町時代の真盛《しんせい》（一四四三—一四九五）を中興の祖と仰ぐ天台真盛宗という宗派に蓄積されていた。天台真盛宗の総本山・滋賀県西教寺所蔵の『開山御結縁之血脈』によると、最澄—禅仁《ぜんにん》—良忍《りょうにん》—叡空《えいくう》—源空—信空《しんくう》—湛空《たんくう》—恵尋《えじん》—恵顗《えぎ》—興円《こうえん》—恵鎮《えちん》—光宗《こうしゅう》とつづく円頓戒の相伝血脈を伝えていた。源空すなわち法然は円頓戒の師主になっていた。

一九八〇年代以降になると、知恩院《ちおんいん》・清浄華院・金戒光明寺《こんかいこうみょうじ》など浄土宗京都四箇本山の文書調査が進展した。伊藤唯真らの尽力によって一九八〇年に『京都浄土寺寺院文書』が刊行された。二〇一一年には法然八百年大遠忌記念として『清浄華院―その歴史と遺宝―』の図録が公開された。ここで、文保三（一三二三）年に了恵道光（一二四三―一三三一）から弟子の隆恵《りゅうえ》に授けられた『天台円教菩薩戒相承師師血脈譜《てんだいえんきょうぼさつかいそうしょうししけちみゃくふ》』が発見された。そこでも、円頓戒の血脈譜は、叡空―源空（法然）―弁阿―信空―湛空―慈明《じみょう》―覚空《かくう》―恵尋―念阿良忠《ねんありょうちゅう》―了恵―隆恵と師資相承され、法然が円頓戒の師であったことが再確認された。

新出史料の発見とあいまって、ようやく比叡山延暦寺での戒律復興についても中世史研究や仏教学の分野で注目されるようになった。研究の成果により、法然以降の恵尋・恵顗を経て、興円（一二六三―一三一七）に始まり恵鎮（一二八一―一三五八）・光宗とつづく円頓戒の復興が存在したことがあきらかになった(3)。

比叡山の円頓戒の復興は、西塔黒谷の叡空《えいくう》（生年不詳―一一七九）によって始められ、師資相承して恵鎮のあと惟賢《いけん》が住持をつとめた法勝寺《ほっしょうじ》と、光宗の元応寺《げんおうじ》を拠点寺院とする二流派に分流した。『元応国清寺列祖之次第《げんおうこくせいじれつそのしだい》』は元応寺の住持として恵鎮―光宗という相承血脈を伝え、『天台円頓妙戒都鄙住持次第《てんだいえんどんみょうかいとひじゅうじしだい》』は法勝寺の歴代住持の血脈として恵鎮―惟賢……恵忍《えにん》―真盛という血脈譜を伝えている。恵鎮が建立した元応寺が円頓戒の拠点寺院になっていることから、興円・恵鎮が戒律中興の人物として評価されるようになったのである。

室町時代になっても、元応寺が後花園《ごはなぞの》・後土御門《ごつちみかど》天皇の葬儀や女院《にょいん》・公家《くげ》らに円頓戒を授けていたことは、拙著『史実中世仏教　第2巻』の「中世天皇家の葬送と籠僧の深い関係」でも論述した（二六二～二六六頁）。室町後期の真盛が近江西教寺を拠点に円頓戒の復興に尽力したことは辻善之助の研究でも詳細に知られていた。つまり、延暦寺の天台律の法脈は最澄以来連続しており、法然がその一人であったことは戦後の新しい研究成果である。

だが、これまでの仏教史では、延暦寺の破戒・頽廃だけが強調され、院政期から鎌倉前期の黒谷における円頓戒復興の動向はほとんどあきらかにされていない。興円・恵鎮よりも前代の叡空・法然らも戒律興隆に取り組んでいたとみなければならない。

円頓戒の法脈を相伝した元応寺は、恵鎮のあと『渓嵐拾葉集《けいらんしゅうようしゅう》』の編纂で知られる光宗（一二七六―一三五〇）に受け継がれ、法勝寺は恵鎮の弟子惟賢（一二八九―一三七八）に継承される。元応寺流は恵鎮で終わり、法勝寺流が始まるという解釈を主張する研究者もおり、見解が分かれている。[4] 鎌倉以前の平安期から院政期の円頓戒の法脈については不明なことが多い。

前述の円頓戒法脈に登場する良忍（一〇七三―一一三二）は、最澄の孫弟子であり融通念仏宗の祖として著名である。比叡山東塔の堂僧という行人方に属して不断念仏につとめ、二十二歳で大原に隠棲・山岳苦行して永久五（一一一七）年、自他融通念仏を唱えたといわれている。

つづく叡空は、生誕が不明で西塔黒谷で源空に円頓戒を授けた上人である。『兵範記』仁平四（一一五四）年五月二十八日条に「右大臣左大将、中院《なかのいん》亭において已に遁世せらる、黒谷聖人叡空授戒、律師実寛、明雲剃除之」とある。叡空が黒谷聖人と呼ばれ、右大臣で左大将の久我雅定が出家した際に戒師をつとめたことが史実として確認できる。叡空から円頓戒を相承したのが源空である。

前述したが、源空こそ、法然その人である。法然は十五歳で延暦寺に入り、はじめ皇円《こうえん》の弟子になったあと、黒谷の叡空の弟子になったことが知られている。法然が円頓戒を相伝・伝授したのが信空である。信空は、院司《いんし》で摂関家の家司《けいし》や天皇の蔵人《くろうど》を兼ねた葉室行隆《はむろゆきたか》の子であり、比叡山で叡空の弟子でもあった。法然の弟子信瑞《しんずい》の著作『明義進行集《みょうぎしんぎょうしゅう》』は、法然が円頓戒を弟子に伝授した戒律の師であったことを記述している。円頓戒の血脈によるかぎり、法然もまた戒律復興の祖であったといわなければならない。

法然による「戒称二門」とはなにか

では、法然による円頓戒での授戒活動を史料に即して検討してみよう。法然が、専修念仏帰入覚悟で下山して東山黒谷で浄土宗を開いたのは承安五（一一七五）年とされている。この年『法然上人絵伝』巻一〇には「高倉院御在位の時、承安五年の春、勅請《ちょくしょう》ありしかば、主上《しゅじょう》に一乗円戒《いちじょうえんかい》を授け奉らる」「後白河法皇、勅請ありければ、上人、法性寺《ほっしょうじ》の御所に参給ひて一乗円戒を授け申」とあり、法然が高倉天皇や後白河法皇に円頓戒を授ける戒師をつとめたとしている。『法然上人絵伝』では後白河法皇が死去したときも、建久三年「二月二十六日に上人参じ給ひて御戒を授け奉られ、御往生の儀式を定め申さる」とある。承安五年から建久三（一一九二）年にかけて法然は専修念仏を説きながら、天皇や上皇に円頓戒を授ける持戒の聖人であったことになる。もとより、『法然上人絵伝』の語る法然による授戒の史実を裏付ける文献史料はこれまで確認されていない。

そこで、これとは別に、法然が専修念仏を主張して比叡山を出て東山黒谷に居住したあとにおいても、円頓戒の授戒会を主宰していた史実を示そう。

法然がはじめて摂政九条兼実宅を訪ねたことは、藤原兼実の日記『玉葉《ぎょくよう》』文治五（一一八九）年八月一日条に「今日法然房の聖人に請《こ》ひ、法文語及び往生業を談ず」とあることからわかる。その前年二月十九日に兼実は子息の内大臣良通《よしみち》を突然死で亡くしていた。最愛の嫡男に先立たれた親の苦悩に対して、法然は真剣に応えたのであろう。兼実は法然に深く帰依した。『玉葉』文治五年八月八日には「八日雨下、辰刻、法然聖人来、授戒、其後念仏を始む」と記録される。雨の中、辰（今の午前八時）に法然は再度兼実宅を訪問して、兼実宅での授戒会の戒師となった。そのあと称名念仏を行っているから、法然は天台円頓戒と称名念仏の併用＝「戒称二門《かいしょうにもん》」の教学を九条家で実践していたことがわかる。

法然はこの十三年前に、延暦寺を出て専修念仏を説き、浄土宗開立を宣言していた。にもかかわらず法然は、自著『選択本願念仏集《せんちゃくほんがんねんぶつしゅう》』（以下、『選択集』と略称）の説くように兼実に専修念仏だけを勧めたわけではなく、念仏と持戒を説く「戒称二門」の宗教活動を継続していたのである。

『玉葉』建久元（一一九〇）年七月二十三日条にも「先す法然坊源空上人に請《こ》い受戒す、次いで恒例念仏を始む」とある。兼実が法然から受戒し、恒例の念仏を唱えた。翌（一一九一）年七月二十八日にも九条堂で源空上人に請い受戒した。九月二十九日には「法然房上人源空に請い中宮御受戒事あり」とあり、兼実の長女で後鳥羽天皇の中宮である宜秋門院《ぎしゅうもんいん》も法然によって受戒した。兼実の女房が正治二（一二〇〇）年九月二十七日夜半に病悩となったときも「病重」が重く、九月三十日法然坊に請い受戒し、その験ありて回復したとある。

このように九条家では、兼実自身のみならず娘の宜秋門院や女房らが重病治療のために受戒し、授戒会の戒師である法然の験力に期待していた。もとより、『玉葉』によると、法然だけではなく、仏厳《ぶつごん》聖人・大原《おおはら》聖人（本成房湛斅《ほんじょうぼうたんきょう》）・高野山穀断《こくだち》聖人（行勝《ぎょうしょう》房）などが兼実の家族に戒を授けている事例も散見される。(5)

兼実は授戒について「近代、名僧等一切戒律事を知らず、禅仁、忠尋《ちゅうじん》らの時までは名僧ら皆授戒を好む、それより以後すべてこの事なし、近代の上人皆此道を学ぶ、又効験あり」（『玉葉』建久二年九月二十九日条）という。ここから、十二世紀初期の禅仁・忠尋らは、名僧も授戒会をやっていたが、近年は山林修行の上人が戒律を学んでおり、効験も高いので病気治療の授戒会に招請する、といっている。法然はそのうちの一人であった。

では、両者の師檀関係はいつから始まるのであろうか。『玉葉』（九条家本・図書寮叢刊）養和元（一一八一）年五月二十三日条に「黒谷聖人を以て善知識と為す云々、件上人、出家戒師也」と見える。この「黒谷聖人」が叡空か、源空かは両方の解釈が可能である。九条家は院政期から黒谷聖人に出家戒師を依頼する慣習があったから、黒谷聖人となった叡空や源空も九条家の出家戒師をつとめたといえそうである。

再検討されるべき法然の教義をめぐる矛盾点

法然は自著『選択集』では称名念仏に専修せよと説きながら、実際の布教活動においては、九条家の出家戒師であった史実を実証しえた。これは、当然、教義上の矛盾という問題に行き着く。

専修念仏を説いた法然が授戒の師として登場している史実に注目した研究者は、以前にもおられた。田村圓澄九州大学名誉教授の学説を見直すと、法然は延暦寺時代に良忍・叡空と伝わる円頓戒を相承し、九条兼実や娘の宜秋門院の戒師をつとめ、貴族層も法然による授戒に病気・邪気治療の効験を期待していたことを指摘して、つぎのように述べている。

「戒を含む雑行を放下《ほうげ》する立場」にありながら、他方で「法然は自己が放下した戒を授けるために招かれれば貴族の家にも出入りしている」とし、「玉葉にみられる法然は自己を偽り他を欺く行動をしているとの非難を拒みえぬであろう(6)」。

法然の専修念仏の主張と、自らの円頓戒の持戒の主張とは自己矛盾しているという厳しい批判が田村圓澄によって五十年も前に問題提起されていた。法然の宗教思想と、彼の宗教活動との間に矛盾があるという問題は浄土宗の教学研究では重大な難問だといわざるをえない。

もう一人、この問題に言及された研究者に、東京大学史料編纂所から大正大学に転じた菊地勇次郎教授がいる(7)。

「源空が授戒の師として現われるに至っては、源空のいわゆる新仏教の布教のある部分が天台の別所聖の形態に埋没してしまうのである。この点については源空が住んだ大谷などの地の性格を考察すれば、一層はっきりするであろう。この考証は後日に譲りたい」(『源空とその門下』法藏館、一九八五年、二六頁）、「天台の智行と専修念仏とは源空において同一教学の範疇の中にあったと考えられる。そのもっとも端的な例は、大谷の住房であり、信空の門流に書写して伝えられる「七箇条起請文」であるといっておこう。そしてこうした観点に立ってこそ、源空の教義を探らなければならないし、弟子の分流も理解されると思うのである」（同書、二七〜二八頁）。別の箇所では「黒谷の教学は、泉涌寺系の戒律にも眼をむけるほどの幅もある」（同書、一〇八頁）と主張する。

法然研究者としては著名な田村圓澄・菊地勇次郎両学説では、前者が法然の教学と行動は自己矛盾だとし、後者は専修念仏と持戒とが並存し得たとし、教学上から相対立する評価・主張を展開していた。しかし、この論点を浄土宗の教学上の問題として取り上げて深めた研究者はこれまで知りえない。私にいわせれば、論点の存在そのものが無視されてきた。

浄土宗の教学研究の中では、法然の行動と著作物との思想的な矛盾は早くから指摘され、『選択集』も偽書と主張されたことがあった。法然は生前、著書を容易に弟子にも見せなかったといわれた。この点に関しては、奈良當麻寺《たいまでら》奥院所蔵の『選択集』書写本が公開され、法然生前中の元久元（一二〇四）年に書写された奥書が発見されたことから、法然が生前中からすでに同書を公開していたことが判明してこの説は否定された。

法然の弟子たちの中に専修念仏弾圧に協力したものがいた史実が、平雅行大阪大学教授によってあきらかにされた。法然の弟子僧聖覚《せいかく》が専修念仏僧とみられていながら、実際には〝嘉禄の法難〟において専修念仏停止弾圧の側に立っていたこと、親鸞も聖覚の著作に注釈を加えて関東の門弟にも奨励していたことなど、重要な事実をあきらかにした。二〇〇九年、僧職にある祢津宗仲も、法然の弟子信瑞が得宗北条時頼《ときより》と法然との間を仲介していたこと、北条時頼の家司諏訪蓮《れん》仏《ぶつ》は諏訪社大祝《おおほうり》家の出身で信瑞とも親しかったと論じた。諏訪氏一門の武士・上原敦広も信瑞との交換書簡を素材に『広疑瑞決集』という信瑞の著書作成に協力していた。信瑞の著書『明義進行集』によると、隆寛・信空・聖覚らの伝記の読解から、聖覚は法然から円頓戒を相承しており、法然を「我大師聖人」と称していたことをあきらかにした(8)。

この結果、法然の弟子である隆寛・信空・聖覚や信瑞らは、弟子である証空《しょうくう》の西山派と対抗しながらも、むしろ円頓戒の相承者として法然を尊敬しており、専修念仏僧ではなかったのではないか、という新しい問題提起がなされている。

つまり、初期法然門弟の中で聖覚や信空・隆寛・信瑞らは、円頓戒を受け継いだ天台念仏聖であったというべきではないか、というのである。とすれば、持戒と念仏は両立することになる。近代人の仏教学者が理解したような専修念仏と円頓戒の持戒とは矛盾するという説は、誤解であったことがわかる。両者の並存を指摘した菊地説が改めて再評価されなければならない。法然や初期浄土宗の門下の教学研究を再検討する必要性が高まっている。

法然消息の再検討によって判明したこと

法然が、弟子や信徒への消息・書状を布教の手段としたことは、菊地が最初に指摘した。親鸞も書状を布教手段に用いており、大正十(一九二一)年に西本願寺宝庫で発見された『恵信尼消息』を含めて年次別に編年しようとした服部之総の研究成果を経て、消息集がまとめられた。他方、日蓮も同様で、法然・親鸞以上に多くの消息がのこっている。日蓮消息の集成は、京都本満《ほんまん》寺《じ》の日重《にちじゅう》や本国寺による慶長版日蓮遺文の刊行がなされ、日蓮文集の詳細な解説がなされるようになっている。[9]

ただ、法然消息を称名念仏と持戒の二門という視点から分析した研究実績を知らない。そこで、法然が生前中に信者に称名念仏と持戒とをどのように説いたのか見ておきたい。二〇一二年二月十日、第三十七回全国浄土宗青年会総合研修会が京都知恩院の雪香殿《せっこうでん》で開催され、そこで私は「法然の戒称二門について」の報告を行った。その要旨がつぎのものである。

法然が武蔵国御家人の熊谷直実《くまがいなおざね》に宛てた年未詳五月二日の消息を見ると、つぎのように持戒と念仏について述べている。

> 念仏の行ハかの仏の本願の行にて候、持戒・誦経・誦呪《じゅじゅ》・理観《りかん》等の行は、かの仏の本願にあらぬ行《おこない》にて候へハ、極楽を願はむ人は、まづかならず本願の念仏の行をつとめての上に、もし行ひをもし、加へ候はむと思ひ候ハゝ、さもつかまつり候……女犯と候は不婬戒のことにこそ候なれ……持戒の行は、仏の本願にあらぬ行なれば、堪へたらんに従ひて、たもたせたまふへく候、孝養の行も仏の本願にあらず、堪へんに従ひて、つとめさせおはしますべく候
>
> （『日本思想大系　法然』岩波書店、一六六頁）

この法然消息は、熊谷直実が建久三（一一九二）年に出家・弟子入りして、承元二（一二〇八）

年九月に入滅しているから、その間に書かれたもので、法然晩年のものである。阿弥陀如来の本願の行は念仏行だけであり、持戒・誦経などの行は阿弥陀の本願の行ではないが、「加へ候はむと思ひ候」＝加行《けぎょう》するものは、自分の堪えられる範囲で行えばよい、と指示している。女犯＝不婬戒や父母への孝養などは、持戒・誦経・誦呪・理観と同様で決定往生の行ではないから、自分の堪えうる能力の範囲内で「加行」でよい、と法然は説いた。ここでは、専修念仏のみをすすめて、祈禱や持戒・誦経などを雑行として否定、廃捨することはしていない。法然によれば、阿弥陀の本願は専修念仏であり、持戒は「加行」として行えばよいと主張しており、専修念仏と持戒とは両立していることがわかる。

同じ武蔵・上総国境の武士である津戸《つのと》三郎《さぶろう》に宛てた九月十八日法然消息にも、「念仏の行をさまたぐる事をこそ、専修の行に制したる事にて候へ、人ひとの或は堂をもつくり、仏をもつくり、経をも書き、僧をも供養せんには、力を加え縁を結ばむが、念仏を妨げ、専修をさふるほとの事は候まじ」とある（同書、一七一頁）。

この消息文を解説した大橋俊雄は「専修の行に制したる事」の頭注で「専修念仏に祈禱は雑行なりとして廃捨している」と説明している(10)。しかし、ここでは一家の「結縁助成」や造仏造堂などが、専修の行を制する＝「さまたぐる」「さふる」ことにはなるまいと主張している。したがって、雑行を「廃捨」＝廃止し捨てるように説いているわけではない。大橋の解説は誤読といわなければならない。

法然消息そのものが、専修の行のほかに雑行や持戒を「加行」することをすすめていることは、年未詳十月十八日津戸三郎宛の法然消息にも、「唐の世に善導《ぜんどう》和尚と申候し人、往生の行業において専修と雑修《ざっしゅ》と申す二つの行をわかちてすゝめ給へる事也、専修といふは念仏也、雑修といふは念仏のほかの行也」（同書、二〇五頁）と見える。

法然は、善導上人も専修と雑行の二つをすすめているとし、「専修のものは百人は百人ながら往生し、雑修のものは千人が中にわづかに一二人ある也」として、その効果の多少を説明している。法然はあきらかに、本願と加行、専修と雑行の並存を主張したといわざるをえない。

阿弥陀如来の本願が専修念仏であり、弥陀の本願にすがって往生するのには念仏のみでよい。しかし、人間である僧侶や在家信者が「加行」として造寺・造堂や写経・持戒・誦経・理観などを行うことは専修の行を妨げることにはなるまいと、法然消息は主張する。

以上の検討から、法然その人の教説は、専修と雑修、称名念仏と加行としての持戒・誦経・誦呪・理観の雑行を説いていた。法然の教学は、称名念仏と円頓戒持戒の二門であったといわなければならない。大橋俊雄説や浄土宗教学の通説は、『選択集』の専修念仏論を強調するあまり、その論理的推論によって、加行としての持戒や雑修を否定してしまった誤読であるといえよう。法然の浄土教の教学は称名念仏と持戒とを並存させた戒称二門の教えであった。

戒律の復興に努めた俊芿と法然の関係

法然が専修念仏と持戒とを並存させた教学であったとすると、中国仏教から宋代天台系浄土教と南宋律宗と禅を導入して、教禅一体の教学を説き、戒律の復興に努めた北京律《ほっきょうりつ》の俊芿《しゅんじょう》（一一六六―一二二七）との類似性が新しい問題となる。

法然の弟子信瑞は、律宗の泉涌寺開基の俊芿の伝記『泉涌寺不可棄法師伝《せんにゅうじふかきほうしでん》』を著している。俊芿の弟子泉涌寺長老の定舜《じょうしゅん》の依頼で寛元二（一二四四）年に著作したと自分で奥書に述べる。信瑞が俊芿の僧伝を書くということは、法然の教学が北京律の祖である俊芿のそれと共感する点が多かったと考えざるを得ない。法然が称名念仏と天台円頓戒の二門の教学で、弟子の信瑞も円頓戒を法然から伝受していたのであるから、俊芿の北京律との関係も緊密であり、信瑞が俊芿に私淑して僧伝を著したとみることができよう。

法然は、専修念仏の「加行」として持戒や雑行を並存するとした根拠を津戸三郎宛の法然書状では「善導和尚と申候し人」＝中国浄土教の善導の聖教類に求めていた。法然が依拠した善導の著作こそ、『観無量寿経《かんむりょうじゅきょう》』を解説した注釈書である『観無量寿経疏』であり、日観想に始まる十六観法を説いたものである。

近年の中国宋代仏教史の研究によると、善導の『観無量寿経疏』を基礎にして懺法《せんぼう》と坐禅により念仏三昧の観想を重視する宋代浄土教を興隆したのが、宋の霊芝寺《りんしじ》の元照《がんじょう》（一〇四八―一一一六）や超果教院の北峯宗印《ほくほうそういん》の浄土教であり、南宋仏教の教院を特徴づける天台教学であったという(11)。

京都東山の仙遊寺を再興して泉涌寺とした俊芿は、南宋で超果教院の北峯宗印や杭州の下天竺教院で宋代天台宗を学び、泉涌寺でも善導の浄土教の教えにより十六観堂を建てた。宋代浄土教を相伝していたことが再評価されて、法然と俊芿との教学上の類似点が注目されている。もとより、俊芿は建暦元（一二一一）年三月に宋から帰国し、法然はその翌年に八十歳で死去しているから、両者の接点は多くはない。

しかし、法然の弟子や信者と俊芿との接点は大きなものがある。法然の弟子信瑞自身が、生前俊芿に参学したと伝記に記していた。法然の弟子で浄土宗の諸行本願義《しょぎょうほんがんぎ》を立てた覚明房長西《ちょうさい》も、法然の死後、俊芿に参学し、西山派証空から浄土宗、覚瑜《かくゆ》から天台、道元から禅を学び、教・律・禅を兼学したという。鎮西義《ちんぜいぎ》を立てた弁長《べんちょう》の門弟・良海《りょうかい》は泉涌寺首座であり、然空《ねんくう》の門弟延空《えんくう》も泉涌寺の律僧であったといい、鎌倉〜南北朝期に泉涌寺と法然門下の浄土宗とが宋代浄土教の修学を通じて交流していたことが判明している。

法然門下と俊芿の後援者・大檀那となった武士層も共通する。下野《しもつけ》の御家人、宇都宮頼綱《よりつな》は、法然の弟子となり実信房蓮生と号した。法然の死後は、証空上人善恵《ぜんね》に師事し、西山善峯《よしみね》往生院の復興につとめた。弟の塩谷《しおや》朝業《ともなり》も浄土宗西山派を助けた。俊芿に泉涌寺の寺地を寄進した中原信房は豊後宇都宮氏の祖であり、下野宇都宮氏と同門である。(12)東アジア仏教史の視点からみれば、無関係に見える俊芿の泉涌寺と法然やその門下の浄土宗寺院とは、念仏と持戒の二門の教学として宋代浄土教を伝え、その実践主体として共通するものが多かったことがわかる。

専修念仏の弾圧をめぐる史実

法然は著書『選択集』において専修念仏を主張しながら、実際の行動では円頓戒の持戒と称名念仏を説いた戒称二門の聖僧であった史実を見た。

しかし、その後の歴史の評価では、法然はもっぱら専修念仏の祖と呼ばれ、戒称二門の持戒念仏の聖とはみられていない。法然には専修念仏僧としての歴史像が定着している。その理由は、中世国家による専修念仏派への長期にわたる激しい弾圧の歴史の中に隠されている。その史実についで見ることにしよう。

持戒念仏派と専修念仏派に分かれていた訳

現在の浄土宗は法然を宗祖として専修念仏を教学としているが、鎌倉時代の法然の教団は、多くの流派をつくって相互に抗争しながら宗教活動を展開した。それは、菊地勇次郎が指摘したように、法然や門下の教学がそれだけ幅をもった多様性を秘めていたことによる。

また、法然死後に行われた長く厳しい専修念仏弾圧政策によって、持戒念仏派と専修念仏派に強制的に区別されていったとみるべきである。持戒念仏派は、生前中の法然の戒師としての行動を重視し、円頓戒を持戒しながら称名念仏の二門の教えを継承した信空上人や証空・弁長、さらには聖覚・信瑞などのグループである。

後者の専修念仏派は、隆寛・幸西《こうさい》・空阿弥陀仏《くうあみだぶつ》らで、流罪に処せられたものや、朝廷や幕府の弾圧政策下で京都や鎌倉から追放処分を受けた名もない「専修念仏衆」のグループである。

専修念仏への弾圧は、建永元（一二〇六）年十二月、後鳥羽院が熊野詣に出た最中、法然の弟子と院女房の密通事件が起きたとして、翌年二月九日、専修念仏僧が逮捕されたことに始まる。同年二月二十八日の官符により専修念仏停止令が出て、安楽《あんらく》・住蓮《じゅうれん》・性願《しょうがん》・善綽《ぜんしゃく》の四名が死刑、法然・親鸞・行空《ぎょうくう》・浄聞房《じょうもんぼう》・禅光房澄西《ぜんこうぼうちょうさい》・好覚房《こうかくぼう》の六名が流罪に処せられた。幸西《こうさい》と法本房行空・証空の三人は、一時、九条兼実の配慮で慈円《じえん》に預けられた。法然も、土佐への流罪は遠いとし兼実領の讃岐国小松荘に滞在した。建暦元（一二一一）年に法然・親鸞の流罪が赦免となった。この事件を建永の法難という(13)。

建永の法難では、証空はその年七月に誓状を出して流罪を免除された。証空は「夢想感得」の浄土信仰をもち、雑行を認めながら念仏一類往生を宗旨として洛西善峰寺《よしみねでら》を拠点に西山派と呼ばれた。専修念仏の枠外に身をおいたことがあきらかになっている。

しかし、近年、平雅行大阪大学教授は、親鸞の歴史事象を歴史学の手法で詳細にまとめる中で、「専修念仏の弾圧年譜」の中に「建永の法難」を位置づけてその意義を再検討した。弾圧の特徴として、(1)弾圧の主体は朝廷や幕府であり、中世国家による専修念仏への弾圧であったこと、(2)

建永の法難での死刑は密通事件に対する後鳥羽院の私憤によるもののみであり、徳治三（一三〇八）年まで弾圧が繰り返されたが、死罪はなかったこと、⑶嘉禄三（一二二七）年の法難のあと、天福二（一二三四）年、文暦二（一二三五）年、弘長元（一二六一）年、嘉元元（一三〇三）年、徳治三（一三〇八）年と、専修念仏弾圧が繰り返され、信者の所領没収・住宅破却・追放という処罰を行っており、「殺人犯に匹敵する処罰」を行ったこと、⑷専修念仏弾圧令では「道心修行」や「如法修行」の念仏者は弾圧対象から除外する規定がしばしば見え、取り締まるべき対象が不明確であったこと、などを特徴と指摘している。(14)

この著書は、親鸞に対する歴史学研究の到達点を示すもので、きわめて充実した内容をもっている。その研究成果に学びながら、中世国家による専修念仏弾圧政策の中で、専修念仏派や持戒念仏派がどのように変化していったのか、嘉禄の法難を中心に検討しよう。

日本史上はじめての宗教弾圧事件の真相

法然の没した建暦二（一二一二）年九月に『選択集』が開版されて、法然個人とは別に、専修念仏の思想が一人歩きし始める。明恵が『摧邪輪』を書いて、『選択集』の専修念仏が諸宗派を蔑視していると批判したのも同年十一月二十三日である。

法然弟子の源智《げんち》が法然一周忌のため建暦二（一二一二）年十二月二十四日、阿弥陀仏の造仏事業を推進した。この仏像が、一九七一年に発見・解体修理されると、胎内物納入品から四万六千人もの交名注文《きょうみょうちゅうもん》が出てきた。法然の死後も、念仏の信者が広範囲に波及していたのである（『史実延暦寺末社の神人と専修念仏門徒との喧嘩・闘争が深刻化することを心配した後堀河天皇は、社会不安が高まった。

天皇綸旨による政府の決定を否定した権門寺院の延暦寺と専修念仏派との実力衝突事件が激化し、を祇園社感神院に下して、実力行動に出るように命じた（鎌倉遺文三六二八）。こうして、後堀河仏の輩を搦《から》め取るように僉議《せんぎ》して、天皇の命令を無視した。同年六月三十日、延暦寺は政所下文《まんどころくだしぶみ》開き、諸国七道の土民や山門末寺荘園日吉神人寄人《じんにんよりうと》を動員して、貴賤・権門領を選ばず、専修念暦寺衆徒の蜂起を制止させるように天台座主に命じた（鎌倉遺文三六二六）。延暦寺大衆は集会を二二七）年六月二十九日に後堀河天皇は、綸旨《りんじ》を出して専修念仏停廃令を再確認し、他方では延の祇園社感神院《かんしんいん》は、法然の墳墓を破却して遺骸を焼き捨てるという実力行使に出た。嘉禄三（一

専修念仏の門徒は法然の墓所を御廟と称して帰敬《ききょう》を成した。これを宣旨違反とした延暦寺末寺月、官宣旨で専修念仏停廃令を発令した。

・成覚房幸西・空阿弥陀仏の三名の流罪を要求して提訴した。朝廷は、建保七（一二一九）年閏二大衆《だいしゅ》は、『顕選択』が専修念仏の思想・本流であると判決した。延暦寺は同年五月、朝廷に隆寛照《しょう》の『弾選択《だんせんちゃく》』との論争が山門に持ち込まれた。法然門下の教学上の争いを契機にして、延暦寺建保五（一二一七）年、『選択集』の解釈論をめぐって、法然門下の隆寛の著『顕選択《けんせんちゃく》』と定《じょう》などの顕密仏教側と朝廷・幕府であった。

中世仏教　第1巻』一二四頁）。念仏の急激な民衆への波及に危機感をもったのが、興福寺・延暦寺

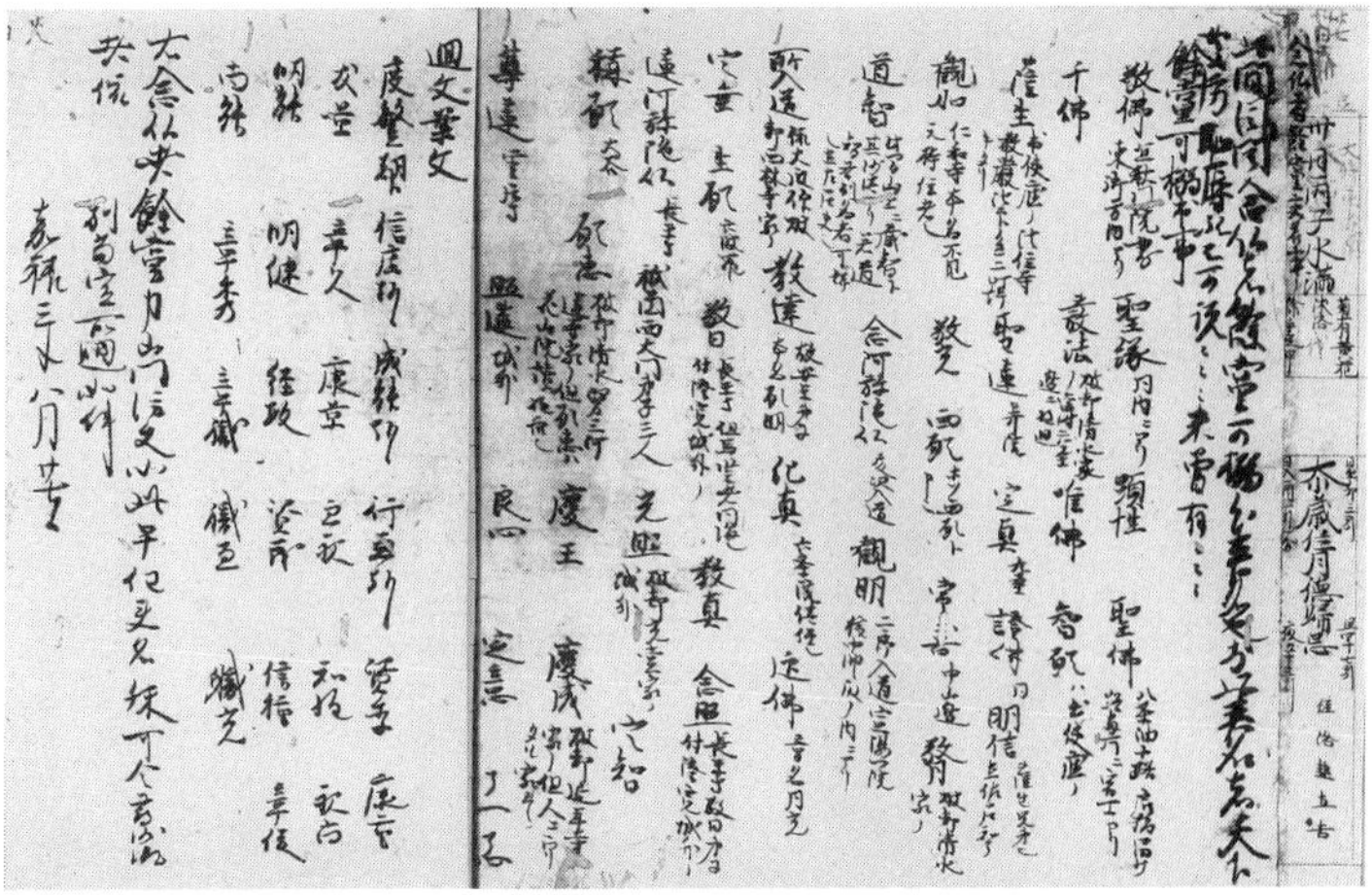

写真16　中世の国家機関である検非違使別当による専修念仏衆４６名への逮捕令状
(国立歴史民俗博物館蔵)

綸旨で延暦寺政所下文を停止するように天台座主に求め、七月五日、再度、専修念仏停止の綸旨を発した。専修念仏の行者に対して、「先符に任せて停止せしむべきの由」を命じ、根本の隆寛・成覚・空阿弥陀仏らを「遠流《おんる》」に処すべきことを命じた（鎌倉遺文三六三一）。

後堀川天皇は七月十七日にも宣旨（鎌倉遺文三六三八）と太政官符（鎌倉遺文三六三九）を発して、張本三人の流罪と専修念仏者の逮捕を命じた。宣旨と太政官符という国家の正式な行政文書にのっとった専修念仏門徒の逮捕命令は、中世国家による宗教弾圧事件を意味した。日本史上はじめてのことである。

専修念仏衆四十六名への逮捕令状

政府による宗教弾圧の逮捕令執行のためには、逮捕者名簿が特定されていなければならない。逮捕令状の史料を探してみると、専修念仏者の個人名が、広橋経光《ひろはしつねみつ》という中級貴族の日記『民経記《みんけいき》』安貞元（一二二七）年八月三十日条にのこっている。仏教史研究では吉田清がこの一部分を利用して洛中の専修念仏者を検討しているが、ほとんど注目されていない珍しい史料である（鎌倉遺文三六五五）。とりわけ、検非違使別当宣《けびいしべっとうせん》という中世国家の警察権力の長官が発給した専修念仏者の逮捕令状という重要史料なので写真を掲げよう（前頁写真16）。

まず、この『民経記』の翻刻をしておこう。

念仏者余党交名輩　此間風聞、念仏者余党可搦出交名也、於此交名者、天下女房恥辱歟、不可説少々々々、未曾有々々々

　餘党可二搦出一事（筆者注＝Aとする）

敬佛〈宜秋門院女房、東御方内ニアリ〉　聖縁〈同内ニアリ〉　顕性　聖佛〈八条油小路唐橋富少路両所ニ宿所アリ〉　千佛　発法〈破却清水家了、当時六条辺ニ経廻〉　唯佛　知願〈ハ出使庁了〉　薩生〈出使庁了、法性寺教厳法印辺ニ町許キタリ〉　聖蓮菩提院　定眞九条　證佛同　明信〈薩生兄弟也、土佐尼聟〉　観如〈仁和寺　本名不見、元持住者也〉　敬光　西願〈ホソ西願ト申也〉　常喜中山辺　敬月〈破却清水家了〉　道智〈此間山上ニ蔵智ト其沙汰アリ、若道智各別名者可也、土左尼夫也〉　念阿弥陀仏藤次入道　観明〈二郎入道、宣陽門院権中納言殿ノ内ニアリ〉　所入道〈依大殿仰破却西林寺家了〉　教達〈故安楽弟子、本名願明〉　紀眞六条院供僧也　迎佛童名月光　定乗　生願六波羅　敬日〈長楽寺、但馬竪者同海也

付隆寛城外了〉　教眞　念照〈長楽寺、敬日弟子、付隆寛城外了〉　蓮阿弥陀仏長楽寺　祇園西大門弟子三人　光照〈破却光堂家了、城外〉　定智　称願大谷　願恵〈破却清水舅三阿蓮寺家了、但願恵ハ花山院読経衆也〉　慶王　慶成〈破却延年寺家了、但人ニウリタル家云々〉　尊蓮雲居寺　照蓮〈城外〉　良心　定恵　了一　了心

廻文案文（筆者注＝Bとする）

度繁朝臣　信廣朝臣　成能朝臣　行兼朝臣　資季　康重　友景　章久　康景　兼親

知経　親尚　明能　明継　経政　資茂　信種　章俊　尚能　章秀　章職　職兼　職光

右　念仏者余党事、山門注文如レ此、早任二交名一、殊可レ令二尋沙汰一者、依二　別当宣一所レ廻如レ件

嘉禄三（一二二七）年八月廿七日

この日記に記された史料は大きく分けて三つの部分に分かれている。

まず、最初の「念仏者余党交名輩……」から「……未曾有々々々」までが、広橋経光本人の筆跡で、自分の日記に感想を記した部分である。念仏余党の交名《きょうみょう》の輩《やから》について、風聞では、念仏者を逮捕するための名前の注文だという、天下の女房らを恥辱したという、黙っているしかない、未曾有のことだ、と彼の感想を記した。

つぎにAの部分で、「餘党可搦出事」と事書きがあって、「敬佛」から「了心」まで四十六人の法名が記される。個人ごとに割注部分に住所、居場所などの情報が注記され、これが逮捕すべ

き念仏者の逮捕者名簿で「念仏与党交名注文」と呼ばれた。

最後がBの部分で、「廻文案文」とあって、「度繁朝臣《のりしげあそん》」から「職光」まで二十三人の俗名が記され、「依　別当宣所廻如件」と書き止められる。これが中世の警察権力に相当する検非違使別当（いまの警察庁長官）によって出された廻文《かいもん》と呼ばれる公式文書である。

写真で見ても、AとBの部分の文字は、同一の筆跡であり、全体が検非違使庁の役人が奉じて作成した廻文であることがわかる。Bの中にある「別当宣」の廻文《めぐらしぶみ》が、度繁朝臣以下の二十三人の職員に巡回され、検非違使らが逮捕に出向いたのである。

ここで注目されることは、専修念仏者の逮捕者四十六名について、一人ひとりの住宅や逃亡先が、割注に記されていることである。たとえば、聖佛については「八条油小路、唐橋富少路両所ニ宿所アリ」と注記されている。つまり、彼は洛中の二カ所に宿所をもっていたことになる。観如は「仁和寺、本名不見、元持住者也」とあり、仁和寺の僧で本名は不明で、元は住宅を所有していたとする。「知願」は「使庁に出了《おわん》ぬ」とあり、自から検非違使庁に出頭した。こうした注記にあるものが三十四人、注記のないものは十二人で、捜索情報が全くなかったことがわかる。「祇園西大門弟子三人」とあるのは、人名までが特定できなかったのであろう。

ここから専修念仏者の逮捕者名簿はきわめて不完全であったといえる。その理由は、B部分の中に「念仏者余党事、山門注文此の如し」とあるように、山門＝延暦寺側が交名注文を作成して朝廷に提出したことによる。中世国家の警察権力が第三者機関として捜査した上で逮捕者名簿を作成したのではなく、当局に逮捕を要求した当事者の延暦寺が逮捕人名簿を作って、検非違使庁に逮捕にあたらせたのである。延暦寺側は、家産官僚制《かさんかんりようせい》を動員して専修念仏教団の内部情報を把握し四十六人の逮捕人名簿を作成したものの、名前を特定できない人や、居場所を特定することができなかった部分を含んでいたのである。

これまで玉山成元・菊地勇次郎らの仏教史研究では、隆寛・成覚幸西・空阿弥陀仏らの流罪が指摘されるのみで、『民経記』に記載された四十六人の貴賤の専修念仏衆については触れられていない。わずかに吉田清が、『民経記』の記事に言及しているにすぎない(15)。吉田は「仲間の犬神人から情報を受けて……逃亡したというのが実情」とか「捕縛された者は幸西系薩生等三名と検非違使庁に出頭した知願だけであった」(同書、一七九頁)と述べ、現実の逮捕者は四名としている。しかし、「山門注文」は警察権力の検非違使庁による「尋沙汰《たずねざた》」＝捜査や逮捕を予定しているものの名簿として延暦寺側が提出したものにすぎず、この史料から検非違使による逮捕者の結果を類推することは史料の限界を越えている。

専修念仏を弾圧した専修念仏衆

専修念仏者の逮捕に向かった警察権力の検非違使の人々について特徴を整理してみると、その中に、専修念仏の支援者がいることに驚かされる。

まず、別当宣を命じた当時の検非違使別当は、参議で右衛門督《うえもんのかみ》の藤原隆親《たかちか》であり、四条隆衡《たかひら》の二男であった。当時、後堀河・後嵯峨などの持明院統《じみょういんとう》の天皇家を支えた有力で富裕な公家が、関《かん》東申次《とうもうしつぎ》の地位を独占した西園寺家と、造国司《ぞうこくし》や左馬寮《さめりょう》などを独占知行した四条家であった（本郷

恵子『中世公家政権の研究』東京大学出版会、一九九八年）。

念仏者の逮捕にあたった検非違使庁の役人のうち、度繁《のりしげ》・信廣・成能《しげよし》・行兼の四人だけが「朝《あ》臣《そん》」を名乗っている。「朝臣」は五位以上の中級公家の敬称で、三位以上は藤原朝臣というように姓の下につけ、度繁朝臣のように下の名前に朝臣をつけるのは四位のものを指す。したがって、度繁・信廣・成能・行兼の四人は四位の検非違使になった中級貴族で、検非違使庁の指導者層に相当する。

筆頭の平度繁は、後高倉院（守貞親王）の下北面《しもほくめん》で、源頼朝の御家人を兼任した平繁雅の子である。亀山天皇の蔵人・検非違使・佐渡守を勤め、その娘が冷泉為家《れいぜいためいえ》の妻で為相《ためすけ》、為守《ためもり》を生んだ阿仏尼《あぶつに》で『十六夜《いざよい》日記』の作者であった。しかも、建暦二（一二一二）年に法然の弟子源智が一周忌に造仏した阿弥陀如来像の結縁者交名にも「平信繁・季繁・度繁」兄弟の名があった[16]。つまり、彼らは、法然に帰依した専修念仏の信者であった。それが、十五年後には、専修念仏の弾圧者側の先頭に立っていたことがわかる。

一般の検非違使のうち、行兼　章久・章秀　章職　友景　康景　職兼　職光の八人は、いずれも明法博士《みょうほうはかせ》中原氏の出身で同門であった。章久は明法博士左衛門尉中原章久（鎌倉遺文三九三二）で、寛喜三（一二三一）年に伊勢公卿勅使の警固に従事した[17]。章俊は章久の弟で、二人は父章親の子息であった（『山槐記』治承三年正月二十二日条）。職兼も、章親流一門と確認できる（『経俊卿記』正元元年夏巻裏文書・勘文断簡）。友景・康景も、中原氏で院の「北面」（鎌倉遺文六七九〇）。中原兼親も後深草院の葬儀に従事した（鎌倉遺文六五七九）。明法博士右衛門尉中原章職（鎌倉遺文一五四六四）も、明法道の検非違使であった。明法道の中原家の多くが、五位以下の地下《じげ》官人《かんじん》で、洛中洛外の町屋や住人の詳細な情報をつかむのが職務であったから、専修念仏余党の逮捕者になったといえる。

在家にも及んだ専修念仏の逮捕者

この逮捕予定者名簿で注目されるのは、身分の高い女院の女房や侍・僧侶など特権身分の者が多いことである。

第一に、九条家の女院御所《にょいんごしょ》の女房や院侍《いんさむらい》らが注目される。まず、敬仏には「宜秋門院女房東御方内ニアリ」とあり、聖縁にも「同内」と記載されることから、二人は九条兼実の娘宜秋門院の女房東御方の庇護下にあった女房衆といえる。観明は「宣陽門院権中納言殿ノ内ニアリ」とあり、権中納言家が庇護した女房という。宣陽門院は父後白河院と母丹後局高階栄子《たかしなのえいし》の女子・覲子《きんし》内親《ないしん》王《のう》のことである。高階栄子と近臣平業房《なりふさ》の子が山科教成《やましなのりしげ》で、建暦元（一二一一）年に権中納言になっているから、権中納言家とは山科家のことで、その女房衆といえよう。

「紀眞」には「六条院供僧《ぐそう》」とある。六条院は白河上皇の長女郁芳門院媞子《いくほうもんいんていし》内親王の六条御所を出発点とし、平正盛《まさもり》・忠盛《ただもり》が伊賀国山田などを六条院に寄進して大きくなった。後白河院が建久元（一一九〇）年に頼朝に六条院の修理と六条院領の年貢確保を命じ、越後菅名荘《すがなのしょう》・信濃千国荘《ちくにのしょう》などが含まれていた。承久の乱のあと六条院領は安嘉門院《あんかもんいん》に伝領され、六条院庁も安嘉門院の院庁官である平繁高が統括した。[18] 六条院供僧の紀眞が専修念仏衆であり、女院侍平度繁・季繁らの本所・安嘉門院の庇護下にあったものといえよう。

専修念仏沙門圓証と名乗り保護者を任じていた九条兼実や、法然が戒師をつとめた女院宜秋門院をはじめ、宣陽門院・北白河院・安嘉門院など女院の女房衆や六条院の供奉僧らが、専修念仏者として弾圧されたことがわかる。法然や専修念仏に理解をしめしていた九条兼実につづいて良経が元久三（一二〇六）年三月に死去した。このため、九条家の女院の家政職員の中に浸透した専修念仏派を嘉禄の法難で摘発・弾圧することを可能にしたといえる。

第二に特筆すべきは、東山長楽寺や花山院など、洛中の寺院や公家の読経衆らの特権僧侶に専修念仏者が広がっていたことである。敬日については「長楽寺　但馬堅者同海也、隆寛に付き城外了」とあり、念照にも「長楽寺　敬日弟子、隆寛に付き城外了」と注記がある。隆寛は、対馬に流罪に処せられた専修念仏張本とされ、長楽寺は東山に建てられた彼の住持房である。ここから、東山長楽寺の敬日とその弟子念照が、隆寛に付いて山城の国外に逃亡したことがわかる。隆寛（一一四六―一二二七）は、少納言藤原資隆の子で、延暦寺横川で伯父皇円に天台を学んで慈円の後見を受けた。法然から『選択集』や『天台法華宗学生式問答』の書写を許され、法然死後は、五七日忌の導師を勤め、『知恩講私記』や『顕選択』などを著作し、多念儀の専修念仏を説き、専修念仏者の張本とみられた(19)。

「願恵」には「清水舅三阿蓮寺家を破却し了、但し願恵ハ花山院読経衆也」との注記がある。花山院とは、清水坂の犬神人出身の花山院堂僧とする説がある(20)。しかし、後述のごとく、「花山院侍従入道」の「教雅入道」が、専修念仏の張本であったことがあきらかである。専修念者の願恵が侍従花山院家の読経衆であり、それゆえ専修念仏者として名簿に記載されたと考えられる。公家層の庶流や家政職員内部に専修念仏派が浸透していた。

さらに、有力寺社や女院・公家の念仏衆とは区別された、より下層の洛中の住人身分のものも弾圧されていた。

第三にあげられるのは、洛中に家屋敷を構えた僧侶身分の念仏衆が弾圧されたことである。たとえば、僧発法は「清水の家を破却し了んぬ、当時六条辺ニ経廻」と注記がある。彼が住んでいた京都清水坂の家が破却され、六条の付近に徘徊していた。敬月も「清水の家を破却し了《おわん》ぬ」とあり、願恵も「清水舅三阿蓮寺家を破却し了ぬ」とある。発法・敬月・願恵の三人が清水坂に家を構え、舅の家まで延暦寺側によって破却されたことがわかる。町衆が出家して法名を名乗ったのであろう。検非違使庁は、町衆の専修念仏者を逮捕して洛中から追放したことがわかる。

第四は、洛中住人身分の在家信者が洛中を追放されたことで、この点こそ嘉禄の法難の大きな特徴である。たとえば、「道智」は「此間、山上ニ蔵智ト其沙汰アリ、若しくは道智各の別名は詳《つまびらか》にすべき也、土左尼夫也」とある。彼は延暦寺の「山上」に住んでいた「蔵智」という人物か、「道智」という別人かもしれないという情報もあり、土佐尼の夫だったという。ここから道智か蔵智は、山僧《さんそう》という金融商人で尼と夫婦になっていた在家信者とわかる。山僧が祇園社の尼僧と夫婦であった事例はきわめて多かった。[21] 明信も「薩生兄弟也　土佐尼聟」とあるから、土佐尼の姻族であった。土佐尼の夫や聟《むこ》という山僧の在家住人が専修念仏信徒となっていた。

以上から嘉禄の法難では、洛中の念仏僧だけでなく、洛中の住人身分の僧侶や山僧の在家信者までが逮捕・弾圧され、洛中を追放されていたことが判明する。中世国家による専修念仏衆への弾圧は、張本僧侶や念仏僧のほかに一般在家信者に及ぶ広範なものであった。

張本三人の逃亡と朝廷・幕府の追跡

では、最後に、嘉禄の法難で専修念仏の張本とされた隆寛・空阿・成覚の三人の逮捕・流罪にもっとも熱心に暗躍した政治勢力はいかなるものであったのかを見ておこう。

嘉禄三（一二二七）年の専修念仏弾圧事件は、『法然上人伝』『停止一向専修記』『高祖遺文録』などに多くの関連史料が写され、これに公家らの日記類を加えれば、その史料群は膨大で、史料批判学による吟味作業は今後に多くの課題をのこしている。

だが、弾圧事件の直接の契機は、同年六月三日に延暦寺政所が「早く一向専修張本の隆寛・成覚・空阿其の以下余党等を捕り搦めるべきこと」を末社祇園感神院に命じて実力行使に出たことである（鎌倉遺文三六二八）。七月五日に根本隆寛・成覚・空阿弥陀仏等の「遠流」を宣旨で命じ、余党の「永く帝土を追却」を命じる後堀河天皇綸旨を天台座主に宛てて発給した（鎌倉遺文三六三二）。三人の「遠流」の先は、『百錬抄《ひゃくれんしょう》』同年七月五日条に、隆寛を陸奥、空阿を薩摩、成覚を壱岐島に配流とあり、隆寛のみ「後日被レ改二他所一云々」とする。ここから、三人が逮捕されて検非違使によって配流されたと予想されるが、実は、史実はそうではなかった。

同年七月十七日の宣旨は、三人の遠流と遺弟らの禁法違犯を禁じ「宜しく五畿七道に課して興行の道を停廃し、違犯の身を搦め捉えよ」と命じた（鎌倉遺文三六三八・『民経記』）。つまり、遠流と決まった三人は、なおも逃亡しており、逮捕命令と専修念仏興行停止令が全国に向けて発令されたことがわかる。張本の三人に対する追及はその後もつづいた。

同年十月十五日付の『関東御教書《かんとうみぎょうしょ》』（鎌倉遺文三六七四）によると、「隆寛律師」が同年七月に京都を脱出して鎌倉近辺を徘徊し奥州に流浪しているので、在所を尋ね探し「対馬島に追遣すべき也」と鎌倉殿が六波羅探題に命じた。張本の隆寛が鎌倉から奥州に流浪・逃亡しているから、逮捕して対馬に追放・流罪にせよとの命令が、朝廷から将軍家・幕府を介して六波羅探題に命じられたのである。ここで彼の遠流先が陸奥から対馬に変更されたことがわかる。この命令は「右大《うだい》弁宰相《べんさいしょう》家御奉書披露候事」とあるから、関白近衛家実《いえざね》の家司であった右大弁宰相家＝正四位下平範輔によって朝廷から鎌倉幕府に伝えたことがわかる。

『隆寛律師略伝』によると、彼は陸奥配流のため森入道西阿《さいあ》とともに関東に下向して、安貞元（一二二七）年十二月十三日、相模国飯山において八十歳で死去したとする。この説は伝承で、史実としては朝廷・幕府の目からすれば、あくまで逃亡であった。

二人目の専修念仏張本の成覚法師については、同年十月二十日付の関白近衛家実御教書が「讃岐大手嶋に経廻と云々、実否不分明」になったと山門の人々が申すので捜査するようにと修理権亮北条時氏《ときうじ》に命じている（鎌倉遺文三六七七）。

この関白近衛家実家の御教書も、家司の参議平範輔が作成して、六波羅探題北職の北条時氏に命じたものであった。壱岐に流罪と決定された成覚房幸西も、実際には、逃亡して行方不明となり、十月二十日に讃岐大手嶋の付近を経廻していることが山門延暦寺の情報で判明した。東国や西国に逃亡した隆寛や成覚の逮捕のために、幕府や六波羅探題にまで命令を発して積極的に活動していた。その中心人物は、ともに関白近衛家実とその家司平範輔であったことが判明する。成覚房幸西は仏の一念と衆の一念とが冥合したとき救われるとする「一念義《いちねんぎ》」を説き、廻国聖として讃岐大手嶋を廻っていたらしく、『法水分流記《ほっすいぶんるき》』では宝治元（一二四七）年四月十四日阿波で死去したというが、史料的根拠は不明である。

三人目の張本・空阿弥陀仏は、四天王寺を中心に都市部で称名念仏を説いて、嘉禄元（一二二五）年四月下旬に往生したと風聞が立った（『明月記』同年五月四日条）。しかし、嘉禄二年九月十九日に四条隆衡《たかひら》・隆親《たかちか》ら一門が女房二十人、侍二十人など三百人で四天王寺西門に入堂したとき、「今夜念仏御聴聞、空阿弥陀仏房、如法念仏也」（『民経記』同年九月十九日条）とある。天王寺西門で空阿弥陀仏が如法念仏を行っており、按察卿《あぜちきょう》四条隆衡一門が家中三百人で聴聞していたことがわかる。(22)四条家が、西園寺家と並ぶ富裕な公家の実力者で、四条隆親が検非違使別当であったことは前述した。嘉禄の法難で空阿弥陀仏が張本とされている史実と、天王寺西門での如法念仏興行とは結びつかない事実といわなければならない。この矛盾点は、これまでの研究者で言及した人を知りえない。四天王寺での如法念仏と空阿弥陀仏逮捕令状との関係が結びつかない。空阿には不明な点が多い。

こうしてみると、専修念仏の張本で流罪と決定された隆寛・成覚房幸西・空阿弥の三人は、いずれも逃亡して行方不明になったり死去しており、逮捕や流罪された史実は確認できない。ただ、朝廷や幕府を動かして専修念仏の張本隆寛と成覚流罪のために背後から強力に働きかけていたのは、延暦寺山門と関白近衛家実であったことがあきらかになった。

摂関家の抗争になった専修念仏の弾圧

嘉禄三（一二二七）年十月十一日に開催された延暦寺の山門僉議《せんぎ》では、「法然房の造る選択は法を謗《そし》る書也、天下これを置くべからず」として、法然の『選択集』印板を焼失してほしいと朝廷に奏上した（永尊書状、鎌倉遺文三六七五）。『選択集』は中世国家がはじめて発禁処分にした書物であったといえる。

嘉禄の法難では、聖覚に代表されるように戒称二門の持戒念仏派が、顕密仏教の立場で専修念仏を弾圧する側にたって積極的な役割を果たした。これを契機に、法然教団は九条家や宜秋門院・宣陽門院・安嘉門院ら女院という最大の保護者を喪失する。女院侍や北面・検非違使庁といった地下官人層・中間層の信者だけでなく、洛中や山僧の在家信者をも住宅破却・京都追放によって失ったとみてまちがいない。厳しい嘉禄の法難を契機に、当時大流行した念仏集団も、多くの派閥に分裂していった。その一例を、嘉禄の法難の「山門注文」の中から見ておこう。

検非違使庁に出頭した「薩生」は「法性寺《ほっしょうじ》教厳法印辺二町許キタリ」とあり、また「所入道」は「大殿仰に依り西林寺《さいりんじ》の家を破却し了んぬ」との注記がある。ここに見える「法性寺」と「西林寺」は、いずれも摂関家の寺院であった。

まず法性寺は、藤原忠平《ただひら》の氏寺で京都の南東にあり、周辺に最勝金剛院《さいしょうこんごういん》や九条道家の東福寺が建立されて、九条流の拠点寺院であった。鎌倉中期には法性寺町とも呼ばれ、博労《ばくろう》らが銭をかけて競馬をするような町場で繁栄していた。専修念仏派の教厳法印や薩生などは、九条兼実家の拠点寺院の法性寺町に定住していた。この地は、法然門下の専修念仏者や百万遍念仏などの信者が多かった地であったといえよう。

他方、西林寺は、京都北西の紫野《むらさきの》にあった寺院で、摂関家の近衛基実《もとざね》・基通《もとみち》らの追善仏事の場となっていた。安貞二（一二二八）年十月九日、関白近衛家実は方違《かたたがえ》（陰陽道で方角をちがえること）のため西林寺に入り、入道殿＝大殿基通が管轄していた。(23) 大殿基通の仰せによって西林寺の家を破却された「所入道《ところのにゅうどう》」は、基通の子息・家実が関白に就任して専修念仏を弾圧する側にまわったため、「大殿《おおどの》」＝近衛基通の命令によって家を破却され、僧籍を剥奪され、俗人の「所入道」となったとみてまちがいない。

摂政・関白を家職とする摂関家の九条家と近衛家の抗争、つまり、両家が政治の主導権争いを始めたことで、法性寺や西林寺の周辺にいた専修念仏僧侶や念仏衆が、弾圧される立場に追い込まれたことが判明する。政治権力に翻弄される僧侶や庶民の姿を見ることができる。

十三世紀の専修念仏弾圧激化の中で、法然教団の中から専修念仏の教義を変更することを余儀なくされ、専修念仏派と持戒念仏派に分裂していかざるをえなかったのである。

弾圧された浄土宗が興隆した訳

中世国家による執拗なまでの専修念仏弾圧政策は、その後も十四世紀、鎌倉幕府の末期までつづいた。それは蒙古襲来の対外的危機の中で、戒律や厳しい修行に耐えた禅律僧の神前読経による神の力で国家防衛を実現しようとした社会思潮の高揚と関連していた。本節では、専修念仏弾圧がつづいた時代に、浄土宗寺院の中に円頓戒の持戒思想が定着していった様相を見よう。

専修念仏衆に対する処罰の重さとその理由

嘉禄の法難のあと、天福二（一二三四）年六月晦日、またも四条天皇の宣旨が発令され、「教《きょう》雅《が》法師に於いては、本源を遠流《おんる》に温《あたた》め、此外の同行餘党等は慥《たしか》にその行を停廃し、帝土の中に於いては、悉くその身を洛陽の外に追却せよ」との命令が出された。「恣《ほしい》ままに念仏の別宗を建て猥《みだり》に衆僧の勉学を謗しる」教雅法師は遠流に処罰して、それ以外の「同行余党」のものは洛外に追放すると命じた。ただし、例外規定が付けられ、「或は自行《じぎょう》を為し、或は化他《けた》を為し、至心専念、如法《にょほう》修行の輩に於いては、制の限りに在らず」とある（鎌倉遺文四六七六）。念仏者の中でも

「自行」や「如法修行の輩」は京都追放を免除するという。

このとき専修念仏の張本とされた「教雅法師」とは、藤原定家の日記『明月記《めいげつき》』文暦元（一二三四）年七月十日条に「弥阿弥陀仏〈教雅入道〉、流罪の由を聞き、忽ち隠居と云々、王事を蔑《ないがしろ》にするか、是又、傾城等之所為歟」と見える。つまり、「教雅入道」は出家した貴族の名前で、「弥阿弥陀仏」という専修念仏者であるという。しかも、流罪にされるという風聞から「隠居した」という。弾圧の理由は、遊女らと淫乱した行為であるという。『百錬抄』にも「花山院侍従入道〈故中納言家経息、俗名教雅〉念仏上人を称し、旧傾城の類と過法を行う、仍って件の法師を却離《きゃくり》せしめ、遠流に処す、余党等、洛外に追却の由、宣旨を下せらる」（同年七月二日条）とある。ここでも、彼は花山院侍従入道と呼ばれ、権中納言花山院家経の子息教雅であるという。遠流に処され、余党は洛外に追放処分になったというから、四条天皇宣旨と一致する。

『尊卑分脈《そんぴぶんみゃく》』によると、花山院忠雅—兼雅—家経—教雅とつづき、彼は家経の五男で、「侍従出家」「身阿弥陀、月阿」とある。天皇の秘書官である侍従になった中級貴族で、出家して「身阿弥陀」とあるから、「弥阿弥陀仏」は同音の当て字とわかる。

山門注文に「願恵」が「花山院読経衆」であったことは前述した。花山院忠雅—兼雅—家経—教雅の一門である花山院家が、読経衆という僧侶集団を編成していたことを指す。こうした貴族による僧侶集団の組織化の事例は、名家で職事弁官《しきじべんかん》をつとめた平経高《つねたか》の家でも確認できる。彼の日記『平戸記《へいこき》』仁治三年五月五日条には、「十二人」のメンバーによる「恒例念仏衆」が組織されていた。貴族の家では、読経衆や恒例念仏衆を組織していたから、その中に専修念仏派が浸透していたことがわかる。

鎌倉幕府も四条天皇の宣旨を受け、文暦二（一二三五）年七月十四日に関東評定定書《かんとうひょうじょうさだめがき》を発令した（新編追加、鎌倉遺文四七九八）。「念仏者」のうち「魚鳥を喰らい女人を招き寄せ党類を結び恣に酒宴を好む」者を「鎌倉中より追放」せよと命じた。ただし、「道心堅固の輩にいては異儀に及ばず」として一部の念仏者を弾圧の枠外においた。幕府の都市・鎌倉中でも肉食・妻帯の専修念仏衆は追放させられたのである。

弾圧を逃れた「浄土宗解行二門」派とはなにか

朝廷・幕府の専修念仏者弾圧法に除外規定があったことはすでに平雅行大阪大学名誉教授も注目し、「道心堅固というのはあまりに抽象的」「曖昧で抽象的な規定であるだけに恣意的運用の危険性がある」と指摘している（『歴史のなかに見る親鸞』八〇頁）。これについて私は異見をもっている。

第一に、幕府法でいう「道心堅固輩」とは、朝廷の綸旨がいう「如法修行の輩」と同一で持戒念仏者を指すと考えざるをえない。天福二年（文暦元年）の宣旨でも「或は自行を為し、或は化他を為し、至心専念、如法修行の輩に於いては、制の限りに在らず」とあった（鎌倉遺文四六七八）。

弘長元（一二六一）年二月の関東新制に「念仏者の事、道心堅固の輩に於いては禁制の限に非ず」とある（鎌倉遺文八六二八）。これらをあわせれば、道心堅固＝自行を為し、如法修行の輩＝持戒念仏派とせざるをえない。

第二の証拠史料として、つぎの鎌倉浄光明寺《じょうこうみょうじ》文書（鎌倉遺文一八九六九）を見よう。

譲二渡浄光明寺長老職一事

真了房

右当寺者、根本慕善導大師之遺誡、持戒念仏寺也、爰真了房適為二持御秘佛一之間、相二副武州聖霊御譲状并当寺調度之證文等一、所二譲渡一也、修学二事、任二先規一無二退転一、可レ被二寺務管領一、所詮、固守二最明寺殿并武州禅定聖霊等本願主御素意一、精二選浄土宗解行二門兼備之器量一、永代可レ相二伝付属長老職一者也、仍為二将来之亀鏡一、勒二子細一、譲渡之状、如レ件

永仁四（一二九六）年正月廿三日　沙門眞阿　花押

この文書は真阿譲状《しんあゆずりじょう》と呼ばれ、沙門真阿が、鎌倉浄光明寺の長老職を真了房に譲与したものである。鎌倉浄光明寺とは、「最明寺殿《さいみょうじどの》」＝北条時頼《ときより》と「武州禅定《ぶしゅうぜんじょう》」＝長時《ながとき》を本願主とした寺院であり、「持戒念仏寺」で「浄土宗解行《げぎょう》二門」の能力を兼備した器量人を精選して長老職を相伝・譲与することが寺法だとしている。

「浄土宗解行二門」とは、浄土宗の解＝称名念仏と行＝雑行の二門のことであり、両者の並習を行う浄光明寺が「持戒念仏寺」だといっている。まさしく、幕府執権の北条氏を本願として公認・保護を受けた持戒念仏寺が鎌倉浄光明寺であり、「浄土宗解行二門」の寺院として存続したことがわかる。したがって、朝廷も幕府も、道心堅固の輩＝如法修行の輩＝持戒念仏寺と考えてい

たことになる。

重要なことは、「持戒念仏寺」が「浄土宗解行二門」と同義語になっていることである。ここから、持戒念仏の二門を説く浄土宗の念仏者や解行二門の寺院は、専修念仏者弾圧法の除外となり、洛中・鎌倉中に存続を許されたことが判明する。

言い換えれば、朝廷や幕府は念仏者の僧侶・在家集団を持戒念仏寺と専修念仏者とに二分して、前者を保護し、後者のみを洛中・鎌倉中より追放する政策をつづけたといえる。とりわけ、永仁年間には、浄土宗の解行二門の寺院を保護していたことが重要である。浄土宗の持戒念仏派は、弾圧政策の枠外にあって中世国家の保護政策を受けていたのである。

持戒を認める法然の弟子たちの教団は中世国家の弾圧策の外に置かれ、また弾圧をさけるために持戒念仏や諸宗兼学・諸行修行を認める教義を展開していった。大橋俊雄は法然の弟子では信空ひとり京都にとどまり配流の処分をうけなかったとし、「その理由は明らかでない」と書いている。[24] しかし、信空こそ、持戒称名二門の聖であり、それと同様に、円頓戒の法脈を護持した法然の門下で在京の宗教活動を許されたものは、信空以外にも多数いたことに留意しなければならない。

建永の法難で流罪処分とされた証空は誓状を出し、慈円との関係で流罪をまぬがれ、洛西にとどまることが許された。証空は、当麻曼荼羅や円頓戒関係の著書が多く、弟子の道観《どうかん》も当麻曼荼羅の解説を行い、天台に接近し洛西の西山派と呼ばれた。証空の西山派が円頓戒を重視していたことは、伊藤唯真が強調している。[25] 証空門流は文永年間に鎮西派が京都に進出するまでの間、教勢をふるったという。証空の弟子の道観（証恵）や長西《ちょうさい》、孫弟子智導《ちどう》や長西の弟子道教《どうきょう》も鎌倉に入った。智導は、仁治三（一二四二）年六月、北条泰時《やすとき》の葬儀で「新善光寺智導上人、知識として念仏を勧め奉る」（鎌倉年代記裏書）とあり、名越善光寺《なごえぜんこうじ》の住持になった。道教も「新善光寺別当」「念仏者主領」（『関東往還記』）とあり、北条名越氏一門の鎌倉新善光寺の別当職を相伝した。道教の弟子道空性仙《どうくうしょうせん》は鎌倉浄光明寺に入り、永仁四（一二九六）年には真阿から真了に長老職が譲られたことは前述した。

証空の弟子宗観《そうかん》は、弘長元（一二六三）年十月二十六日、鎌倉極楽寺での故北条重時《しげとき》三回忌に導師をつとめた（『吾妻鏡』）。鎌倉と京都・六波羅の北条氏一門は、法然一門の西山派との密接な関係をもっていた。(26)

法然の弟子・聖光房弁長《べんちょう》は九州に下向して筑前善導寺《ぜんどうじ》を拠点にして、浄土宗の二祖となった。彼は念仏のほか読誦・礼拝・讃嘆などの諸行を重視し、鎮西義《ちんぜいぎ》と呼ばれて教線を拡大した。弁長の弟子然阿良忠《ねんありょうちゅう》が、浄土宗三祖とされる。良忠は弟子良暁《りょうぎょう》とともに東国に下向して、下総飯塚荘福岡や大須賀郷飯岡などで布教し正元二（一二六〇）年ごろ鎌倉光明寺《こうみょうじ》に入った。良忠も持戒念仏派として知られる。その弟子等が六条・三条・白旗《しらはた》派などに分裂していく。常陸国常福寺の聖冏《しょうげい》や鎌倉光明寺・下総弘経寺《ぐぎょうじ》などが関東白旗派の浄土宗興隆をもたらした。室町期に関東から白旗派の慶竺《きょうりゅう》が上洛して百万遍知恩寺《ひゃくまんべんちおんじ》に入り、京都一条派の浄華院《じょうけいん》・清浄華院と対抗するようになる。(27)

つまり、鎌倉に教線を拡大した浄土宗の諸流を見ると、いずれも専修念仏派ではなく、「浄土宗解行二門」＝称名念仏と雑行・持戒の並習を説いた持戒念仏派といえる。

貴族から庶民にも念仏会が大流行した訳

朝廷や幕府は、浄土宗の専修念仏派を長期にわたって弾圧する一方、浄土宗解行二門の持戒念仏派を保護した。政権が浄土宗に対してこうした分裂政策を推進したのは、鎌倉初期から十三世紀後半にかけて、京都や鎌倉で百万遍念仏や迎講《むかえこう》念仏会・別時《べつじ》念仏など多様な念仏宗が大流行したためである。

たとえば、中級貴族の平経高の日記『平戸記』を見ると、洛中の貴族が家中の輩を動員して念仏衆・読経衆とともに念仏会を頻繁に開催していた様子がよくわかる。仁治三（一二四二）年九月二十九日には「仕仏《じぶつ》上人」が迎講を主催し「定心《じょうしん》」「敬佛《けいぶつ》」が念仏衆を勤めた。念仏会は「去二十五日より、今日に至る、四十八時に満つ」「又去二十五日より、在々所々四十八所道場に於いて、四十八時を限り、念仏を修念す」とある。つまり、四十八カ所の在所で四昼夜連続して念仏を修念した。「心中殊に澄む、時々刻々涙せざること莫《なか》れ、浄土欣求《ごんぐ》の志、弥《いよい》よ以って増進、誠に是、万事を抛《なげう》って経営の詮也《のり》」ともいい、念仏三昧で涙をながし、万事を放棄して熱狂的な集団行動で宗教的な興奮状態をつくりだすものであった。去年は、四十八時念仏につづいて百日念仏が修せられたとも記されている。平経高は同年十一月一日にも仕仏上人による昼夜・百万遍念仏を実修しており、「余衆、法性寺念仏に依り指合《さしあわせ》来たらず」とある。法性寺念仏会と経高の家中の百万遍念仏とが重複し、洛中各所で念仏衆や読経衆が引っ張りだこであったことがわかる。(28)

上皇の院司や摂関家の家司をつとめた高棟流平家《たかむねりゅうたいらけ》の平親範《ちかのり》も、大原別所の融通念仏に入り、出家して想蓮房円智《そうれんぼうえんち》と称して、一門のため毘沙門堂を建立し、葉室成頼《はむろなりより》の子である明禅《みょうぜん》を別当に任じた。明禅は法然の弟子であり、親範の子基親《もとちか》も法然の門下に入り、往復書簡を『西方指南抄《さいほうしなんしょう》』として残し、源空門下の外護者であった。三条長方《ながかた》・長兼《ながかね》の葉室家も、念仏派の貴族として有名である

当時、迎講や百万遍念仏・百日念仏・四十八時念仏・別時念仏など、多様な念仏会が「浄土欣求」のために洛中で大流行していた様子が窺える。そうした極楽往生のための念仏会の大流行の中に専修念仏衆がまぎれていたために、弾圧策が必要とされたのである。

三条長方の子息乗願房宗源《じょうがんぼうそうげん》は源空（法然）の弟子となった。甥の信空は、叡空・源空の弟子となった。長方の二男長兼は宗源の兄であったが、蔵人頭弁になって専修念仏弾圧法令の行政手続きを執行した。ただし、源空門下には同情的であった。葉室一門が高棟流平氏一門と姻戚関係にあり、念仏信仰をもっていたからであろう。[29]

このように貴族から庶民まで洛中や鎌倉で「浄土欣求」を求める念仏会が大流行し、在家と僧侶のボーダーレス化・僧侶の妻帯が一般化して、中世仏教の民衆化が飛躍的に高まっていく時代であった。だからこそ、肉食や女会・酒宴の横行など僧侶の乱行を取り締まる必要があり、持戒念仏の教学を推奨する一方で、「魚鳥を喰らい女人を招き寄せ党類を結び恣《ほしいまま》に酒宴を好む」ものを専修念仏派として二つに分離させ、弾圧して既存の仏教秩序を維持しようとしたのである。

十三世紀の朝廷・幕府の専修念仏弾圧政策によって、延暦寺や興福寺を頂点とした顕密仏教と、

念仏会の大流行という時代思潮との調和を図ろうとした。その結果、持戒念仏一門の浄土宗が定着するようになったのである。

伊勢神宮に見る蒙古降伏祈禱と戒律の関係

文永十一（一二七四）年十月、蒙古軍が筑前早良《さわら》郡鳥飼《とりかい》周辺に上陸して、迎撃する日本軍との闘いが始まった。蒙古襲来の報を受け、亀山天皇の勅命によって西大寺叡尊《えいぞん》は四天王寺金堂で百座仁王大会の導師をつとめた。真言僧通海《つうかい》は建治五（一二七五）年三月、伊勢神宮の内宮・外宮に法楽舎を建立し二百六十人の供僧をおいて異国降伏祈禱を朝廷に申請し、同年七月亀山院・後宇多天皇の勅許が下った。伊勢神宮でも鎌倉後期には法楽舎《ほうらくしゃ》という寺院が併設され、異国降伏の神前読経が行われた。

写真17　伊勢神宮での神前読経のために建立された寺院の法楽舎跡

国家神道の総本山であった伊勢神宮に神仏習合の寺院があったことはほとんど知られていない。しかし、現在でも観光客で賑わう「おかげ横町」の片隅に宇治法楽舎跡の標柱が立ち、その痕跡が見られる（写真17）。

建治元（一二七五）年には忍性《にんしょう》が宋版大般若経を船で伊勢神宮に送った。

弘安三（一二八〇）年、叡尊も大蔵経を伊勢神宮に送り、異国降伏の祈禱を実施して評判を高めた。西大寺が木版印刷した『梵網経古迹記輔行文集《ぼんもうきょうこしゃくきぶぎょうもんしゅう》』の奥書には、蒙古襲来の文永十一（一二七四）年夏から建治二（一二七六）年春までの間に、八十歳を超えた叡尊が老眼で戒律の注釈・要文を集成したと記している。伊勢神宮も神道と仏教の両面から異国降伏祈禱を行い、その時流により叡尊・忍性の社会的評価が固まり、戒律思想が社会に定着した(30)。

弘安四（一二八一）年六月に元《げん》軍と高麗《こうらい》軍が筑前志賀島《しかのしま》・長門《ながと》に上陸して合戦となった。後宇多天皇は自ら八神殿《はっしんでん》に行幸して伊勢神宮に公卿勅使を送り、異国降伏の祈禱を命じた。閏七月に大風雨で両軍は被害を受け、蒙古軍は八月に撤退した。神風が吹いたと宣伝され、正応六（一二九三）年三月二十日には伊勢神宮の風社《かぜのやしろ》が別宮に列せられた（「伊勢二所皇太神宮神名秘書」）。真言密教は「日本は神国」とのイデオロギーを創出し宣伝した。

この間、異国降伏祈禱のために、全国の国一宮・国分寺・宗たる寺社の復興・興隆事業が朝廷と幕府によって推進された。異国降伏祈禱と西大寺律宗の叡尊・忍性とが結合することで中世仏教の中に戒律思想が定着し、清僧として禅律僧の社会的評価が高まった。

円頓戒の血脈譜が伝来した洛中の浄土宗寺院

では、鎌倉と並ぶ中世都市の洛中では、初期法然教団の寺院はどう変化したのか。洛中の浄土宗寺院は、一条の清浄華院を拠点にした礼阿然空《らいあねんくう》（生年不詳―一二九七）に始まる。然空は仁和寺西谷に住んだ律僧で、鎌倉に下向して然阿良忠に学んだ。文永十二（一二七五）年に良忠とともに帰洛して、清浄華院に拠り、院主職を向阿《こうあ》へ譲与して、浄土宗鎮西派の法脈を伝えたとされてきた（大橋俊雄『法然と浄土宗教団』）。

ところが、二〇一一年二月『清浄華院―その歴史と遺宝―』の図録が法然上人八百年大遠忌記念として刊行された。まず専空譲状によると、向阿は乾元二（一三〇三）年に然空の兄弟弟子専空から三条坊門《さんじょうぼうもん》の仏閣を譲与された。元弘三（一三三三）年には亀山院皇子恒明親王から寺地の寄進を受けた。その令旨《りょうじ》には「綸旨《りんじ》此の如し、先度の儀、永代浄華院に寄付」とある。ここから清浄華院建立以前に洛中には「浄華院」が草創されていた史実が明瞭になった。

さらに文保元（一三一七）年に了恵《りょうえ》上人道光が弟子隆恵《りゅうえ》に伝授した「天台円教菩薩戒相承師資血脈譜」も公表された。円頓戒が法然から弁阿《べんあ》・信空《しんくう》・湛空《たんくう》に伝授され、湛空は華蔵寺慈明《じみょう》・万寿禅院覚空《かくくう》・黒谷求道恵尋《えじん》の三人に伝授し、了恵道光は然阿良忠・覚空・慈明の三人から円頓戒を相伝した。まさしく、向阿が草創した浄華院から清浄華院につづく洛中浄土宗は、専修念仏ではなくて円頓戒相承の持戒念仏寺であったことが判明する。円頓戒を修行する持戒念仏寺であったが故に「綸旨」「令旨」によって洛中に浄華院や清浄華院が安堵されたのである。

京都三条派の流祖とされてきた了恵上人道光は、従来ほとんど注目されなかった。玉山成元大正大学教授は清浄華院所蔵の『円頓譜』に注目して、彼こそが鎮西派の教義と天台円頓戒の相承を統一して、浄土宗の正統派であることを主張した最初の人物だと指摘した。「戒律に重きをおいた道光の一面」を高く評価した。伊藤唯真も、隆寛作とされる『知恩講私記《ちおんこうしき》』を最古の法然伝として高く評価し、「法然はまさしく円頓戒中興の祖とみられていた」（『浄土宗の成立と展開』吉川弘文館、二一二頁）として、法然も称名持戒の二門であったことを認めている。[31]

洛中の浄土宗寺院である浄華院や清浄華院に円頓戒の血脈譜が伝来したことは、専修念仏寺ではなく、持戒念仏寺＝浄土宗解行二門の寺であった証拠であり、その歴史的意義が再評価されなければならない。

鎌倉・浄土宗寺院にも泉涌寺系が広まった意義

浄土宗持戒念仏寺の興隆は、当然、北京律宗の動向に連動していたと考えざるをえない。俊芿門下の弟子智海心慧《ちかいしんえ》は、鎌倉に下向して覚園寺《かくおんじ》の開山となり、泉涌寺末寺となった。覚園寺はもともと、建保六（一二一八）年七月に北条義時《よしとき》が薬師堂を建立し、火災で焼失したあと、永仁四（一二九六）年に北条貞時《さだとき》が本願主となって再興して覚園寺としたもので、北条氏の拠点寺院であった。

また、甘縄《あまなわ》にあった無量寿院（無量寺）の開山は仁和寺西院流の宏教《こうぎょう》であるといい、やはり泉涌寺の末寺になった。彼の法流は覚園寺や称名寺に伝わった。甘縄には安達義景《あだちよしかげ》・景盛《かげもり》・泰盛《やすもり》の屋敷があり、文永二（一二六五）年六月、義景十三回忌を無量寿院で行った（『吾妻鏡』）。相模国飯山寺《いいやまじ》（清浄金剛寺《しょうじょうこんごうじ》）も、安達盛長《もりなが》の造営といい、泉涌寺七代長老覚阿《かくあ》が弘安年間に飯山寺長老となり、正安元（一二九九）年に泉涌寺版元照撰『四分律含注戒本疏行宗記《しぶんりつがんちゅうかいほんしょうぎょうそうき》』を刊行した。[32] 北条氏や姻族の安達氏が臨済禅と並んで鎌倉に泉涌寺派寺院を建立し後援していたことがわかる。

鎌倉や洛中で布教活動を展開できた寺院は、証空の西山派、信空の金戒光明寺《こんかいこうみょうじ》、鎮西派の浄華院・悟眞寺《ごしんじ》・清浄華院など、いずれも持戒称名二門の教学であり、俊芿門下の泉涌寺派の寺院であったことがわかる。鎌倉の浄土宗解行二門と俊芿門弟とは、ともに円頓戒・北京律の戒律重視の新興仏教思想で共通していた。そこに、叡尊・忍性らの西大寺流律宗が関東に入って、短期間に急速な教線の拡大をみることができた。改めて初期浄土宗の興隆において円頓戒の果たした歴史的役割が再評価されなければならない。

かつて法然や門下の天台黒谷の円頓戒を論じた菊地勇次郎が、「黒谷の教学は泉涌寺系の戒律にも眼をむけるほどの幅もある」とした。(33) しかし、今なお初期浄土宗における持戒称名二門・浄土宗解行二門については、玉山成元や伊藤唯真が一部認めるのみで、法然の教義の多様性は未解明なままになっている。

天台称名念仏と円頓戒による「戒称二門」の教学は、現代人の浄土宗教学研究者が説く以上に大きな歴史的役割を果たしていたのであり、今後の研究が期待される。

弾圧の対象が専修念仏から日蓮宗へ

鎌倉末期になっても、中世国家による専修念仏への弾圧策はなくなったわけではない。しかし、十四世紀に入ると専修念仏派への弾圧策が変質して、法華宗への弾圧へと比重を移していく。とりわけ、隆寛とともに専修念仏の張本とされた親鸞門下の教団は、本願寺として延暦寺門跡の妙《みょう》香院《こういん》の末寺となり、朝廷や幕府による専修念仏弾圧策の対象から外されていく。

最古に属する本願寺文書の中に「去乾元之比、一向衆と号し諸国横行放埒輩、若くは非分之行儀有るに依る歟、禁遏《きんあつ》せらるの刻」との史料がのこる。ここから、東大史料編纂所編『史料綜覧』は、乾元元（一三〇二）年に「一向宗の僧徒、諸国横行、これを禁遏す」として、幕府が一向宗を弾圧した史実をとりあげている。平雅行教授の「専修念仏の弾圧年譜」では、嘉元元（一三〇三）年に幕府が諸国横行の一向衆を禁止したが、唯善《ゆいぜん》の奔走と多額の賄賂で親鸞門流は安堵されたと評価している。

この史料にはいくつかの問題点がある。幕府はそれまで「専修念仏」を弾圧してきたのに、ここでは「一向衆」の用語となっている。第二に、この史料が、弾圧されてきた親鸞門下の本願寺が作成したものであるから、史料批判が必要になる。そこで、史料を見直すと、「本願寺親鸞上人門弟等謹言上」と書き出して、「早く御挙状《きよじよう》を賜ひ態《わざ》と関東に申し、御下知《げち》を蒙《こうむ》らんが為に粗《あらあ》ら言上如件」と書き止め、元亨元（一三二一）年二月日の日付と文中には「當寺は山門妙香院の御進止、親鸞上人の霊跡也」とある（鎌倉遺文二七七四三）。つまり、これは、元亨元年に本願寺が妙香院門跡の「挙状」をえて「関東」＝幕府に「専修念仏の紹隆《しようりゆう》」を言上した申状である。

この当時、本願寺は直接、幕府に申状を提出するルートを持っていなかったので、妙香院門跡の挙状が必要であった。妙香院門跡挙状は、元亨元（一三二一）年二月三十日付で相模守殿（高時）に宛てて出され、妙香院僧正御房の房官・権大僧都経尋が署名している（鎌倉遺文二七七四四）。申状は「専修念仏興行事」として「専修念仏紹隆」「正法之再興《しようぼう》」を幕府に申請しており、幕府に大きな政策転換を要求したことになる。幕府は親鸞の門弟を本願寺として公式に認知し、申状を受理した。その中で、本願寺は禁遏された「一向衆と号した」輩と、自分らが主張する「専修念仏紹隆」とは異質であることを強調して、「正法の再興」を認めるように申請したのである。幕府がこの中文《もうしぶみ》を受理したことは、本願寺にとっては新しい時代の到来を示しているといえる。これ以降、朝廷・幕府の念仏弾圧政策は「専修念仏」の用語を用いていない(34)。

だが、「乾元《けんげん》の比《ころ》」（一三〇二～一三〇三）の「一向衆」禁遏の弾圧事例は、別の史料によって裏付けることができない。徳治年間（一三〇六～一三〇八）であれば、朝廷が宗教弾圧を行っていた史料を見出すことができる。それが、『仁和寺諸記抄《にんなじしょきしょう》』に残る徳治三（一三〇八）年五月二十日後宇多上皇院宣《いんぜん》である（鎌倉遺文二三二五九）。これは鎌倉遺文の編者竹内理三が発見したもので、重要な史料である。参議《さんぎ》万里小路宣房《までのこうじのぶふさ》の奉書として書かれており、つぎの文言が見える。

> 近来破戒の僧・邪法の族、或は異類異形の党を結び弥陀を称念し、或は法華法門の宗を号し、諸教を誹謗す、称念の功尊きと雖《いえど》も、その體、偏《ひと》へに戒律違犯の狂人たり、誹謗の罪是重し、……早く草庵を捜索し宜しく華洛を追却すべきの由諸官に下知せしめ給ふべし者《てへり》

「戒律違犯の狂人」として弾圧の対象になったのは、「弥陀の称念」と「法華法門宗」の二つであり、戒律違犯の破戒僧・邪法の族を洛中から追放せよとした。「弥陀の称念」が旧来の専修念仏衆にあたるが、やはり用語がちがっている。また洛中を追放された「法華法門宗」とは、下総本土寺の日朗《にちろう》の弟子日像《にちぞう》（一二六九―一三四二）を指す。日像は永仁元（一二九三）年に上洛し、比叡山の反対で院宣により三度洛中追放を受けたとの伝承がある(35)。朝廷・幕府や比叡山による宗

教弾圧政策の対象者は、専修念仏衆から除々に日蓮宗・法華宗にとってかわろうとしていた。

浄土宗・天台律宗の教学研究の課題

本章では、法然死後の初期教団＝浄土宗が、中世国家による専修念仏弾圧策を逃れるために苦悩にみちた努力と自己改革をつづけてきたことを史料に即して見てきた。これまでの浄土宗の宗派史研究の中では、法然生存中の専修念仏弾圧事件のみが注目されて、専修念仏の教義が理論的に過大評価されてきた(36)。それゆえ、浄土宗の教学研究と本書の主張とが大きなギャップを生み出すことになっている。戸惑いを覚える読者もおられることであろう。

そこで、視点を変えて、教学研究の問題点がなぜ発生するか触れておきたい。大橋俊雄は前掲書の中で「浄土宗研究のあゆみ」に触れているが、法然の教義における専修念仏と持戒念仏との矛盾や浄土宗発展における円頓戒の役割には全く言及していない。田村圓澄と菊地勇次郎との法然評価の対立点についても触れない。

こうした陥穽はなぜ生まれたか。私はその原因を、仏教史研究が宗門別の教学研究として発展してきたことにあると考えている。

法然や弟子信空の円頓戒については、近江西教寺を本山とする天台真盛宗において戦後『天台真盛宗宗学研究所紀要』の研究蓄積によって法脈があきらかにされた。しかし、信空・湛空・恵尋・恵顗は、なによりも浄土宗黒谷金戒光明寺の歴代住持にほかならない。私にいわせれば、浄土宗と天台律僧は同一の法脈にあり、天台律宗は金戒光明寺の法脈なしには存続しえなかったということになる。そのことの歴史的意義こそが解明される必要がある。

しかし、仏教学の中では浄土宗と天台真盛宗の教学研究は、宗派が異なるため別々に行われてきた。浄土宗と天台真盛宗の教学研究者が学問交流をしたり、円頓戒をめぐる共同研究を行ったような話は全く聞こえてこない。宗派ごとの宗学史研究がもつ相互交流の欠如・共同研究の欠落による弱点・問題点といわざるをえない。宗派ごとの仏教学や教学研究にとらわれない日本史学や学際的な仏教史研究が果たすべき役割は大きいといえよう。

とりわけ、二十一世紀の日本仏教が在家仏教の伝統をさらに発展させていく上で、僧侶仏教の戒律問題は重要性を増すことはあっても減ることはない。僧侶の婚姻を前提にしながら僧侶の持戒を教義上でどのように位置づけるのかが、日本仏教の将来的課題だと私は考える。今後、持戒念仏寺・持戒称名二門・浄土宗解行二門の教学研究は、多くのヒントを与えてくれることになろう。そのためにも、オープンな教学研究をめぐる交流や共同研究が求められている。

親鸞にとって戒とは何だったのか

前節では、法然が著書『選択集』で「弥陀の本願」が持戒や雑行を無用とし専修念仏のみで往生できると主張しつつ、彼自身の行動は持戒称名二門の聖であり、法然の死後、初期浄土宗でも、持戒念仏寺・浄土宗解行二門の寺が鎌倉・洛中で復活・興隆した史実を指摘してきた。また法然の浄土宗でも一貫して円頓戒の中世戒律思想が重視されていたことを指摘した。それは、梅原猛・上山春平・河合隼雄ら哲学者・心理学者らによる日本仏教批判への反論でもある。

のこされた問題は、中世戒律思想と親鸞との関係である。以下、浄土真宗・親鸞と戒律思想との関係について、史実に限定して検討しよう。

親鸞の史実研究が進まなかった訳

親鸞（一一七三―一二六二）の場合は、法然のように著書の思想と実際の行動とが分裂した様相は存在していない。親鸞は、専修念仏の理念を徹底した側に立っていたからこそ、隆寛・成覚房幸西《こうさい》らとともに張本とされ、越後に流され、中世国家の宗教弾圧を受けた。親鸞の初期教団の関係史料はほとんどのこっていない。大正十（一九二一）年に西本願寺宝庫で発見された親鸞の妻・恵信尼書状十通や、『末燈抄《まっとうしょう》』『御消息集』などに収録された親鸞書状写などが、確実な歴史史料として知られるにすぎない。関連史料がないため、書状・消息類の正確な理解や解釈が困難で、多くの論争がつづいている。また親鸞の私生活は不明な点が多く、『親鸞伝絵《しんらんでんね》』や存如《ぞんにょ》・如信《にょしん》・真仏《しんぶつ》ら弟子の口伝・縁起などは後代の編纂物で伝承に頼らざるをえない。浄土真宗での宗派史・教学研究では伝承が重視されるため、歴史学との共同研究もいくつかの難点を抱えている。

これまで、厳密な史料批判が不可欠とする歴史学の分野での親鸞研究は、笠原一男・赤松俊秀・石田瑞麿・今井雅晴らの研究が到達点とされてきた。(37) 親鸞・恵信尼の消息類は『親鸞集』（日本古典文学大系　岩波書店、一九六四年）や石田瑞麿『親鸞とその妻の手紙』（春秋社、一九六八年）に集成されている。一九八〇年代から現代にいたる親鸞に関する歴史学研究の到達点は、平雅行大阪大学教授によって『歴史のなかに見る親鸞』（法藏館、二〇一一年）として刊行された。歴史学・古文書学の進展を受けて、親鸞をとりまく歴史的背景の史実が大きく解明され、研究成果がわかりやすく簡潔にまとめられている。伝承と史料批判に耐えうる史実との区別も厳密になされている良書である。それらの成果に学びながら、まず親鸞研究の到達点を整理しておこう。

あきらかにされつつある『教行信証』の研究

親鸞の著作『教行信証《きょうぎょうしんしょう》』についての研究は、真宗教学研究とともに深化し、厚い実績がある。簡潔に要約しておこう。

明治期にドイツの史学研究法が導入され、『教行信証』が親鸞の自著であるか否かが疑問視され、辻善之助・喜田貞吉論争が起きた。辻博士は坂東本《ばんどうぼん》の書法・筆跡研究により自著とし、社会的にも認知されたが、著述の時期をめぐって戦前戦後にかけて長い論争がつづいた。一九五四年に『教行信証』坂東本が解装修理され、総合調査が実施されたことから、関東で自筆本が完成したあと坂東本が親鸞の自筆で書写され、上洛してから死去するまで『教行信証』の改訂・書き直しをつづけていたことが判明した。『教行信証』の詳細研究がまとめられ、改訂に利用された膨大な仏典・外典・聖教類の種類が判明し、研究条件が著しく改善された。重見一行・上田義文などをはじめ親鸞思想の研究は飛躍的な発展をとげた(38)。

法然との違いを意識しつつ、これまでの親鸞研究で判明したことを整理すると、つぎのようになろう。

第一に、『教行信証』で、親鸞は末法の世では破戒・持戒ともありえず、出家と非僧非俗・愚《ぐ》禿《とく》の区別も無意味になっており、浄土門の教えに帰依する以外に仏道がないことをあきらかにした。在家信者が仏教を修行して悟りの世界に至るには絶対他力の信仰の道以外にないことを、親鸞は仏教思想としてあきらかにした。親鸞は自ら捨戒《しゃかい》・肉食妻帯して僧侶の道を捨て、愚禿親鸞として在家信者の仏教修行のあり方を追求・実践した。絶対他力への信に生きることが容易なことでないことは、彼の生涯を見るとあきらかである。浄土真宗が釈迦の説く出家僧の修行の道＝聖道門の教えではなく、在家仏教修行の道＝浄土門の信の世界を説くものであったことは、赤松俊秀らが強調した。親鸞は仏教信仰の上では出家による修行や持戒が絶対ではなく、相対的意味しかもっていないことをあきらかにしたといえる。
在家仏教の流れが古くから存在し、現代仏教運動の中でも増谷文雄らが一九五一年ごろから在家仏教運動を展開し、月刊誌『在家仏教』が創刊されたが、六十年間の活動を経て、二〇一七年五月号をもって休刊となった。他方、親鸞の思想・信仰を継承したとする本願寺教団では、親鸞が否定した出家仏教を僧侶教団の維持という側面において完全に否定し切れておらず、親鸞が説いた在家仏教のあり方からさらに再検討が必要とされている。

第二に、親鸞は、当時最澄の著書と信じられた『末法灯明記《まっぽうとうみょうき》』も活用して、末法の世界では戒法が存在し得ないことを指摘する。『涅槃経』『華厳経』『不空羂索神変真言経《ふくうけんじゃくじんぺんしんごんきょう》』など顕教・密教経典をはじめ、宋から渡来した『楽邦文類《らくほうもんるい》』『大宋高僧伝』などのアジア仏教の総合的文献を典拠として、末法の世界における弥陀の本願への信の重要性をあきらかにした[39]。親鸞の在家仏教論は、日本仏教はもとより、南宋仏教の仏典に依拠して達成されたのである。

第三に、親鸞は『大集経《だいじっきょう》』の書き抜きをつくり、仏教者は仏法僧の三宝に帰依すべきでそれ以外の神・鬼・魔を礼拝してはならない、吉日良辰《きちじつりょうしん》を撰ぶべきではないと主張する。坂東本『教行信証』化身土《けしんど》巻では、孔子『論語』を引用し独自の句読点をつけて、鬼神崇拝を否定した（赤松俊秀『親鸞』）。親鸞は儒教の合理性・近代性を導入して中世仏教の呪術性を批判した最初の思想家となったといえる。

戒律研究の権威、平川彰博士によれば、仏教の出家僧が戒律を破り女犯・妻帯したときは波羅《はら》夷《い》に処せられ、戒律を捨て僧侶集団から追放されるのみである。親鸞の場合でいえば、いつ捨戒をし、延暦寺の集団生活から離れて在家での俗人生活に入ったのかが大きな問題になる。

親鸞は『教行信証』の後序で「愚禿親鸞建仁辛酉の暦、雑行《ぞうぎょう》を棄てて本願に帰す」（坂東版）と述べており、建仁元（一二〇一）年に法然の吉水《よしみず》に入門した時を雑行の放棄＝捨戒としている。

親鸞の妻である恵信尼書状にも、六十二年前の親鸞の吉水入門の件が記載されている。延暦寺を出て六角堂に籠もり、九十五日目の暁に聖徳太子の示現《じげん》によって法然上人と会った。百カ日間毎日、法然の教えを受け、「たとひ悪道に渡らせ給へしと申とも」法然について行く覚悟をきめたことなどの信仰告白を記している。

親鸞は、吉水時代の京都で法然に入信して捨戒し、妻帯して在家沙弥の生活を始めた。「壬生《みぶ》の女房」と結婚し、二人の間に善鸞《ぜんらん》が生まれた。しかし、建永二（一二〇七）年、三十五歳のとき、専修念仏弾圧で越後配流となり、二人は離婚せざるをえなくなった。善鸞は京都で育てられ、親鸞は越後配所で越後生まれの恵信尼と再婚した。[40] 近年では、恵信尼消息に見える地名調査研究[41]も進展している。それによると、恵信尼の所領は越後府中から信濃に抜ける国境地帯の国衙《こくが》領の頸城《くびき》郡板倉《いたくら》郷に集中しており、越後の在庁官人《ざいちょうかんにん》三善《みよし》氏の娘説が定着している。親鸞は、越後でも在家沙弥の生活をつづけていた。

親鸞が果たした出家仏教から在家仏教への道

建暦元（一二一一）年十一月十七日、法然は流罪を勅免《ちょくめん》されて京都東山大谷に帰った。僧籍にもどされ出家僧侶の道に復帰した。では、親鸞はどうしたのか。

平教授説は『教行信証』に「今上〈諱為仁〉の聖暦、承元丁卯の歳、仲春上旬の候に奏達《そうたつ》……空師并弟子等、諸方の辺州に坐して五年の居諸を経たり」とあることから、承元五＝建暦元（一二一一）年中春上旬に親鸞が朝廷に勅免を奏聞《そうもん》する申状を作成したことを突き止めた。『親鸞聖人血脈文集《けちみゃくもんじゅう》』にも「愚禿は流罪に坐《つみ》するの時に、勅免を望むの時に、藤井の姓を改め愚禿の字を以て中納言範光卿をもて勅免をかふらんと奏聞を経」たとある。さらに『歎異抄《たんにしょう》』にも「親鸞は僧儀を改め俗名を賜る、よって僧に非ず俗に非ず、然間、禿の字を以て姓となし、奏聞を経られ了《おわんぬ》。彼の御申状《もうしじょう》、いまに外記庁《げきのちょう》に収《おさめ》ると云々」とある。ここから、親鸞は、流罪の勅免を申請する申状を越後で作成して愚禿と署名し、院司《いんし》藤原範光《のりみつ》（一一五四―一二一三）を介して朝廷に提出し外記方に保存されたことを指摘する。

赤松博士は、岡崎（藤原）範光が建永二（一二〇七）年に出家入道して朝政の一線から退去しているので、勅免に関係していたとはいえないと否定説をとっていた。平教授は、範光の姉妹である範子《はんし》と兼子《けんし》が後鳥羽院の乳母であること、範光自身が院近臣《いんきんしん》で、承元元（一二〇七）年十二月に越後知行国主《ちぎょうこくしゅ》になり、奏聞の二年後、建暦三（一二一三）年に死没したことから、範光は越後の知行国主として後鳥羽院に親鸞の申文を取り次いだことをあきらかにした。ゆえに『血脈文集』『歎異抄』の史料としての信憑性が高まったといえる。

建暦元（一二一一）年十一月十七日、親鸞は知行国主を介して勅免の外記宣旨《せんじ》を受けたのである。だが、親鸞は法然のように京都には帰らなかった。

勅免を受けて京都に帰る道は、法然と同様、僧籍に復帰して持戒念仏の道に進むか、藤井の姓として俗人の道に生きるか、二つの道の選択を意味する。しかし、親鸞は、勅免申請の申文に藤井の俗姓ではなく「愚禿」の字をもって罪人の汚名をそそごうとした。「僧に非ず俗に非ず、然間、禿の字を以て姓となし、奏聞を経られ了」（『歎異抄』）とあるから、親鸞は勅免のあと僧籍に戻ることも、藤井の俗人としての生活をも拒否し、愚禿＝在家信者として仏教徒の道を追求することを決意していたと見ざるをえない。在家信者として新しい信仰の道を進むには、権力の管理下にある京都や鎌倉から離れていた方がよいとさえいえる。

勅免は十一月であったが、八カ月前の三月には信蓮房明信《しんれんぼうみょうしん》が生まれたばかりであった。在家信者として愚禿親鸞は、恵信尼や赤子とともに越後にとどまり、僧籍に復帰することも俗人としての生活をも断念・拒否して、在家信者＝愚禿として浄土門の専修念仏の道を進む以外にないことを選択した。親鸞は法然と決別して、全く異なる独自の道＝在家仏教の道を進むことを自ら選びとったのである。

釈迦に始まるインド仏教から中国仏教や日本仏教も、すべて出家僧侶の仏道修行の道を当然視してきた。その中にあって、親鸞ははじめて、身をもって弥陀の本願を信じて、妻帯・非僧非俗の在家仏教の道を仏道として選びとったのである。その歴史的意義をつぎに考えてみよう。

親鸞が選んだ在家仏教の道

捨戒妻帯してなお仏道を行うとはなにか

通説では、浄土宗と浄土真宗とは、浄土門の専修念仏の道を進んだものとして理解されている。法然の『選択集』も親鸞の『教行信証』も専修念仏を説いているというのがその根拠である。しかし、それは誤読である。法然と親鸞の実際の行動を見ると全く異なる行動をとっている。前節では、法然が僧侶として持戒念仏の道を進み、親鸞は捨戒して在家仏教の道という全く相異なる道に進んだことを指摘した。この問題をつきつめると、法然はあくまで出家僧侶の仏教を進んだのに対して、親鸞は愚禿と称して非僧非俗の道を歩いたことになる。そこで、出家僧と在家沙弥との境界線上にある仏教における捨戒について検討し、その上で、戒律を捨て、妻帯してもなお仏道を行う在家仏教の道がいかなるものであったのか、見ていきたい。

建暦元（一二一一）年十一月、勅免とともに法然は、京都に上洛して「度牒《どちょう》」を返してもらい僧籍に復帰し、翌年正月に八十歳で没した。法然は一貫して持戒の聖人として称名念仏のほかに円頓戒の授戒会を繰り返し、持戒称名二門の聖として出家僧侶の生活を送った。法然は学僧の立場をもって清僧としての僧伽の世界に生きたのである。

一方、親鸞は「愚禿」として流罪勅免の申状を出して、同じ年に勅免を公認された。しかし、彼は僧籍に復帰することを拒否した。流罪が勅免されても、東国流罪の地にとどまって恵信尼と非僧非俗の生活をつづけた。『教行信証』には建永の法難を「罪科を考えずみだりがましく死罪に座《つみ》す。或は僧儀を改め姓名を賜ひ遠流に処す、予は其の一なり、爾者已に僧に非ず、俗に非ず、此の故に禿の字を以て姓となす」と明示している。親鸞は勅免を受けてもなお、愚禿の名前と非僧非俗にこだわったのである。

この法然と親鸞とのちがいは、法然は当初から学僧であったが、親鸞は延暦寺の堂僧《とうそう》・堂衆《とうじゅ》であったという出発点からの相違ともいえる。

戦後の仏教史研究では、延暦寺の学僧も堂僧もともに妻帯が禁じられた清僧であると考えられていた。しかし、一九七〇年代以降の中世寺院史研究の進展によって、院政期から鎌倉期の学僧と堂僧とのちがいが判明するようになった。まず、その点から見よう。

親鸞はなぜ妻帯を許されたのか

親鸞が綽空《しゃくくう》と号した延暦寺の堂僧であったことは、弘長三（一二六三）年二月十日の恵信尼書状に「殿の比叡の山に堂僧つとめておわしましける」（西本願寺文書、鎌倉遺文八九二一）とあることから史実となった。しかし、その歴史的意義については、不明であった。

赤松俊秀の『親鸞』は、延暦寺の堂僧であったことを根拠として出家僧として持戒し「清僧の生活を保っていた」と強調し、性欲の制御という難問に苦悩したと主張した（七一頁）。堂僧は、延暦寺の清僧である学僧と区別がないと考えられていた。

しかし、まず多賀宗隼は中世僧侶には僧綱《そうごう》・学生《がくしょう》・堂僧・堂衆の区別があったことを論じた。権門体制論の黒田俊雄も、中世僧侶集団には、学侶《がくりょ》・学生の学衆《がくしゅ》と禅侶《ぜんりょ》・行人《ぎょうにん》の堂衆との身分差、承仕《じょうじ》・寺人と呼ばれる在俗の寺役人、非人身分という被差別民衆という四つの身分階層の存在をあきらかにした。その後、延暦寺や興福寺の堂衆の具体像についても個別研究が蓄積された。[42]その結果、延暦寺の堂僧は東塔・西塔・横川の常行三昧堂《じょうぎょうざんまいどう》で不断念仏をつとめる僧侶で、建前は清僧・浄行の僧侶で妻帯禁止であり、十世紀ごろには常行堂の堂衆も天台宗の学生といわれていた。

しかし、院政期に入ると、堂舎の造立が増加し、堂専属の法会に出仕する堂の専属僧も増員した。東大寺法華堂衆・興福寺東西金堂衆・東寺阿弥陀堂僧・清水寺常行堂の堂僧諸衆というように寺家の堂塔ごとに堂衆・堂僧が置かれ、諸堂舎間でも身分的ランクが生まれた。延暦寺の学生には、台密僧・天台僧・念仏僧の三ランクが生まれ、堂僧にも禅侶と堂衆との区別が生まれた。

しかも、堂僧・堂衆には支給された給田《きゅうでん》を経営するため、寺辺や都に妻子や作人《さくにん》・下人所従《げにんしょじゅう》を確保することが認められた。承暦二（一〇七八）年、法隆寺開金堂の堂僧は五口という定員が決まり「衆中の謹厚者を撰ぶ」とあり、堂衆の中から選ばれて補任《ぶにん》され、各自に二段の名田《みょうでん》が支給される特権をもっていた（平安遺文一一五四）。鎌倉から南北朝期の地方寺院でも、日光山輪王寺《りんのうじ》の常行堂見衆《げんじゅ》（堂衆・堂僧のこと）であった僧教弁は、山下に知行地として屋敷と紺屋《こうや》・住房《じゅうぼう》をもち、妻子のある名主でもあった。延暦寺の東塔北谷の十禅師宮《じゅうぜんじぐう》に所属し律師《りっし》という僧職をもった僧南泉房成尋《じょうじん》は、洛中の綾小路に父母を含む家族をもっており、母妙円は女商人であった。(43)最近では、摂関家の墓所で行われる法華懺法《ほっけんせんぼう》には、浄妙寺の清僧である学侶がかかわることが憚られ、より下層の禅侶＝堂衆がそれを担ったことが指摘されている。(44)

こうして鎌倉時代の堂僧や堂衆は僧侶ではあっても学生・学侶よりも戒律の規制がゆるく、山を下り洛中での妻帯生活は自由で、半僧半俗の俗聖のものも多かった。堂衆らは在家信者と交流する山伏や葬送の輩とも関係していたことがあきらかになった。

中世寺院史研究の進展によって、鎌倉期の学侶と堂僧・堂衆とのちがいが明瞭になることによって、親鸞の清僧を説く赤松説は否定された。いわば、鎌倉時代の堂僧は山を下りると坂本や洛中での妻帯が許された僧侶であり、そのかわり修験者や籠僧《こもりそう》として貴族や侍らの葬送仏事にも関与して、在家の仏教信仰と深く交流する立場にあったことが判明した。

源平争乱で、延暦寺の堂衆は「山の堂衆」とか「山の悪僧」とも呼ばれていた（『山槐記』治承四年十二月十六日条）。鎌倉前期の嘉禎四（一二三八）年、延暦寺の山門恵光院《えこういん》の住僧阿闍梨実俊《じつしゅん》と、山門東塔北谷観音堂の美濃房利玄《りげん》は、北谷の承仕禅性《ぜんしょう》法師・菊野《きくの》法師や悪党とともに行宴《ぎょうえん》の住屋《じゅうおく》に押し入って文書を盗み主人を刃傷し住宅を焼き払うという強盗・殺人事件を起こして、六《ろく》波羅探題《はらたんだい》の武家に渡され、六条河原で頸を切られた（長福寺文書、鎌倉遺文補一七九二）。鎌倉前期における延暦寺の堂僧・堂衆が洛中に住居を構え、世俗の利害対立の中で生活していたことがあきらかである。

こうしてみれば、「山の堂僧」をつとめていた親鸞が、常行堂の法会に参加しながら、山を下りると洛中で妻帯が許され、在家信者としての生活を営むのは当然であったといえる。六角堂への参籠《さんろう》や洛中吉水での法然との交流も、堂僧の日常生活の延長線上で理解すべきなのである。親鸞が在家仏教において成仏の道を探求しようとする関心が強かったことも、堂僧の出身であったことと整合的に理解することができる。

中国仏教が与えた在家仏教への関心

出家者と在家信者との区別なしに成仏・仏道の方法をさぐるという包括性・普遍性をもった問題意識はどこから出てきたのであろうか。親鸞だけの思惑であったとは考えにくい。

出家至上主義を説いた道元に関して、今枝愛眞東京大学教授は、禅宗の在家成仏・女人成仏について興味深い史実をあきらかにしている。

道元は入宋後、最初に出会った阿育王山典座《あいくおうざんてんぞ》から、坐禅だけが修行ではなく、典座の職務に専念することも修禅弁道《しゅぜんべんどう》にほかならないと教えられた。道元の帰朝後、最初の著作『普勧坐禅儀《ふかんざぜんぎ》』ではつぎのような記述がある。

坐禅弁道して仏祖の大道を会通《えつう》す、ただこれ志のあり無しによるべし、身の在家・出家にはかかわらじ

今枝教授は「道元の宗教は賢愚利鈍はもとより、貴賤男女を問わず、在家も出家も区別なく、

さらには罪人の有無さえ問わないという、きわめて普遍性のつよいものであった」（同書、四八頁）と指摘している。ところが、国内での生活が長くなり、深草《ふかくさ》を離れ越前下向のころになると、道元は在家成仏を否定し、山林隠棲・出家至上主義の主張にとって変わったことをあきらかにした。(45) つまり、出家至上主義の道元でさえ、中国での留学から帰国した当初は、在家出家や男女の区別なしに成仏是認という普遍性・包括性のある仏教思想を説いていた。出家・在家の区別なしに成仏の道を求めようとする普遍性・包含性の仏教思想は、南宋仏教の影響であるとみてまちがいない。

在家仏教の道が関心を集めたのは、十世紀から院政期にかけて末法思想と浄土信仰が高揚したことが原因であった。俗聖などの半僧半俗や在家信者の増加は、中国からの末法思想の普及・影響であったことは井上光貞があきらかにした。また中国仏教史の鎌田茂雄によると、北斉の時代に末法思想が強烈に意識され、隋・唐になって新しい宗教が説かれたという。(46)

一つが河北相州《かほくそうしゅう》地方で信行《しんぎょう》（五四〇―五九四）の説いた三階教《さんがいきょう》で、もう一つが山東并州《へいしゅう》地方の道綽《どうしゃく》（五六二―六四五）の浄土教であった。信行は末法の悪世であるが故にただ「一切悪を断じて一切善を修さなければならない」として、乞食《こつじき》・長斎《ちょうさい》・絶穀《ぜっこく》・持戒・坐禅による厳格な戒律主義を説いた。

他方、道綽の浄土教は、曇鸞《どんらん》（四七六―五四二）の教えをうけて「末法悪世なるが故に、弥陀一仏を専念専修せよ」と説いた。道綽は『安楽集』を著し、浄土教は複雑な教学の学問を必要としない、末法思想の流布の中で庶民の不安感や極楽往生・治病・現世利益などへの要求に応える道として弥陀一仏への信を説き、庶民信仰として急激に受容された。中国仏教では、出家と在家の区別なしに仏教修行の道を求める普遍性のある仏教思想が発達した。親鸞も道綽に強い関心をよせ、彼の伝記を研究していたことが自筆の『道綽伝』からもわかる。彼が宋の新しい仏典に深い興味を抱いたのは、在家仏教の道を探るためであったともいえる。

親鸞が最新の中国仏典に接し得た訳

もともと、仏教の複雑な教義・厳格な戒律主義は出家者のものであり、狩猟・漁撈・採集・農耕を生き抜くための生業としなければならない下層庶民や在家信者の宗教的要求に応え得るものではなかった。法然はもっぱら善導の『観無量寿経疏』などを中心に学んだが、親鸞は宋の仏書である『楽邦文類』など最新の中国文献をも読破して『教行信証』を編んだ。『楽邦文類』は南宋の石芝宗暁《せきししゅうぎょう》（一一五一―一二一四）が浄土についての諸文を集成したもので、一二〇〇年に刊行された宋代浄土教の仏書である。親鸞は最新の宋の仏典を入手する手段をもっていた。

近年、宋版の仏典類が日宋貿易で鎌倉に直輸入され、南宋の寧波《ニッポー》絵画の仏画類も鎌倉で早く流布したことが注目されている。鎌倉期の日宋交流においては千葉氏・鹿島氏・宇都宮氏など関東文化圏の関東武士団がきわめて積極的に関与しており、彼らは関白をつとめた九条兼実《かねざね》・良経《よしつね》・道家《みちいえ》とつづく九条家とも関係を結んで、日宋貿易に深く関与していた。九条良経の子慶政《けいせい》は、建保五（一二一七）年、宋に渡海して福州版一切経の輸入に尽力し、嘉禎二（一二三六）年、京都西山法華山寺で一切経会を行った。福州版一切経の開版・補刻には、下総千葉氏の千葉寺僧了行《りょうぎょう》らが渡海して尽力した。また関東申次《かんとうもうしつぎ》の西園寺実兼《さいおんじさねかね》は三千五百両金を出して、鹿島神宮寺の浄行僧である千葉氏の僧道源《どうげん》を宋・国清寺に派遣し、釈尊影響仁王経秘法《しゃくそんえいきょうにんのうきょうひほう》を輸入した。鹿島神宮に一切経を寄進した笠間時朝《かさまときとも》は宇都宮氏一門で、結城朝村《ゆうきともむら》とともに暦仁元（一二三八）年には九条道家の子・二条良実《よしざね》の簡衆《ふだのしゅう》になっていた（『吾妻鏡』暦仁元年五月二十日条）。関東の文化圏は、予想以上に宋・元の漢籍・仏典輸入に直結していた。(47)

　親鸞の父は皇太后宮大進《だいじょう》日野有範《ありのり》という下級貴族であったが、本家の日野家や一門の勘解由小《かでのこう》路《じ》家（広橋家）は、九条家・鷹司《たかつかさ》家の家司をつとめ、天皇家の職事《しきじ》・弁官に昇る「名家《めいか》」の家柄であった。父の兄で親鸞の伯父宗業《むねなり》は儒学者の文章生《もんじょうしょう》から大学寮の策試《さくし》に文治元（一一八五）年に合格して大内記《だいないき》・文章博士《もんじょうはかせ》や内裏の御書所開闔《みしょところかいびゃく》になり、建保五（一二一七）年には三位の公卿《くぎょう》にのぼった（拙論「中世国家の官人と学問」福島金治編『学芸と文芸』竹林舎、二〇一六年）。それゆえ、建暦元（一二一一）年中春上旬に、越後知行国主の藤原範光を介して流罪赦免の申請を出したり、東国での『教行信証』作成などでも、公家社会のネットワークの後見を受けることができた。

　とりわけ、親鸞の子孫が本願寺の歴代門主として貴族的な学問や社会教養を身につけることができたのは、日野一門の公家ネットワークのおかげであったことは、意外と知られていない。結論のみを整理すれば、親鸞の孫で二代宗恵覚恵《かくえ》は日野家光《いえみつ》の養子として幼少時代を養育された。三代宗昭覚如《そうしょうかくにょ》は勘解由小路兼仲《かねなか》、光玄存覚《こうげんぞんかく》は権大納言日野俊光、慈俊従覚《じしゅんじゅうかく》は日野俊光、四代俊玄善如《ぜんにょ》は日野俊光、五代の時芸綽如《じげいしゃくにょ》は日野時光、六代玄康巧如《げんこうぎょうにょ》は日野資康、七代の円兼存如《えんけんぞんにょ》は広橋兼宣、八代の兼寿蓮如《けんじゅれんにょ》は広橋兼郷、九代の光兼実如は日野勝光が養父となっている。

まさしく親鸞の子孫である九代までの本願寺門主はすべて「名家」の家柄であった広橋家と日野家の猶子《ゆうし》（相続権のない養子）として保護養育された。「名家」とは摂関家の諸大夫《たいふ》で、天皇の侍従から蔵人・弁官を経て中納言を極官として出世する中級貴族の家柄をいう。広橋・日野流は天皇の蔵人・弁官になるとともに、九条家・鷹司《たかつかさ》家の家司となることが多かった。

親鸞の東国時代にも、関白九条兼実や道家は、源氏将軍三代とも親しく、北条政権の下では子息頼経《よりつね》・孫頼嗣《よりつぐ》を将軍家に入れ摂家将軍《せっけしょうぐん》の父方であった。親鸞の生存中の東国は、九条基家《もといえ》が上総の知行国主であり、千葉氏と九条家とのパイプが太かった。親鸞とその子孫はそうした東アジアに開かれた関東文化圏の中で生活していた。

親鸞が宋の仏書を通じて学んだ宋代浄土教や南宋律宗など最先端の仏教思想では、出家修行僧と在家信者との関係や、戒律における捨戒などについてはどのような仏説が展開されていたのか、見ておこう。

日本における戒律研究の道を切り開いた平川彰によると、仏教は「捨戒の便法」を開いており、『四分律』にも「浄行を楽しまざれば、捨戒して家に還ることを聴す。もしまた仏法中に出家して浄行を修せんと浴せば応に度して大戒を受けしむべし(48)」とある。つまり、仏教では、出家僧が捨戒によって在家にもどることや、捨戒者の再出家も認めていたという。

仏教は信者個人の自発性に依拠した信仰集団であったから、出家修行僧の道はサンガ集団としての聖道門《しょうどうもん》の世界であり、在家信者である沙弥《しゃみ》・優婆塞《うばそく》・白衣《びゃくえ》は浄土門の道が開かれるとするのが仏教の原理・原則であった。それゆえ在家信者にも、律はないが戒があって、両者の世界を往復することが前提になっていたことを忘れてはならない。

浄土宗と浄土真宗との本質的な差異

「捨戒」をした在家信者・非僧非俗となった親鸞と、勅免のあとも「持戒」をまもり僧籍に復帰した法然とは、専修念仏のとらえ方が大きく異なっていたと考えざるをえない。

赤松俊秀は「専修念仏を勧めながら自身は捨戒にも踏み切らず、観想をも廃しない源空の心境を推し測ったこともあろう」（『親鸞』六八頁）と親鸞の心情を推測している。この推論を裏付ける史料が、親鸞自筆の書状を収めた『末燈抄』にのこる。

「愚禿親鸞」と署名した建長三（一二五一）年九月二十日の書状には「選択本願は有念にあらず、無念にあらず」「浄土宗にまた有念あり、無念あり。有念は散善義《さんぜんぎ》、無念は定善義《じょうぜんぎ》なり」「浄土宗の中に真あり、仮あり。真といふは選択本願なり、仮といふは定散二善なり。選択本願は浄土真宗なり、定散二善は方便仮門《ほうべんけもん》なり」とある。

親鸞は、有念無念は聖道門の教えであり、選択本願の教えはそれとは異なる。選択本願の教えにも真と仮があり、浄土宗と浄土真宗との区分を説いている。石田瑞麿の解説は、「浄土宗の教えにも真実のものと仮のものがあります。前者は『選び抜かれた本願であり』、後者は『禅定に入ることと禅定に入らないで行なう善』である」とし、この「浄土真宗」は宗派の名ではないとする（『親鸞とその妻の手紙』春秋社、一九六八年、一八頁）。たしかに、『教行信証』奥書にも「真宗興隆ノ大祖源空」とあり、浄土真宗を浄土宗の意味で用いた箇所もある。

しかし、この解説では浄土宗と浄土真宗を区分する理由の説明にはなりえない。親鸞の生存中には宗派としては法然の「浄土宗」しか存在しなかった。にもかかわらず、親鸞はあえて浄土宗を真と仮のものに分類し、浄土宗と浄土真宗を区別した。「仮といふは定散二善なり」が法然の浄土宗を指し、「真といふは選択本願なり」が親鸞の真宗を指すと私は考える。

この区分法は、他力の中の自力をどのように評価するか、という難問に関連する。年未詳十一月二十五日の親鸞書状に「他力のなかにまた自力とまふすことは、雑行雑修・定心念仏《じょうしんねんぶつ》をこころにかけられてさふらふ人々は、他力のなかの自力のひとびとなり」（同書、九九頁）とある。持戒称名二門を生きた法然の浄土宗こそ、「雑行雑修・定心念仏をこころにかけられて」いるから、「他力のなかの自力」にあたる。それは出家者のための仏教であった。

「選択本願は浄土真宗なり」という親鸞の主張は、非僧非俗・在家信者のための仏道にほかならない。出家僧侶のための仏教書は多くても、在家信徒のための仏教書は『教行信証』のほかにはない。その強い自覚があったからこそ、親鸞は京都に居を移してからも、生涯をかけて『教行信証』を改訂しつづけた。私は『教行信証』こそ、親鸞が在家信徒のために書き置いた日本で唯一の仏教書だと信じている。

行の出家仏教から信の在家仏教へ

赤松俊秀の『親鸞』は、「親鸞の教団は出家者を排除し、在家のもののみで組織された」と強調している。それは親鸞が「弟子ひとりももたず」と主張し、同行《どうぎょう》・同朋《どうぼう》と呼んだことからの論理的推論であり、親鸞生存中の教団が出家者を排除していた史実を実証する具体的な史料があるわけではない。しかし、親鸞が本来あるべき浄土真宗教団のあり方をどのように考えていたのかは興味ある問題である。もし赤松博士の指摘のように親鸞が考えていたとすれば、親鸞の曾孫覚如や戦国期の蓮如らがつくり出した現在の本願寺教団は出家僧侶の教団であるから、親鸞の否定した姿ということになる。

ただ、多くの仏教指導者の中で親鸞のみが、出家者の仏道修行ではなく、在家者の仏道修行のあり方を追い求めたことの歴史的意義はあきらかにされていない。現在の日本仏教界では出家者の妻帯が一般化している。持戒の中から妻帯が排除されているのは、世界の中で日本仏教のみであるといわなければならない。二十一世紀の日本仏教のあり方は、出家者の仏道修行のあり方とともに、在家信者の五戒のあり方として、妻帯の意味も再検討されなければならない。

仏教は行の宗教か信の宗教か

原始仏教の比丘たちは自己の心を浄める目的で釈迦の修行に学ぼうとサンガに入るのであるから、その目的を自ら放棄する気になったら世俗の生活に帰ればよい。サンガから退去するにはなんらの制限もない。仏教は全く個人の自発性による宗教であった。義浄《ぎじょう》の『南海寄帰内法伝《なんかいききないほうでん》』によると、バルトリハリ（七世紀ごろのインド哲学詩人）は出家しながらも、在家生活を忘れかねて俗に帰り、在家と出家を往復すること七度であった、という事例を紹介している。

平川彰によると、出家と在家の往来は仏教における信と行の問題であったとする。原始仏教は、仏陀の教えを信じて救われるという「信の宗教」ではなく、仏陀の教えによる修行によって解脱せんとする「行の宗教」であった。在家ならば五戒を遵守するように努力し、出家者なら具足戒を受けてサンガに入って修行するという「行」が伴うものだという。しかし、原始経典には三宝に帰依するだけで「信」に重点をおいている教説もあり、『阿含経《あごんきょう》』もその一つという。しかも、「信から行への転換は複雑な様相をもっている」といい、信・戒・慧の三具足や信・戒・捨・慧の四具足など教説が多様であるという。

国立民族学博物館の立川武蔵名誉教授によると、仏教誕生から紀元前後までの初期仏教期には、ブッダは偉大な先達であり、信徒もヨーガの行法を実践することで自己の救済・悟りを得ようとしたという。紀元前後から六世紀ごろの中期仏教期になると、大乗仏教運動が起き、般若経典群が成立した。この時期には、『阿弥陀経』『無量寿経』や『法華経』『華厳経』『大日経』など経典ごとの「ほとけ」が生み出され、そのほとけに帰依（バクティ）することで、精神的救済が可能になり、「ほとけ」の「国土（浄土）」に生まれるという考え方が普及した。仏教史はブッダからほとけへ、行による悟りの世界から帰依による救済の世界へ、と大きく転換した。帰依（バクティ）や恩寵を中心とした信仰形態が生まれるのは、紀元前後から六世紀ごろで、キリスト教・ヒンズー教・ジャイナ教などでも共通した現象があったと指摘する。(49)

言い換えれば、世界の宗教は、修行により自らが悟る世界から、ほとけや神を信じることで救済される信の世界へと変遷してきたという。この視点から親鸞と法然を見てみると、法然とその弟子は称名と円頓戒の称戒二門や自力念仏・諸行往生を説いていた。信と行の併存である。一方の親鸞のみが「信」だけをたのみとして、在家も修行者も無関係に「弥陀の本願」に救済される道を説いたということになろう。

絶対他力を説きつつも揺れた親鸞の告白

京都にもどった親鸞に、東国の在家信徒から、自力念仏・報恩念仏などについて信仰上の疑問を問い合わせる書状がもたらされ、親鸞も書状によって布教活動を展開した。

寛喜三（一二三一）年四月にはまだ関東にいた親鸞だが、仁治三（一二四二）年九月には京都七条の絵仏師の工房におり、この間に坂東から上洛したことが知られている。常陸国笠間《かさま》の念仏者が在京の親鸞に問状を送ったとき、親鸞がつぎのような返書を出した。

かさま（笠間）の念仏者のうたかひと（問）われたる事、それ浄土真宗のこゝろは往生の根機に他力あり、自力あり

建長七（一二五五）年十月三日付のこの書状は、東本願寺所蔵である（『親鸞とその妻の手紙』二〇頁）。この当時、東国の信者の中に、他力念仏と自力念仏についての質問が多かったことがわかる。『末燈抄』に採録された親鸞書状の中にも、常陸国鹿島・行方《なめがた》・奥郡《おくぐん》・南荘《みなみのしょう》の信者に宛てたものが多く、その一つにつぎのようにある。

さきに下し参らせ候し『唯信抄』『自力他力』なんどの文にて御覧さふらふべし

（同書、一〇五頁）

生前の親鸞は、自力・他力念仏について『唯信抄』や『自力他力』などの書籍を同朋中で廻し見るように指示していた。なんども出てくる『唯信抄』は、法然の弟子で天台僧の唱導集『転法輪抄《てんぽうりんしょう》』の編者として知られる安居院《あぐい》法印聖覚《せいかく》（一一六七―一二三五）の著作である。親鸞が自筆で書写した『唯信抄』ものこっている。『自力他力事《じりきたりきのこと》』は『一念多念分別事《いちねんたねんふんべつのこと》』とともに、嘉禄の法難で流罪に処せられた隆寛《りゅうかん》（一一四八―一二二七）の著作である。その注釈のために親鸞も、みずから『一念多念文意《もんい》』を書きのこしているほどである。

ここから家永三郎や菊地勇次郎らは、親鸞の教説において聖覚・隆寛の書籍が重要視されてい

たと指摘する。[50] しかし、『唯信抄』は、諸行往生よりも専修念仏往生をすすめてはいるものの、「行業もしおろそかならば往生とげがたし」とある。自力による諸行往生を容認する主張を展開している。聖覚は、法然から円頓戒を伝受し雑行を「加行」として行う称名持戒二門の僧であったから、信と行をすすめていたことも当然である。

他方、隆寛については松野純孝が、親鸞・聖覚・隆寛はともに妻帯者であり、念仏にも自力と他力のあることを主張し、親鸞と同じ思想的立場にあったことを指摘した。ただし、親鸞が「信の一念」を重視したのに対して、隆寛は「名号を称すること本願に帰するが故に名号を称することなり」とあり、「称名号の声」を重要したとして「行」を重視する姿勢があったとする。[51]

こうしてみれば、親鸞は、自力・他力の念仏とともに、行や持戒を重要視した聖覚・隆寛の著作を東国の信者にすすめていたことになる。その内実は、専修念仏の「信」のみで固まっていたのではなかった。むしろ、「信」と「行」の両者に揺れる部分が存在したというのが実態である。親鸞は『教行信証』の中で、阿弥陀仏の本願への信のみで在家信者は往生できると説いたことはいうまでもない。しかし、親鸞の日常の信仰生活の中では、阿弥陀への信に徹することが困難で、読経の行に着こうとする自己矛盾を信仰告白している。

恵信尼書状に、寛喜三（一二三一）年四月四日から十一日にかけて五十八歳の親鸞が風邪で寝込んだときの、読経の行についての思い出が記録されている。称名念仏のほかに衆生利益のために浄土三部経を読経せんとして、「人の執心自力の心はよくよく思慮あるべしと思い直してのち、経を読むことは止まりぬ」と決意して病気回復したとある（同書、二二五頁）。

親鸞が浄土三部経を千部読経しようとしたことは、それ以前にもあったようだ。上野国佐貫《さぬき》で読み始めたが、四、五日ばかりしてから思い返して中止したという。

同じ史料について平雅行教授は、寛喜三年には全国的な大飢饉が発生し、佐貫では旱魃の被害があったという背景を指摘し、親鸞が民衆の惨状を見て放置できず三部経読誦を始めてしまった。「親鸞はこの時、自力の慈悲の限界にもがき苦しんでいた」、そうした「親鸞が私は好きです」（『歴史のなかに見る親鸞』）と印象深く表現している。

阿弥陀仏の本願の絶対他力の「信」を説く親鸞も、現実社会の中で大災害に直面した民衆の苦悩を目にしたとき、居ても立ってもいられずに、自力の「行」として三部経の読誦に動かざるをえなかった。それはまさに仏への信と行の宗教で揺れ動く、葛藤する人間の姿であったといえよう。

親鸞がのこした今日につづく問いかけ

晩年、洛中に暮らした親鸞は、またも正嘉の大飢饉に直面する。正嘉二（一二五八）年八月の大暴風雨で諸国不作となり、朝廷は翌年に改元し正元元年となったが、飢饉・疫病はつづく。再度改元して文応元（一二六〇）年としたが、効果はなく飢饉の深刻さが増した。六月に、幕府は「諸国飢饉といい人民病死といい法の過ぐるの間、別の御計をもって」と超法規的措置として犯罪者を牢獄から放免した。文応二年には弘長元（一二六一）年と改元した。病人・孤児や老人の死体が道路に放置され、屍が路辺にあふれた。幕府も「病者孤児や死屍を路辺にすてること」を禁止する法令を出すほどであった。

「文応元（一二六〇）年十一月十三日善信八十八歳」と自署した乗信《じょうしん》御房に宛てた親鸞の書状にはつぎのようにある。

なによりも、こそ、ことし、老小男女、おほくの人々の死にあひて候らんことこそ、あはれにさふらへ、但し、生死無常のことはり、くはしく如来の説き置かせおはしまして候ふうへハ、驚きおほしめすへからす候、まづ善信が身には臨終の善悪を申さず……さればこそ、愚痴無智の人も終りもめてたく候へ、如来の御はからひにて、往生するよし、人々にまふし候しこと、違わすこそ候へ

（消息六　同書、四五頁）

親鸞は正嘉の飢饉でも多くの人が死んだことについて、「生死無常の理で驚くべからず」と生きのこった人に覚悟の大切さを説く。親鸞にとってはどのような死に方をしたかは問題ではなかった。〝どんな人の極楽往生も仏の計らいで決定《けつじょう》している、死んだ人は極楽往生したことはまちがいないから安心せよ〟と伝えるように説いている。ここには、もはや、東国佐貫での飢饉のように自力の行に頼ろうとする親鸞はいない。

当時、中世社会では看取りの作法が信じられ、葬儀が社会常識となりつつあった。極楽往生した場合には妙音や妙香がし、紫雲《しうん》が出ると信じられた。『往生要集』が、死に直面した人を西方に向けて座して阿弥陀仏と絹糸を結んで死を迎える作法や、外国からの輸入品であった御香を焚

いて声明念仏と真言を称えて土砂加持《どしゃかじ》をする作法を教示した。

しかし、風水害や大風で押しつぶされて無残な死に方を余儀なくされた人々。道路や野辺に病人や孤児や死骸を放置せざるをえない下層在家の人々。看取りの作法は、そうした最下層の人々にとって、生きのこった人々の心を裁く残酷な教えとなる。葬式を出すことのできない人々。あのとき手を離さなかったら助けられたのかもしれない。父や子、親族の死は自分の責任だと、無意識のうちに強い自責の念や慚愧《ざんき》の念にさいなまれる人々を生む。災害や飢饉での不幸な人の死は、生きのこった人の深層心理の奥く深くで、人の心を傷つける。とりわけ、手厚く葬ることのできない下層の人々にとって、死者があの世でも往生できず、地獄で苦しんでいるとされることは居たたまれない苦悩である。

こうした中でこそ、死んだ人を抱えた被災者にとって、〝まちがいなく極楽往生しているから大丈夫だ、阿弥陀仏の誓願はまちがっていないから安心せよ〟といってくれる親鸞の手紙が、どれほど慰めになったことだろう。心救われた下層の人々が多かったことは想像に難くない。

親鸞はこの書状の二年後、弘長二（一二六二）年に九十歳で旅立った。仏教は、ほとけに対する「信」を起こせば、苦難に直面している人を見て何とかせざるをえない気持ちになり「行」を生む。それを菩提心・往還廻向《おうげんえこう》と教えている。その行が自分のこころから出るから自力ともいえるが、自然と湧き出てくる力だから他力・本願の力だといわざるをえない。

親鸞の『正信偈《しょうしんげ》』に「往還の廻向は他力に由る、正定の因は唯、信心なり、惑染《わくぜん》の凡夫、信心発すれば、生死即涅槃なりと証知せしむ、必ず無量光明土に居たれば諸有の衆生、皆普《あまね》く化す」

とある。

往生することも、この世に還って人々を救うことも、本願の他力による。煩悩に汚れた凡夫でも信心が発すれば、往生して必ずこの世に還って人々を救わないでおれない、という意味だとい
う[52]。自責の念にさいなまれる人々のこころが救い出されたとき、なぜか不思議と生き抜く力が自然と湧き出してくる。この不可思議な力こそが宗教の力であるといえようか。

親鸞が人生の中で体験した三大苦は、治承寿永の内乱・養和大飢饉・建永の流罪・承久の乱・寛喜大飢饉・正嘉飢饉に及ぶ。まさに今日の東日本大震災のような日々が連続していた。その中で在家仏教信者として仏道の道を捜し求めた葛藤の日々であったといえよう。

親鸞は宗教生活のうえで戒律を無視し否定したのではなく、浄土門の絶対他力の信仰に進むために自ら捨戒して在家仏教の道を選び取ったのである。ここにおいて、日本仏教は、出家持戒の修行による聖道門とは別に、捨戒・妻帯した在家信者による浄土門の道が思想的にも実践的にも切り開かれたのである。中世仏教の民衆化の道は、非僧非俗の仏道＝在家仏教のそれであり、親鸞によってつくられたといえる。

改めて、非僧非俗でありつつも、持戒の仏教を探求する道があることを見直してみることが、二十一世紀の日本仏教界全体に求められているのではなかろうか。それが、戒律復興に尽力した多くの中世僧侶がのこした歴史的遺産を今日に継承することでもあろう。

注

（1）専修念仏弾圧については、浄土宗を中心に多くの研究がある。代表的なものとして、伊藤唯真『浄土宗の成立と展開』（吉川弘文館、一九八一年）、菊地勇次郎『源空とその門下』（法藏館、一九八五年）、とりわけ、平雅行『日本中世の社会と仏教』（塙書房、一九九二年）。

（2）日本仏教の戒律無視は、辻善之助『日本仏教史　全十巻』（岩波書店、一九四四～五五年）、上山春平「礼と戒律」（『日本と中国』小学館、一九八二年）、河合隼雄『明恵　夢を生きる』（京都松柏社、一九八七年）、梅原猛『週刊朝日百科　仏教を歩く11』新「授業・仏教」第11講　明恵（朝日新聞出版、二〇〇三年）。

（3）恵谷隆戒「鎌倉時代における円頓戒の復興について」（『龍谷史壇』五六・五七、一九六六年）、松尾剛次「恵鎮円観を中心とした戒律の『復興』」（『三浦古文化』四七、一九九〇年）、田中貴子『『渓嵐拾葉集』の世界』（名古屋大学出版会、二〇〇三年）。

（4）中世の延暦寺は仏教頽廃の場とされるが、他面では天台律宗の場でもあった。寺井良宣「黒谷流による叡山戒法復興の思想」（『天台真盛宗学研所究紀要』五、一九九七年）など天台真盛宗の教学研究によって解明されていった。

（5）兼実と法然の関係を最初に指摘した論考は、名古屋大学の重松明久「浄土宗確立過程に於ける法然と兼実との関係」（『名古屋大学文学部研究論集』二、一九五二年）である。

（6）田村圓澄『法然』（吉川弘文館、一九五九年）。

（7）菊地勇次郎「黒谷別所と源空」（『源空とその門下』前掲注（1）同じ）。

（8）最新の法然門下の研究では、平雅行『日本中世の社会と仏教』（前掲注（1）同じ）、同『鎌倉仏教と専修念仏』（法藏館、二〇一七年）。祢津宗伸『中世地域社会と仏教文化』（法藏館、二〇〇九年）が重要である。

（9）親鸞消息の重要性は、菊地勇次郎「源空・親鸞の〝自筆〟書状」（『源空とその門下』前掲注（1）

同じ、初出は『日本歴史』二一二、一九六六年）、服部之総『親鸞ノート』（国土社、一九四八年）・同『続親鸞ノート』（福村書店、一九五〇年）。石田瑞麿『親鸞とその妻の手紙』（春秋社、一九六八年）。日蓮消息については、岩波書店『日蓮文集』（兜木正亨校注、岩波書店、一九六八年）や近年の中尾堯『日蓮上人のご真蹟』（臨川書店、二〇〇四年）参照。
（10）大橋俊雄「法然における専修念仏の形成」・「消息文　頭注　一七一頁」（『日本思想大系　法然・一遍』岩波書店、一九七一年）。
（11）法然の教学が善導『観無量寿経疏』に依拠したものである点は、大橋俊雄「法然における専修念仏の形成」（前掲注（10）同じ）。中国の宋代浄土教については、福島光哉『宋代天台浄土教の研究』（文栄堂、一九九五年）、林鳴宇『宋代天台教学の研究』（山喜房佛書林、二〇〇三年）参照。法然門下と俊芿の泉涌寺とが、宋代浄土教の教学上密接な関係にあったことは、大塚紀弘「鎌倉前期の入宋僧と南宋教院」（『中世禅律仏教論』山川出版社、二〇〇九年）や菊地大樹「鎌倉仏教の世界」（髙橋慎一郎編『史跡で読む日本の歴史6　鎌倉の世界』吉川弘文館、二〇一〇年）。
（12）宇都宮頼綱一門と法然・門弟西山派念仏宗との関係についての新研究は、山本隆志「関東武士の都・鄙活動」・「東国における武士と法会・祭礼との関係」（『東国における武士勢力の成立と展開』思文閣出版、二〇一二年）参照。
（13）上横手雅敬「『建永の法難』について」（同編『鎌倉時代の権力と制度』思文閣出版、二〇〇八年）、および、菊地勇次郎『源空とその門下』（前掲注（1）同じ）、吉田清『源空教団成立史の研究』（名著出版、一九九二年）参照。
（14）平雅行『歴史のなかに見る親鸞』（法藏館、二〇一一年）。最新の論文集として平雅行『鎌倉仏教と専修念仏』（前掲注（8）同じ）が上梓された。参照されたい。
（15）吉田清「嘉禄の念仏停止」（『源空教団成立史の研究』前掲注（13）同じ、一七五～一八一頁）。吉田だけが、『民経記』の当該条を嘉禄法難の史料として取り上げている。だが、史料批判に不十分であることが惜しまれる。
（16）田渕句美子『十六夜日記』（山川出版社、二〇〇五年）、同『阿仏尼』（人物叢書　吉川弘文館、二〇〇九年）、拙著『史実中世仏教　第1巻』（興山舍、二〇一一年、一二六頁）。女院安嘉門院と法然門下との関係については、拙論「法然一周忌の造仏と勧進」（『増補中世寺院と民衆』臨川書店、二〇〇九年）、野口華世「安嘉門院と女院領荘園」（『日本史研究』四五六、二〇〇〇年）参照。
（17）中原章久については、拙著『日本中世の国政と家政』（校倉書房、一九九五年、二五三頁）参照。なお検非違使中原家一門の章澄が建治四（一二七八）年二月三日大判事中原章澄勘文（鎌倉遺文一二九七五）の作者であることは拙著『日本中世債務史の研究』（東京大学出版会、二〇一一年、八九頁）。章任が、徳治二（一三〇七）年に「明法家物忌令」（歴博所蔵）を作成していたことは、『史実中世仏教　第2巻』（興山舍、二〇一三年、一七三頁）で詳細に論じた。中原章親流一門に章久・章俊兄弟と章久の子・章澄が見え、章親の弟・章直の一門に章職―章継―章任が見える。これら明法家中原氏系図は、今江広道「法家中原氏系図考証」（『書陵部紀要』二七、一九七五年）参照。検非違使で明法家の中原氏一門が、「法家之儒門」（『職原抄』）として中世国家の中央官僚機構の中でどのような歴史的役割を果たしたのかは、今後の研究課題である。外記局・弁官局の中原・清原両家については、中原俊章『中世公家と地下官人』（吉川弘文館、一九八七年）、『中世王権と支配構造』（同、二〇〇五年）、遠藤珠紀『中世朝廷の官司制度』（吉川弘文館、二〇一一年）、拙著『室町廷臣社会論』（塙書房、二〇一四年）参照。
（18）六条院と六条院領については平氏政権下で肥大化したが、鎌倉時代にも頼朝により再建され、安嘉門院の院庁により六条院や院領荘園が管理されたことについては、拙論「中世善光寺平の災害と開発」（『国立歴史民俗博物館研究報告』九六、二〇〇二年）。
（19）隆寛については、松野純孝「隆寛の立場」（『淨土學』二八、一九六一年）、玉山成元「法然門下における隆寛の位置」（『仏教論叢』一〇、一九七五年）、菊地勇次郎『源空とその門下』（前掲注（1）同じ）、吉田清『源空教団成立史の研究』（前掲注（13）同じ）参照。

(20)吉田清『源空教団成立史の研究』(前掲注(13)同じ)。吉田は、花山院読経僧を清水坂の犬神人出身で花山院堂僧と推定する。しかし、花山院は寺家ではなく、公卿を出す特権貴族の家であり、読経衆や念仏僧を抱えていたから、この説は誤読といわざるをえない。

(21)日吉神人や山徒・山僧が、洛中の尼や女商人と夫婦であった点は、銭主平氏女の子息は山徒の南泉坊成尋律師であった事例、綾小路高倉の土倉は尼妙円が買い取っており尼勝智・千福に譲与されていた事例など『祇園社記』を史料典拠として実証した。拙著『中世の借金事情』(吉川弘文館、二〇〇九年)を参照されたい。

(22)菊地勇次郎はこれを九月二十一日条とし、それを典拠に徳大寺実基の如法念仏聴聞とする(『源空とその門下』前掲注(1)同じ、三〇七頁)が誤読である。徳大寺実基ではなく、四条隆衡一門としなければならない。後深草・亀山両天皇は大宮院姞子を母とし、大宮院の父は西園寺実氏、母貞子の実家が四条家であった。つまり後深草・亀山両天皇の祖母は今林准后と呼ばれた貞子で、その父は四条隆衡である。西園寺家と四条家は、鎌倉中後期の公家社会の中で二大勢力であった。

(23)法性寺・西林寺という摂関家の氏寺については、樋口健太郎「鎌倉期摂関家の「家」と権門」(『中世摂関家の家と権力』校倉書房、二〇一一年、二二四〜二二六頁)、拙論「『礼記』と浄土教的霊魂観」『史実中世仏教　第1巻』(前掲注(16)同じ、二八五頁)で西林寺での基実喪葬を論じた。

(24)大橋俊雄『法然と浄土宗教団』(教育社、一九七八年)、同「解説・法然における専修念仏の形成」および「補注」(『日本思想大系　法然・一遍』前掲注(10)同じ)。

(25)証空の西山派が、当麻曼荼羅や円頓戒祖師曼荼羅をはじめ円頓戒を重視していたことは、伊藤唯真「貴族と能声の念仏衆」(『浄土宗の成立と展開』前掲注(1)同じ、一八九〜一九二頁)参照。

(26)鎌倉中の西山派寺院については、髙橋慎一朗「鎌倉における浄土宗西山派と北条氏」(『中世の都市と武士』吉川弘文館、一九九六年)、同「浄土宗西山派と寺院社会」(『日本中世の権力と寺院』吉川弘文館、二〇一六年)参照。

(27) 鈴木成元「中世における浄土宗の展開」(『大正大学研究紀要』五〇、一九六五年)、大橋俊雄『法然と浄土宗教団』(前掲注(24)同じ)。
(28) この史料については、吉田清『源空教団成立史の研究』(前掲注(13)同じ、一九九頁)、及び伊藤唯真「貴族と能声の念仏衆」(『浄土宗の成立と展開』前掲注(1)同じ)が触れる。とりわけ、伊藤著書は、仕仏上人の念仏が円頓戒祖師曼荼羅を取り扱っており、西山派的な性格をもっていたと推測している。円頓戒の戒律思想が重視されていたことに注目している。
(29) 念仏派の貴族については、菊地勇次郎「毘沙門堂と明禅」・同「乗願房宗源」(『源空とその門下』前掲注(1)同じ)にまとめられており、それ以後の研究はあまり見られない。
(30) 蒙古襲来での異国降伏の祈禱における禅律僧の役割の高まりについては、神奈川県立金沢文庫『蒙古襲来と鎌倉仏教』(展示図録、二〇〇二年)参照。伊勢神宮法楽舎については、小島鉦作「大神宮法楽寺及び大神宮法楽舎の研究」(『伊勢神宮史の研究』吉川弘文館、一九八五年)。
(31) 九州の鎮西派が、鎌倉から洛中寺院に入って、浄土宗の二祖・三祖・四祖になった。かれらの教学において円頓戒の持戒が重視されていたことは、玉山成元「浄土宗における道光の位置」(『大正大学研究紀要』六一、一九七六年)が注目したのみである。ただし、伊藤唯真「『知恩講私記』の法然像」(『浄土宗の成立と展開』前掲注(1)同じ、二一一~二一三頁)も、法然が円頓戒の中興の祖として描かれていることは指摘した。鎮西派や初期洛中浄土宗寺院における称名持戒二門についての解明は今後の研究課題といえよう。
(32) 鎌倉における北京律については、湯山学「北条氏と律宗(北京律)」(『鎌倉』四〇、一九八二年)、大森順雄『覚園寺と鎌倉律宗の研究』(有隣堂、一九九一年)、仁和寺御流や俊芿門下の宏教・覚阿と称名寺・無量寿寺・飯山寺などとの関係については福島金治『安達泰盛と鎌倉幕府』(有隣堂、二〇〇六年)参照。
(33) 菊地勇次郎『源空とその門下』(前掲注(1)同じ、一〇八頁)。但し「この問題は後日に譲る」として今後の課題としたのみで、その後、この問題を継承して論じた研究者はまだいない。
(34) 元亨元(一三二一)年に本願寺の名で、専修念仏興行の申状を出した本願寺文書については、辻善之助『日本仏教史　第二巻』(前掲注(2)同じ)でもとりあげており、著名な事実である。しかし、井上鋭夫『本願寺』(至文堂、一九六六年)でも「本願寺の出現するのは元亨元年の「親鸞聖人門弟等申状案」と「妙香院僧正挙状案」である」(六三頁)と触れるのみである。これまで、本願寺が妙香院門跡を介して「専修念仏興行事」を幕府に申請したことの歴史的意義については論じられていない。
(35) 日像と「龍華秘書」(妙顕寺所蔵)の伝承については、辻善之助「法華宗」(『日本仏教史　第五巻中世四』岩波書店、一九五〇年)参照。
(36) 浄土宗教学の研究史では、前述した玉山(鈴木)成元が、鎮西派での円頓戒に注目し、伊藤唯真「法然滅後における浄土宗教団の様相」(『浄土宗の成立と展開』前掲注(1)同じ)が、朝廷による教雅法師への弾圧に言及し、平経高の円頓戒祖師曼荼羅に関連して西山派が円頓戒を重視していたことや『知恩講私記』を介して法然が円頓戒中興の祖であったことに触れるにすぎない(一九一・二一二頁)。
(37) 笠原一男『親鸞と東国農民』(山川出版社、一九五七年)、赤松俊秀『親鸞』(人物叢書　吉川弘文館、一九六一年)、石田瑞麿『親鸞とその妻の手紙』(前掲注(9)同じ)、今井雅晴『親鸞の家族と門弟』(法藏館、二〇〇二年)。
(38) 重見一行『教行信証の研究』(法藏館、一九八一年)、上田義文『親鸞の思想構造』(春秋社、一九九三年)。
(39) 小川貫弌・宮崎圓遵・結城令聞・大原性実等『教行信証撰述の研究』(慶華文化研究会、一九五四年)、赤松俊秀「教行信證(坂東本)について」(『史林』三九―六、一九五六年)。
(40) 恵信尼は、国司級の中級貴族の娘とする説(赤松俊秀『親鸞』前掲注(37)同じ、一二四頁)と、これを批判し越後国府の在庁官人の越後生まれとする説(石井進「親鸞と妻恵信尼」『大乗仏典22　親鸞』月報3　中央公論社、一九八七年)が対立した。平雅行『親鸞とその時代』(法藏館、二〇〇一年)、同『歴史のなかに見る親鸞』（前掲注（14）同じ）が越後生まれの在庁官人説を支持し有力となった。

（41）三島郡寺泊町野積の山寺とする説は石田瑞麿『親鸞とその妻の手紙』（前掲注（9）同じ、二五四頁）。板倉町小字飛田説は井上鋭夫『一向一揆の研究』（吉川弘文館、一九六八年）。三善為教とは異なる在庁官人三善氏の子孫が三善讃岐ではないかとする説が井上慶隆「恵信尼の父三善氏について」（『日本歴史』四八四、一九八八年）で提起された。最新の地名研究や恵信尼研究の到達点は今井雅晴「特論Ⅰ　越後の親鸞と恵信尼」・拙論「宗教者の道」（ともに『上越市史通史編2中世』上越市、二〇〇四）参照。

（42）中世の堂僧研究は、多賀宗隼「貴族と僧侶」（『仏教史研究』五、一九七一年）に始まり、首藤圭樹「院政期の延暦寺堂衆」（『龍谷史壇』六八・六九、一九七四年）、神谷文子「十五世紀後半の興福寺堂僧について」（『史論』三九、一九八九年）、徳永誓子「修験道当山派と興福寺堂衆」（『日本史研究』四三五、一九九八年）などで個別事例研究が蓄積された。

（43）日光輪王寺の堂僧については拙著『史実中世仏教　第1巻』（前掲注（16）同じ、九三頁）、延暦寺の東塔北谷の僧南泉房成尋の家族については拙著『中世の借金事情』（前掲注（21）同じ、九〇頁）。

（44）上島享「王の死と葬送」（『中世寺院　暴力と景観』高志書院、二〇〇七年）。

（45）道元は、在家成仏説から出家至上主義説に変化したことは、今枝愛真『中世禅宗史の研究』（東京大学出版会、一九七〇年）参照。

（46）井上光貞『井上光貞著作集第7巻　日本浄土教成立史の研究』（岩波書店、一九八五年）。鎌田茂雄『中国仏教史　第六巻』（東京大学出版会、一九九九年）。

（47）親鸞が坂東で『教行信証』を書き始めていた前後、鎌倉を拠点にした日宋交流によって宋版一切経や宋版仏典が関東や九条家に輸入されていたことがあきらかになってきた。平林盛得「慶政上人伝考補遺」（『国語と国文学』一九七〇年六月号）、牧野和夫「宋版一切経補刻葉に見える「下州千葉寺了行」の周辺」（『東方学報』七三、二〇〇一年）、小山正文「笠間時朝鹿嶋社奉渡唐本一切経」（『同朋大学仏教文化研究所報』一五、二〇〇二年)、中川博文「鹿島の宗教文化圏」(『国文学解釈と鑑賞』六七―一一、二〇〇二年)、野口実「東国出身僧の在京活動と入宋・渡元」(『鎌倉遺文研究』二五、二〇一〇年)などが研究実績である。

(48)『平川彰著作集第11巻　原始仏教の教団組織I』(春秋社、二〇〇〇年)。

(49) 近年の宗教学研究における行の宗教から信・帰依の宗教への変遷を説く学説については、平川彰「サンガ結合の精神的紐帯」(『原始仏教の教団組織I』前掲注(48)同じ、一〇七～一一一頁)と、立川武蔵『ブッダから、ほとけへ』(岩波書店、二〇一三年)を参照。

(50) 家永三郎『中世仏教思想史研究』(法藏館、一九四七年)、菊地勇次郎『源空とその門下』(前掲注(1)同じ)。

(51) 松野純孝「隆寛の立場」(前掲注(19)同じ)。隆寛を相模に伴った西阿が大江広元の子・毛利季光で、その妹が宇都宮泰綱(頼綱の子)の妾であったことなどは、村松清道「隆寛の配流をめぐって」(『三康文化研究所年報』一八、一九八六年)。隆寛が元久三年長楽寺で法然上人本を書写していたことは、玉山成元「東寺三密蔵所蔵の『天台法華宗学生式問答』について」(『日本歴史』二一〇、一九六五年)参照。

(52) 早島鏡正『正信偈をよむ』(NHK出版、一九九五年)。

著者紹介

井原 今朝男（いはら けさお）

1949（昭和24）年、長野県生まれ。長野県立歴史館・国立歴史民俗博物館・総合研究大学院大学等を経て現在、国立歴史民俗博物館名誉教授、総合研究大学院大学名誉教授。史学博士。著書『増補中世寺院と民衆』（臨川書店、2009年）『史実 中世仏教 第１巻、第２巻』（興山舎、2011年、2013年）『日本中世債務史の研究』（東京大学出版会、2011年）『中世の国家と天皇・儀礼』（校倉書房、2012年）『中世日本の信用経済と徳政令』（吉川弘文館、2015年）他。

史実 中世仏教 第3巻
大災害と戦乱の中の僧侶 驚くべき戒律の実相

二〇一七年十二月八日 第一刷発行

著者 井原 今朝男
発行者 矢澤 澄道
発行所 株式会社 興山舎
東京都港区芝大門一-三-六 〒一〇五-〇〇一二
電話〇三-五四〇二-六六〇一
振替〇〇一九〇-七-七七一三六
http://www.kohzansha.com/
印刷
製本 株式会社 上野印刷所

ISBN978-4-908027-48-2 C0021
定価はカバーに表示してあります。

本書は、月刊『寺門興隆』(現在『月刊住職』、興山舎刊)二〇〇六年五月号から二〇一一年十一月号までの連載をもとに加筆、編集したものです。

索　引

【主要事項】

あ 行

悪僧　33, 35, 125, 127, 187, 256, 269, 270, 356
阿字　109, 111, 112
足駄　166, 168
阿弥衣　68
安元の大火　94, 96, 98
安鎮祭　141
生贄　54, 59, 60
忌籠り　284〜286, 291, 292
伊勢御師　152
伊勢上分米　152, 153
一乗院郷　40
一向衆　26, 41, 341〜343
稲富流　80, 82, 91
鋳物師　78
倚廬の儀　286, 291
院家　39, 40, 46, 47, 49, 51, 89, 113, 218, 221, 259, 272, 273, 282, 323, 330
院侍　36, 321, 327
印仏　53
氏寺　47〜51, 53, 178, 263, 327, 376
裏無　165, 166
円頓戒　201, 214, 215, 222, 249, 278, 282, 286, 288, 297〜301, 303, 305, 308, 309, 311, 312, 329, 333, 338〜341, 344〜346, 353, 366, 368, 373, 376〜378
黄牛乳　287, 288
往還廻向　371
応和の宗論　269
大塔合戦　69, 90
大本教　27, 29
御慎　136
御頭祭　54
陰陽師　18, 116, 136〜139, 141, 171

か 行

戒師　215, 222, 223, 225, 282〜284, 299〜303, 312, 322
戒称二門　300, 301, 306, 308, 311, 327, 341
廻湛神事　285
回峰行者　281
『戒本』　187
廻文　317, 318
戒律意識　226, 235, 236, 238
戒律主義　358, 359
戒律復興　203, 215〜218, 221〜224, 228, 230, 236, 245, 249〜252, 254, 257, 260, 266〜268, 274, 275, 277〜281, 287, 290, 294, 298, 300, 372
戒和上　201, 202, 279, 280, 282, 290
学侶〈方〉　34, 218, 229, 279, 355, 356
過差　270
家宰　55, 60
華承　20
羯磨師　201, 202
鎌倉新仏教　16, 17, 58, 217, 218, 222, 249, 250
紙衣　281
火薬調合――　76, 78〜80
嘉禄の法難　296, 304, 313, 322〜324, 326, 327, 329, 367
河原法師　160, 162, 163, 166, 168

河原者　161～163, 166～168, 173
漢籍　20, 139, 141, 209, 360
官僧　145, 178, 181, 186～189, 201, 218, 228, 229, 238, 257, 268, 282
祇園一切経会　104
気候変動　95, 118, 123, 129, 132, 169
起請　55, 111, 169, 224, 228, 232, 233, 237, 243, 244, 256, 269, 276, 304
岸和田流　82, 91
木曽御嶽教　29
教院　189, 193, 194, 200, 203, 204, 211, 260, 267, 309, 374
経師　20
行者　145, 147, 148, 171, 263, 273, 281～284, 287, 288, 315
教授師　201, 202
経蔵　205, 206
行人〈方〉　20, 137, 171, 238, 279, 280, 288, 299, 355
行の宗教　365, 369, 380
清目　165～167
公界寺　48～51, 54
供祭人　122, 124, 129, 170
具足戒　189, 195, 197, 201, 202, 264, 288, 365
公人　39
熊野信仰　151, 152
熊野（御）僧供米　148～152, 153
黒住教　27, 29
軍使　67
夏安居　191
家司　112, 282, 283, 300, 305, 325, 326, 336, 360, 361
外記宣旨　351
加行　242, 245, 307～309, 368
結衆　242, 243, 245, 254～257, 261, 267, 275
検非違使〈庁〉　35～37, 122, 157, 163, 165～167, 173, 174, 315, 316, 318～321, 323, 324, 326, 327, 375
建永の法難　296, 312, 313, 333, 354, 374
綱維　272
『広疑瑞決集』　56, 58, 89, 90, 305
郷次普請役　76
郷百姓　133, 146, 147
高麗陣敵味方戦死者供養碑　72
牛黄　162～164
牛玉宝印　111, 169
国人　40, 69, 70
護国思想　133, 135, 136
輿舁　122
扈従人　113
牛頭　166
乞食　179, 192, 194, 195, 225, 358
近衛家　50, 282, 328
護符　111, 112
籠僧　299, 356
互用の罪　225
金光教　27, 29
軒廊の御占　101

さ 行

西園寺家　319, 326, 376
罪科　179, 296, 354
斎戒沐浴　194
在家衆　176, 194
在家注文　127
在家仏教　345, 348～350, 352, 353, 357～359, 364, 372
在家仏教の道　352, 353, 358, 359, 372
妻帯禁止　47, 177, 197, 198, 355
坂下之者　157, 158
坂非人　161, 173

座主房　272
里長　132
三階教　219, 250, 358
山岳寺院　150, 155, 171, 239, 244, 257, 260, 283, 290
山岳修行　145, 147, 171, 225, 278, 282〜284, 287, 288
三合歳　146
三師七証　201, 202, 223
散所　122, 159, 173
山川藪沢　120, 121, 132, 147, 171
山僧　39, 202, 270, 272, 273, 323, 327, 376
讃歎文　209
山徒　39, 376
三昧聖　161, 173
山門注文　317〜319, 327, 330
山野河海　122, 133, 144, 147, 148, 171, 172
山林抖擻（山林斗藪）　145, 281, 291
参籠札　281
寺院法　49, 217, 223, 244, 256, 257, 267, 269〜276
持戒　56, 176, 177, 191〜193, 218, 220, 223, 225, 228〜231, 233, 241〜244, 247, 254〜257, 259, 262, 264〜267, 270, 281, 283, 285〜288, 296, 297, 300, 301, 303〜312, 329, 333, 335, 340, 345, 346, 348, 353, 354, 358, 364, 368, 372, 377
持戒称名二門　333, 341, 345, 346, 353, 363
持戒念仏　216, 311〜313, 327, 328, 331, 333〜337, 344, 351, 353
持戒念仏寺　332, 333, 339, 340, 345, 346
執行　41, 50, 165
寺家　27, 38, 49, 128, 165, 259, 261, 269, 272, 273, 355, 376
地下官人　139, 260, 321, 327, 375
地下の堂　40
持斎　189〜191, 193, 194, 247, 255, 287
地主　28, 127〜130, 133, 170
四十八時念仏　335, 336
四条家　319, 326, 376
自誓受戒　201, 202, 216, 223〜226, 229, 242, 243, 245, 246, 251, 252, 254〜257, 259〜261, 264, 279, 294
寺僧　39, 47, 49, 89, 161, 224, 225, 244, 261, 289
七箇条制戒　295
十師　279, 280
悉曇学　204
私度僧　182
持仏堂　46〜48
治部省　178, 186, 187
捨戒　294, 348〜350, 353, 361, 362, 372
社会的弱者　156〜158
沙弥戒　189
衆議　38, 49
宗教史　22, 28, 29, 290
宗教弾圧　313, 315, 343, 346
十善戒　176
十念　62, 64, 66, 67, 69, 70, 72
重物　234, 237, 255
誦戒　271, 272
授戒会　201, 202, 221〜223, 225, 278〜280, 282〜284, 301, 302, 353
修験者　18, 79, 80, 87, 91, 145, 147, 149, 150, 153, 155, 273, 278, 283, 284, 356
修験道　22, 34, 145, 171, 172, 271, 273, 278〜282, 284, 287, 288, 290, 291, 379
誦呪　177, 184, 306〜308
出家戒師　302, 303
出家者　168, 233, 357, 359, 363〜365

出家衆　176, 190, 194
出家僧侶の教団　364
衆徒　33～37, 39～42, 45, 88, 127, 128, 218, 270, 272, 273, 295, 314
修二会　111
狩猟祭祀　60, 61
遵法観念　234
貞観地震　131
浄行　183～185, 196, 197, 229, 355, 360, 361
常行堂見衆　355
聖教類　15, 18～20, 169, 209, 220, 225, 291, 309, 348
承仕　20, 163, 272, 355, 356
請食　192, 194
生身供　276
精進潔斎　284～286
精進潔斎の行　285
消息　46, 52, 305～308, 347, 350, 370, 373, 374
聖道門　348, 361, 362, 372
浄土教　110, 203, 204, 219, 225, 294, 308, 309, 358, 376, 379
浄土宗解行二門　331～335, 340, 341, 345, 346
称名念仏　68, 297, 301, 303, 306, 308, 309, 311, 312, 326, 332, 335, 341, 353, 368
諸教混淆　22, 164
書呪　184
自力念仏　366, 367
自力救済　44, 62
陣僧　62, 64～67, 69, 70
神人　20, 35～37, 39, 40, 122, 123, 129, 152, 314, 319, 322, 376
信の宗教　365
神木　34, 38
出挙　132, 152, 153
誦経　177, 184, 275, 306～308
諏訪信仰　54, 55, 89, 90, 286
誓願　231, 232, 237, 245, 256, 371
西山派　305, 310, 312, 333, 334, 340, 374, 376～378
清僧　338, 354～356
誓文　80, 111, 224, 228, 230～234, 236, 237, 239, 242, 243, 245, 254
積善行為　254, 255
殺生禁断令　54, 62
施薬院　158～160
禅院　89, 189～193, 200, 203, 204, 211, 215, 267
善縁　238
禅教律　191
専修　294～296, 303, 307, 308, 358
専修念仏——　57, 294～296, 300, 301, 303～305, 307～309, 311～316, 318～331, 333～336, 339～344, 346, 350, 352, 353, 362, 368, 373, 374, 376, 378
禅籍　22
禅律僧　18, 126, 217, 225, 236, 247, 251, 329, 338, 377
僧位僧官　218
雑行　296, 303, 307～309, 312, 332, 335, 346, 350, 363, 368
僧綱　129, 178, 179, 186, 187, 221, 247, 282, 355
僧食　190, 256
葬送地　161～163
宋代浄土教　309, 310, 359, 361, 374
宋代天台系浄土教　308
僧伝　208, 210, 249, 309, 349
『僧尼令』　178～181, 189, 197, 241, 246, 257～259, 274
宋風　267

僧兵　33～35, 37, 38, 40, 88, 202, 218, 224, 269, 272, 274
俗別当　35, 178
卒塔婆　70
杣　147, 172
損田　118, 132, 134, 146

た 行

泰山府君祭　116
大師号　268
大乗仏教　197, 248, 365
胎内文書　52, 89
田付流　80, 82
塔頭　51, 70, 262
頼母子（憑支）　40
他力念仏　367
檀家制度　26
歎徳文　209
檀林所　18
地縁　44, 47, 53
知行国主　351, 360, 361
築堤　124, 126, 127
地子　121, 122, 124, 127, 133, 147
地目　121, 161
着駄人　166
中食　192, 194
中世寺院　14～17, 20, 22, 26, 32, 33, 36, 38, 40, 41, 43～45, 48, 60, 88～90, 160, 161, 173, 178, 189, 194, 215, 224, 236, 239, 244, 247, 249, 256, 263, 269, 272～275, 290, 291, 354, 356, 375, 379
中世仏教　14～16, 18, 20～22, 30, 54, 86, 111, 162, 164, 168, 169, 183, 186, 189, 215, 217, 223～225, 247, 266, 299, 314, 336, 338, 349, 372, 375, 376, 379, 380
鳥銃　75, 81
長承・保延の飢饉　151
朝命奮戦死亡輩招魂祭　73
勅会　270
勅願寺　51
勅免　350～354, 362
追善仏事　328
辻風　95, 98～101
妻戸時衆　70
通夜念仏　294
敵味方供養　72, 73, 90
鉄炮伝書　79～82, 86, 87, 91
寺請制度　26
寺法師　34
天台真盛宗　297, 344, 345, 373
天変地異　101, 103, 107, 131, 133, 135～141, 143, 144, 146, 151, 152, 156, 172
天文道　101, 138, 139, 142
天理教　27, 29
冬安居　191
闘殺の罪　56
当山派修験　279
堂衆　148, 218, 224, 279, 280, 283, 290, 354～356, 379
道心修行　313
唐僧　126, 186, 195, 201
堂僧　39, 145, 274, 299, 322, 354～357, 376, 379
東大寺郷　40
堂達　272, 273
頭弁　102, 156, 162, 163, 336
渡海僧　189, 204, 209, 267
読経　135, 136, 145, 184, 186, 192, 329, 337, 368, 369
読経衆　317, 322, 323, 330, 335, 376
得宗被官　56, 60
渡来僧　189, 210
屠童　164

な 行

内典　22, 141
奈良法師　34
南宋律宗　308, 361
南蛮流　80, 82, 86, 87, 91
二食の法　192, 194
二十五三昧会　275
二十六箇条制式　268, 269, 272, 273, 275
日観想　309
入宋僧　189, 203, 215, 260, 374
女人禁制　273〜275, 281, 285〜288
女犯　177, 196, 197, 217, 218, 224, 228, 230, 236, 248, 255, 256, 276, 306, 307, 349
念仏三昧　309, 335
念仏宗　55, 263, 274, 294, 296, 297, 335
年分度者　182, 185〜187, 268, 271, 272

は 行

廃捨　307
畠所当　128〜130
畠地沙汰人　129
八斎戒　176, 233, 241, 242
波羅夷　180, 181, 196, 246, 248, 258, 349
パリア海退　95
番匠　20, 77, 78
半僧半俗　40, 272, 273, 356, 358
日吉上分米　152, 153
聖〈方〉　18, 20, 21, 90, 127, 145, 147, 148, 155, 161, 172, 173, 203, 225, 248, 251, 279, 283, 287, 303, 305, 311, 326, 333, 346, 353, 356, 358
非僧非俗　203, 348, 352〜354, 362, 363, 372
悲田院　157〜160, 173
人返し令　137
非人　20, 94, 156, 158〜161, 166, 173, 218, 222, 261〜263, 355
百万遍念仏　328, 335, 336
桧皮師　78
福富信仰　132
布薩　221, 270〜272
布薩の行　261, 270
富士講　27, 29
仏縁　57, 109〜112
不動明王　51, 53, 80, 83, 84
浮浪人　94, 121, 122, 129, 137, 147, 156
別時念仏　335, 336
別当宣　316〜319
別当房　272
弁才天の秘法　125, 126
房官　272, 342
炮術師　79, 80, 91
北条得宗家　60, 64
法脈　47, 169, 222, 284, 297, 299, 333, 339, 344
法楽　135, 140
法楽舎　337, 377
捕魚の輩　121, 122, 128
卜占　101, 131, 138
北嶺回峰行　273
菩薩戒　176, 182, 207, 209, 221〜223, 240〜243, 252, 255, 270〜272, 278, 298, 339
菩提寺　48, 54, 263
北京律　223, 245, 246, 260, 261, 308, 309, 340, 341, 377
法華衆　26, 41
法華法門宗　343
本覚思想　218〜220, 225, 250, 269

本山派修験　171, 279

ま 行

丸山教　27
満座集会　35, 37
御狩　54
弥陀の本願　177, 307, 308, 346, 349, 352, 366
御贄　54, 122, 128
妙香院門跡　342, 378
明法道　321
弥勒信仰　227, 237, 239, 243, 254, 255, 257, 267, 281
迎講　275, 335, 336
明経道　139
名僧　249, 302
沐浴　192〜194, 199
文殊信仰　261, 263, 264, 267, 289
門徒　39, 65, 66, 272, 314, 315

や 行

山修験　279
山寺　87, 144〜150, 152〜155, 241〜244, 255, 257, 266, 379
山伏　18, 148, 153, 171, 278〜280, 288, 290, 356
山法師　34
猶子　361
融通念仏　212, 294, 299, 336
養和の飢饉　101〜103, 108〜111, 115, 117
浴室　193, 194

ら 行

濫僧　164
律学衆　221, 279
律僧　18, 49, 210, 214, 215, 221, 225, 261, 292, 310, 338, 344
律蔵　180, 185, 195〜198, 205〜211, 214, 261
律令法　121, 178, 241, 258
竪義の場　188, 189
龍神説　142
『霊山院釈迦堂毎日作法』　275, 276
論蔵　205, 206

索　引
【主要名称】

あ 行

赤澤春彦　171
赤松俊秀　289, 347〜349, 351, 354, 356, 362, 364, 378
足利尊氏　52, 65, 262
足利持氏　40, 70, 72
足利義兼　48, 49
足利義輝　80
足利義教　40
阿諏訪青美　19
熱田公　290
熱田大宮司　114, 115, 117
安倍泰忠　116, 117
安倍泰親　116, 117
阿部泰郎　20, 291
阿弥陀寺　274
網野善彦　22, 170, 173, 252
荒玉社　285
安嘉門院　321, 322, 327, 375
飯縄神社　42
飯沼賢司　17
家永三郎　213, 220, 250, 367, 380
池内了　91
池上本門寺（武蔵）　77, 78, 91
池上宗親　77, 91
池上宗仲　77, 91
池上蓮法　75, 76, 78
惟賢　298, 299
石井進　89, 378
石田瑞麿　180, 197, 214, 218, 246, 248, 250, 282, 290, 291, 347, 362, 374, 378, 379
磯貝富士男　169
一条能保　114, 117
伊藤清郎　247
伊藤幸司　21
伊藤聡　291
伊藤唯真　298, 333, 339, 341, 373, 376〜378
稲垣泰彦　90
猪名為末　128, 129
稲葉伸道　17, 89, 290
井上慶隆　379
井上鋭夫　378, 379
井上寛司　19
井上光貞　246, 358, 379
今井雅晴　90, 347, 378, 379
今枝愛真　289, 379
今江広道　375
今谷明　88
今堀太逸　89
入谷仙介　171
石清水八幡宮　35〜37
宇井伯寿　16
上島享　379
上杉謙信　42, 80
上杉禅秀　70, 71
上田義文　348, 378
上野大輔　247
上原敦広　56〜60, 61, 305
上山春平　205, 296, 346
宇佐美龍夫　169
牛山佳幸　88, 169, 247
宇田川武久　74, 90, 91
内田啓一　289

宇都宮頼綱　289, 310, 374
宇野隆夫　172
馬田綾子　173
梅谷繁樹　90
梅原猛　205, 249, 296, 346, 373
上横手雅敬　266, 374
運慶　115
睿荷　33
叡空　222, 282, 297〜300, 302, 303, 336
叡尊　56, 195, 202, 212, 214, 217, 218, 221, 223, 227, 229, 236, 245, 246, 248, 249, 251, 254, 255, 259〜263, 267, 274, 276, 278〜280, 289, 337, 338, 341
慧光　198, 208
恵谷隆戒　373
恵鎮（円観）　214, 222, 297〜299, 373
榎本渉　21, 210, 249
家原寺（大阪）　221, 262
円覚寺　70, 71
円照　222, 227, 261
円珍　34, 208〜211, 249, 268
遠藤次郎　91
遠藤珠紀　171, 375
遠藤基郎　23
円仁　208〜210, 249, 268
延暦寺　33〜43, 88, 89, 112, 125, 127, 152, 182, 187, 188, 201, 202, 207〜209, 211, 214, 215, 218, 222, 225, 227, 268〜273, 276〜278, 281, 282, 286, 291, 295, 297〜301, 303, 314, 315, 318, 319, 322〜325, 327, 336, 341, 350, 354〜356, 373, 379
大石雅章　19, 173
大久保良峻　250
大桑斉　23, 247
大隅和雄　169, 290
大館晴光　80
大塚紀弘　21, 215, 247, 249, 374
大野達之助　16
大橋俊雄　307, 308, 333, 339, 344, 374, 376, 377
大原性実　378
大原聖人　282, 302
大峰、大峰山　145, 278〜280
大森順雄　377
大山喬平　173
岡崎範光（藤原範光）　351, 360
小笠原長秀　69, 70
岡田荘司　18
岡野浩二　170, 171, 247
小川貫弌　378
小川信　89
沖浦和光　21
奥田勲　289
奥田真啓　89
小国浩寿　90
織田信長　41〜44, 74, 75, 78, 79
小山正文　379
オリオン・クラウタウ　213, 247
遠照寺　76, 77, 78
園城寺　34〜37, 40, 127, 139, 187, 209, 211, 218, 279

か 行

海住山寺（京都）　241〜245, 254〜257, 266, 267, 275
覚園寺（神奈川）　340, 377
覚盛　202, 223, 246, 255, 259, 261, 278〜280
景山春樹　89, 291
笠置寺（京都）　221, 227, 229, 231, 239, 240, 242, 243, 254, 255, 257, 266, 267
笠原一男　347, 378

笠松宏至　22, 251, 252
笠間時朝　360, 379
花山院　317, 322, 323, 330, 376
花山院教雅（教雅法師）　322, 329, 330, 378
上総法興寺　49
片岡耕平　292
勝浦令子　290
勝俣鎮夫　22
勝山清次　17, 170
葛川明王院　280, 281, 291
加藤栄司　248
金子勝　25
椛崎寺　49, 89
鎌田茂雄　21, 210, 248, 249, 358, 379
上川通夫　21, 169
鴨川達夫　89
鴨社　116, 119, 122〜125, 127, 128
賀茂定平　115〜117, 169, 170
鴨長明　86, 95, 96, 98, 108, 112, 115〜117
賀茂祐季　124, 125
賀茂御祖社　122, 164
苅米一志　89
河合隼雄　266, 290, 296, 346, 373
河内将芳　88, 89
河音能平　291
閑院内裏　96, 97
元興寺　146, 147
願成寺　149, 150, 153, 154
願成就院　49
鑑真　186, 195, 201, 246, 259, 278
感神院（祇園）　33, 314, 324
神田千里　88
菊地大樹　17, 374
菊地勇次郎　303〜305, 311, 319, 341, 344, 367, 373〜377, 380
宜秋門院　302, 303, 316, 321, 322, 327
義浄　180, 199, 200, 204, 365
北西弘　88
紀貞正　148
木村茂光　173
宮中真言院　97
行空　296, 312
凝然大徳　16, 212, 222, 227, 228, 236, 251, 261, 289
桐原健　172
金劔宮　42
金峰山　145, 278, 284
金龍静　88
空阿弥陀仏　312, 314, 315, 319, 324, 326
空海　94, 145, 180, 207, 210, 212
九条兼実（藤原兼実）　96〜99, 101, 102, 106, 116, 140, 282, 296, 301〜303, 312, 321, 322, 328, 359, 361, 373
九条道家（藤原道家）　127, 327, 359〜361
九条良経　295, 296, 322, 359
愚禿　→親鸞
熊谷隆之　170
熊谷直実　306
熊野　148〜153, 160, 171, 172, 278, 279, 312
熊野社、熊野神社　149, 151〜153
栗田勇　250
黒川直則　169
黒田俊雄　17, 88, 218, 250, 279, 355
黒谷聖人　282, 299, 302
黒田日出男　140, 171
慶政上人　264, 265, 359, 379
慶朝　35
元応寺　214, 215, 298, 299
源空　→法然
源城政好　174
源信　110, 212, 220, 267, 275〜278

源智　313, 320
建福寺　77
興円　214, 222, 250, 286, 297〜299
高貴寺（大阪）　204
光宗　125, 214, 222, 280, 287, 288, 297〜299
後宇多天皇　337, 338
興福寺　17, 33〜37, 40, 41, 45〜48, 88, 89, 143, 146, 147, 153, 202, 214, 215, 218, 221, 255, 261, 279, 280, 283, 290, 294, 295, 314, 336, 355, 379
光明寺（京都府綾部市）　154
虎関師錬　16
小島鉦作　170, 377
小菅神社　42
後土御門天皇　141, 171, 215, 298
後鳥羽天皇（後鳥羽院、後鳥羽上皇）　114, 127, 260, 295, 302, 312, 313, 351
近衛家実　296, 325〜328
近衛基通　328
後花園天皇　159, 215
高麗助綱　53
小峯和明　20
五味文彦　17, 22, 89
小山靖憲　172
五来重　172
金剛寺（高幡不動堂）　51〜53

さ 行

西教寺（滋賀）　215, 222, 250, 297, 299, 344
最澄　94, 145, 182, 201, 202, 206〜208, 210, 212, 220, 226, 246, 249, 250, 259, 268, 271, 278, 297, 299, 349
西念　282, 283
酒井紀美　290
坂井秀弥　172
嵯峨野　163
相模国飯山寺　340, 377
相模国極楽寺　180, 221, 262, 263, 266, 275, 289, 334
狭川真一　172, 291
桜井英治　22
笹本正治　88
佐藤達玄　198, 248
佐藤博信　17
澤博勝　23, 247
三条長方（藤原長方）　336
三条長兼（藤原長兼）　336
慈雲飲光　177, 180, 204, 212, 215, 246, 248
ジェレミー・シーブルック　25
塩原浩　113, 114, 169
重松明久　373
重見一行　348, 378
四条隆衡　319, 326, 376
島津毅　173
下坂守　88, 291
首藤善樹　172, 291
俊芿　194, 203, 204, 211, 215, 217, 218, 223, 245, 246, 252, 254, 259〜261, 267, 275, 276, 289, 308〜310, 340, 341, 374, 377
成覚（成覚房幸西）　314, 315, 319, 324〜326, 346
常暁　207, 208, 210
証空　305, 310, 312, 333, 334, 340, 376
貞慶　202, 221, 223, 227, 239, 242〜245, 252, 254〜257, 259〜261, 267, 275, 280, 289
浄華院　339, 340
定舜　261, 309
清浄華院　298, 334, 338〜341
清浄光寺（神奈川）　71, 72
成尊　284

浄土寺（備後）　55, 56
聖宝　154, 278, 284
称名寺（横浜）　20, 49, 227, 263, 266, 267, 289, 340, 377
審海　263, 289
信行　219, 358
信空　56, 222, 297, 298, 300, 304, 305, 312, 333, 336, 339, 340, 344
新城美恵子　171
信瑞　56〜58, 60, 89, 300, 305, 309, 310, 312
真盛　212, 222, 250, 297〜299
新藤晋海　251
新村拓　173
親鸞　16, 55, 94, 177, 203, 212, 213, 219, 229, 230, 294〜297, 304〜306, 312, 313, 331, 341, 342, 346〜354, 356, 357, 359〜364, 366〜374, 378, 379
信蓮　240〜243, 245, 255
末木文美士　23
杉仁　23
鈴木昭英　290
鈴木成元　→玉山成元
首藤圭樹　379
諏訪社、諏訪大社　43, 44, 54, 55, 60, 285, 305
諏訪盛重　56
聖覚　304, 305, 312, 327, 367, 368
青龍寺　273
関靖　289
善信尼　185, 200
善導　219, 308, 309, 332, 359, 374
泉涌寺　158〜160, 194, 204, 218, 223, 245, 252, 255, 256, 259,〜261, 266, 267, 275, 289, 304, 309, 310, 340, 341, 374
禅恵　263, 289
宣陽門院　316, 321, 322, 327
相応　273, 280, 281, 287, 288, 291
宗性　226〜243, 245, 251, 254, 255

た 行

他阿弥陀仏　63〜65
大安寺　146
大学寮　96, 97, 139, 360
退耕行勇　191, 247
大山寺（福岡）　35, 36
大物遺跡　119〜121, 170
平清盛　95, 102, 116, 169
平重衡　116
平親範　336
平経高　330, 335, 378
平信範　282, 283
平範輔　325, 326
平宗盛　101, 169
平基親　336
平雅行　14, 17, 30, 218, 247, 250, 251, 291, 304, 312, 331, 342, 347, 351, 369, 373, 374, 378
高階栄子　321
高瀬一嘉　170
高田陽介　173
高埜利彦　14, 23
高橋修　289
高橋敏　23
高橋慎一朗　376
多賀宗隼　355, 379
高村隆　90
瀧川政次郎　171
滝山寺（三河）　115
武田勝頼　75, 76, 78, 79
武田信玄　42, 76
多田厚隆　220, 250
立川武蔵　248, 365, 380
田中欣一　88
田中貴子　170, 214, 249, 373

田中久夫　289
田中文英　170
田中稔　289
田渕句美子　375
玉山成元　319, 339, 341, 375, 377, 378, 380
田村遺跡　119
田村圓澄　303, 304, 344, 373
田村憲美　170
田村芳朗　250
田良島哲　173
湛斅（本成房湛斅）　282, 302
湛慶　148〜151, 154
智首　183
千々和到　169
智導　334
長西　310, 334
長福寺　50, 51, 89, 356
長楽寺　316, 317, 322, 380
辻善之助　88, 171, 182, 183, 213, 247, 260, 266, 269, 281, 284, 299, 348, 373, 378
逵日出典　171
土本俊和　88
土谷恵　247
鶴岡八幡宮　52
寺井良宣　215, 222, 249, 250, 373
道観（証恵）　333, 334
道教　334
道元　16, 94, 204, 211〜213, 215, 217, 310, 357, 358, 379
道光律師　186, 200
道綽　219, 358, 359
東勝寺　63, 64
道宣　198, 200, 208〜210
道璿　186, 201, 208
東大寺　17, 35, 36, 40, 111, 118, 119, 121〜130, 146, 147, 153, 169, 170, 201, 202, 214, 215, 218, 221〜223, 225〜229, 231, 234, 236, 237, 241, 242, 245, 248, 251, 255, 259, 261, 262, 264, 279, 280, 290, 355
東野利夫　91
戸隠神社　42
戸川安章　171
時枝務　172
徳川家康　42, 74, 75, 78, 79
徳川綱吉　61, 216
徳田明本　279, 290
徳永誓子　280, 290, 379
戸田芳実　88, 172
鳥羽上皇　149, 150
豊臣秀吉　42, 72, 74, 89, 90, 173
鳥部野　161, 163

な 行

中尾堯　374
中尾良信　247
中川博文　380
中川実範　202, 221, 283, 284
中澤克昭　89, 173
中島圭一　89
中島丈晴　90
長洲御厨　122〜124, 127, 170
中塚武　169, 170
中野豈任　171
永原慶二　90
中原俊章　171, 375
中原信房（宇都宮信房）　260, 289, 310
中村喬　21
中村翼　248
中村輝子　91
中村元　212, 213, 249
中村裕一　21

永村眞　17, 20, 89, 279, 290
奈良康明　212, 249
難波俊成　171
丹生谷哲一　20, 163, 173, 174
西口順子　290
西村玲　249
西本照真　250
西本昌弘　18
西谷地晴美　169
西山克　88
日像　343, 378
新田義貞　63, 65
仁海　284
忍性　125, 126, 195, 202, 214, 217, 218, 221, 227, 236, 249, 254, 262, 263, 274, 275, 278, 279, 289, 337, 338, 341
仁和寺　106, 108～114, 117, 169, 188, 316, 318, 338, 340, 343, 377
祢津宗伸　17, 86, 89, 90, 304, 373
然阿良忠　298, 334, 338, 339
念仏寺　263, 274, 332, 333, 339, 340, 345, 346
能舜　→信蓮
能忍　94, 190
野口華世　375
野口実　380
能登健　172
野間宏　21

は 行

袴谷憲昭　250
白山寺（加賀）　42
長谷川賢二　291
長谷川匡俊　249
秦豊足　183
秦守利　148, 150, 151
八神殿　97, 338
服部之総　305, 374
服部英雄　159, 173
花岡康隆　90
花野充道　250
早島鏡正　380
鑁阿寺　48～50, 89
日吉大社　43, 44
東四柳史明　88
樋口健太郎　376
彦山（英彦山）　145, 278
久野修義　17, 170
常陸入道　113, 114
美福門院　149, 150
百丈懐海　199
平岡定海　227, 251
平川彰　21, 180, 208, 214, 246, 248, 249, 251, 258, 259, 288, 349, 361, 365, 380
平林盛得　379
広瀬良弘　20, 251
布川清司　29
福島金治　20, 91, 289, 290, 360, 377
福島光哉　374
福田栄次郎　291
福田行誡　177
藤井雅子　251
藤木久志　88, 172
藤田和敏　19
藤谷厚生　249
藤原季仲　35
藤原忠親　97, 105
藤原経房　102, 103
藤原定家　99, 330
藤原時長　113, 114
藤原教通　122
藤原道長　145, 156～158
藤原頼通　156
二木謙一　19

舩田淳一　222, 223, 250, 251, 286, 292
古瀬奈津子　18
古田紹欽　193, 247
北条実時　227, 263
北条重時　262, 334
北条高時　64, 342
北条時頼　56, 139, 305, 332
北条泰時　265, 266, 334
北条義時　144, 340
法道　216, 249
法然　16, 55〜57, 94, 96, 177, 203, 212, 213, 222, 228, 246, 294〜314, 320, 322, 324, 327, 328, 333, 334, 336, 338〜341, 344, 346, 348, 350〜354, 357, 359, 362, 363, 366〜368, 373〜378, 380
細川亀市　170
細川涼一　173, 214, 218, 248〜251, 262, 290
保立道久　169, 172
法華山寺（京都）　359
法華寺　274
法華尼寺　274
法顕　198
法勝寺　105, 106, 188, 214, 215, 222, 298, 299
堀一郎　171
本郷和人　228, 245, 251
本郷恵子　89

ま 行

前田英之　169
牧野和夫　20, 379
益田日吉　170
松井輝昭　89
松尾剛次　214, 218, 228, 246, 248〜251, 373
松尾恒一　21, 250
松野純孝　368, 375, 380
松本史朗　250
丸山幸彦　172
三浦圭一　173
道端良秀　248
三橋正　291
源雅定（久我雅定）　282, 299
源頼朝　55, 102, 103, 108, 112〜115, 117, 140, 320, 321, 375
峰岸純夫　88〜90, 290
蓑輪顕量　197, 199, 215, 246, 248, 249, 252, 290
三村寺（常陸）　221, 262
宮家準　171, 278, 290
宮崎圓遵　378
宮林昭彦　248
明雲　190, 282, 299
明恵　212, 218, 224, 249, 264〜267, 274〜276, 289, 290, 296, 313, 373
無動寺　273, 280, 281
村井章介　21, 74, 90
村上重良　28
村上満信　69
村松清道　380
村山修一　89, 171, 281, 291
守田神社（長野）　79〜81, 83, 86
守田逸人　172
文殊菩薩　202, 262, 263, 266

や 行

八木聖弥　160
屋嶋藤三郎　80, 82
安田次郎　14, 17, 88, 89
安丸良夫　29
安良岡康作　169
矢吹慶輝　250
山川均　265

山岸常人　17
山下克明　116, 170, 171
山田洋子　173
山内経之　52, 53, 89
山本隆志　89, 289, 374
湯浅治久　88
結城令聞　378
湯之上隆　17
湯山学　377
栄西　16, 94, 125, 126, 189～194, 203, 204, 211～213, 215, 217, 223, 247, 248, 267
永福寺（鎌倉）　49
横内裕人　21, 227, 250
義江彰夫　172
吉田兼倶　141, 171
吉田清　316, 319, 374～377
吉田盛定　80, 82

ら 行

隆寛　305, 312, 314, 315, 317, 319, 322, 324～326, 339, 341, 346, 367, 368, 375, 380
隆暁　108～115, 117, 169
良恵　262
了恵（上人）道光　298, 339
良源　33, 267～278
良忍　222, 297, 299, 303
林鳴宇　374
蓮台院　46
蓮台野　159, 163, 173
六条院　316, 321, 322, 375
六道珍皇寺　161
六波羅蜜寺　158, 161

わ 行

和歌森太郎　171, 278, 290
脇田晴子　20, 173
鷲尾順敬　226
和島芳男　289
和田萃　18
渡辺守順　89
渡辺世祐　90
和田有希子　247
和辻哲郎　213, 249